SOCIÉTÉ

DES

ANCIENS TEXTES FRANÇAIS

LA MORT AYMERI DE NARBONNE

Le Puy, typ. et lith. de Marchessou fils, boulevard Saint-Laurent, 23

LA MORT
AYMERI DE NARBONNE

CHANSON DE GESTE

PUBLIÉE D'APRÈS LES MANUSCRITS DE LONDRES ET DE PARIS

Par J. COURAYE DU PARC

PARIS
LIBRAIRIE DE FIRMIN DIDOT ET Cⁱᵉ
56, RUE JACOB, 56

M DCCC LXXXIV

Publication proposée à la Société le 23 mars 1881.

Approuvée par le Conseil le 25 janvier 1882, sur le rapport d'une commission composée de MM. Meyer, Paris et Raynaud.

Commissaire responsable :
M. P. MEYER.

INTRODUCTION

Vers la fin du xiie siècle, le personnage d'Aimeri de Narbonne avait acquis dans la poésie épique française une popularité égale à celle de son fils Guillaume d'Orange, le héros primitif de la geste, et l'on composa peu à peu un assez grand nombre de poèmes spécialement consacrés à ce nouveau héros. Les scribes des manuscrits cycliques purent alors le considérer comme le centre d'un groupe particulier et réunir dans une seule collection toutes les chansons ayant Aimeri de Narbonne pour principal acteur, à l'exclusion de poèmes qui, comme *Aliscans, le Charroi de Nismes,* ou *le Couronnement Looys* célébraient particulièrement la gloire et les exploits de Guillaume d'Orange.

C'est l'enchaînement de ces poèmes disposés de façon à présenter en un seul récit tout ce que la légende racontait d'Aimeri, qui dut donner à un trouvère épique d'une époque postérieure, l'idée de suppléer à ce que cette légende avait d'incomplet et de terminer le *livre* d'Aimeri en racontant ses dernières batailles, sa fin et celle de quelques-uns de ses fils.

L'auteur du poème semble avouer lui-même cette préoccupation de raconter le dénouement de la légende d'Aimeri, au début de son poème, par exemple. Ecoutez, dit-il

> Coment les jestes vindent a decliner,
> Les ancienes dont l'en soloit parler ;
> C'est d'Aymeri de Nerbone lo ber... (v. 4-6.)

Et ailleurs, après le récit d'une dernière victoire de son héros :

> Or recommence bone chançon nobile,
> Si com barnaje se amonte et decline
> Et d'autre part essauce et puis avile.
> Ainsi reprist danz Aymeris sa vile... (v. 2941-2944.)

Dans un de ses nombreux *recommencements* où, suivant un usage fort en vogue chez les trouvères épiques, il annonce les événements qui vont suivre, l'auteur se plaît à rappeler la gloire passée, et pour ainsi dire à résumer la carrière du héros dont il va raconter la fin :

> Seignor, oez chançon de verité,
> Bone et bien fete, nus ne la doit blasmer.
> Il est escrit el role et seelé,
> Ce fu li hom de la crestienté
> Qui toz jorz pot plus barnaje mener
> Et qui plus pot chevalerie amer,

> Petit promętre et larjement doner,
> Que Aymeris de Nerbone li ber :
> Car ne fina en trestot son aé
> De guerre fere, de cenbiax afermer,
> De terres prendre, de chastiax conquester...
>
> (v. 3391-3401.)

Enfin, dans les derniers vers du poème, par un procédé analogue à celui d'un romancier moderne qui, après le récit du dénouement, termine en apprenant à son lecteur le sort des personnages secondaires de son roman, le vieux trouvère nous renseignera sur la destinée de tous les fils d'Aimeri qui ont joué un rôle dans son œuvre et dans les poèmes auxquels il cherche à se rattacher. Beuves de Commarchis, Hernaut de Gironde et Guibert d'Andrénas à qui il a donné un rôle si brillant, retournent dans leurs châteaux, et l'auteur, il est vrai, laisse à d'autres le soin de raconter leurs aventures postérieures. Guillaume d'Orange aura, dit-il, encore bien des luttes à soutenir dans sa vie :

> Onques pès n'ot a la jent paienie. (v. 4156.)

L'auteur connaissait peut-être le *Moniage Guillaume;* il semble par ce vers y faire allusion et pour ainsi dire y renvoyer ses lecteurs. On verra plus loin que dans le cours de son œuvre, il rappelle avec une sorte d'insistance la mort d'Aïmer le chétif, comme pour n'avoir pas à s'occuper de sa fin qui doit avoir été racontée dans les poèmes maintenant perdus, et qu'il supposait connue de ses auditeurs.

Quant à Garin d'Anseüne et à Bernart de Brebant

qui n'avaient jamais eu une grande popularité et pour lesquels la légende donnait peu de détails, le trouvère n'hésite pas à raconter leur fin dans la bataille même qu'il a imaginée pour la mort de leur père.

Enfin la destinée d'Hermengarde de Pavie qui figure à côté d'Aimeri dans presque toutes les chansons de geste de ce groupe, a aussi préoccupé l'auteur; elle ne pouvait survivre à son mari et le poète nous assure qu'elle mourut quelques mois après lui dans le cloître où elle s'était retirée. Un scribe d'un de nos manuscrits pourra donc écrire à juste titre à la fin de notre chanson :

Ci endroit fine li livres de la fin d'Aymeri, et d'Ermengarde et de plusieurs de leurs enfants... (B. N., fr. 24370.)

Les copistes ont bien compris ce caractère de la *Mort Aymeri,* et dans certains manuscrits cycliques qui renferment seulement les chansons consacrées aux exploits d'Aimeri, notre poème occupe naturellement la dernière place : tels sont les manuscrits du Musée britannique cotés Old Roy. 20. B. xix, et Harl. 1321, dont nous parlons plus loin, et où la *Mort Aymeri* était évidemment considérée comme la conclusion de toutes les chansons de geste sur ce personnage, rangées dans un ordre chronologique.

A côté de ces collections de poèmes sur un même personnage, on faisait aussi de ces volumineux manuscrits où le copiste réunissait toutes les chansons de la geste de Guillaume, qu'il pouvait se procurer. Le manuscrit du Musée britannique, Old Roy. 20 D.

XI, celui de la Bibliothèque Nationale, relié en 2 tomes, fr. 24369 et 24370 (anc. La Vallière 23 et 23 A), présentent cet autre type de manuscrit cyclique. On dut alors éprouver quelque difficulté à établir un ordre chronologique entre les chansons du groupe d'Aimeri et de celle du groupe de Guillaume, ces groupes ayant eu une même origine, mais aussi chacun un développement propre. De là le système des *incidences*. Si l'on jugeait contemporains et simultanés les événements racontés dans deux chansons de gestes dont les héros et le théâtre étaient différents, on intercalait une de ces chansons dans l'autre, de manière à conserver autant que possible l'ordre chronologique dans l'ensemble des récits de tout le cycle.

C'est ce qui a été fait pour la *Mort Aymeri*, dans le ms. B. N. fr. 24370 : elle a été insérée dans le *Moniage Renouart*, et nous verrons que le copiste nous avertit lui-même de ce procédé.

Dans ces manuscrits, les incidences, de même que l'ordre des chansons, durent être consacrées assez vite. L'incidence devait toujours avoir lieu dans les *Enfances Vivien*, pour faire place au *Siége de Barbastre*, et dans le *Moniage Renouart*, pour la *Mort Aymeri*.

Le scribe du manuscrit du Musée britannique, Old Roy. 20, B. XIX, qui renferme une des collections les plus complètes de chansons de la geste de Guillaume d'Orange, ne fait pas l'incidence habituelle, aussi se croit-il obligé d'avertir ses lecteurs de la disposition exceptionnelle de son manuscrit; au f° 126 v°, dans la marge inférieure, il écrit :

En tant comme Viviens fu avecques la marcheande, fu li sieges de Barbastre et li couronemens de Guibert.

Et la bataille des Sajetaires, si fu quant Renouars fu moines. Mais pour ce que il n'y a fait nul incidences, est chascuns livres mis par soi et non pas en ordonances.

Cette curieuse note montre donc que l'incidence était ordinairement faite pour le *Siège de Barbastre* et la *Mort Aymeri* et que les lecteurs du xiii° ou du xiv° siècle, étaient habitués à trouver dans les manuscrits « mis en ordonnance », ces poèmes intercalés, l'un dans les *Enfances Vivien* et l'autre dans le *Moniage Renouart*.

La Chanson de la *Mort Aymeri*, dont la composition est postérieure à la plupart des autres chansons du même cycle, ne pouvait renfermer aucun élément traditionnel, historique ou légendaire. On peut remarquer seulement la présence d'un certain Hugues Capet révolté contre l'empereur Louis, qui a été souvent considéré comme le dernier des Carolingiens par nos vieux poètes (*Hugues Capet,* p. xix, xx); on a déjà plusieurs fois signalé ce souvenir des luttes entre les derniers Carolingiens et les Capétiens [1]. C'est, croyons-nous, un fait isolé, et il est bien douteux qu'au xiii° siècle ce souvenir ait été encore populaire.

Signalons encore, d'après M. Gautier (*Épop.,* 2° éd., IV, 88), un autre souvenir historique plus incertain encore, le récit du siège de Narbonne par les Sarrazins

---

[1]. *Hist. litt.,* xxii, 502.—L. Gautier, *Épop.,* 2° éd., IV, 90-91.— *Hugues Capet,* édition du marquis de La Grange, p. xliv et ss.

au début de la chanson, qui dériverait, par l'intermédiaire des nombreux récits analogues qu'on rencontre dans tout le cycle de Guillaume, du siège et de la prise de cette ville par Alsamah, en 721.

Mais si notre chanson ne reproduit aucun souvenir historique précis, aucune légende particulière, elle suppose la connaissance des plus anciennes chansons du cycle, s'appuie sur l'ensemble des traditions épiques relatives à Guillaume d'Orange, et met en scène des personnages que la littérature épique avait depuis longtemps rendus populaires.

Les poèmes composés sur Guibert d'Andrenas, le dernier fils d'Aimeri, sont ceux que notre auteur semble se rappeler plus particulièrement et aux quels il cherche surtout à rattacher son œuvre; il a, en effet, donné à ce personnage un rôle d'une importance exceptionelle : Aimeri prisonnier des Paiens est délivré par Guibert d'Andrenas (v. 1742 et ss.); dans les nombreux combats singuliers entre un Sarrasin et un chevalier chrétien, c'est toujours lui qui est le champion victorieux (v. 2678 et ss.); son armement avant la dernière bataille avec les Sagittaires est décrit avec une complaisance remarquable, et ce récit ne comprend pas moins de quatre laisses (CVIII, CIX, CX, CXI), tandis que les autres fils d'Aimeri, Guillaume d'Orange lui-même, sont tous réduits à un rôle insignifiant.

Il est cependant très douteux, que l'auteur de la *Mort Aymeri* ait connu la chanson de *Guibert d'Andrenas*. Dans ce poème encore inédit, Aimeri promet Narbonne à son filleul Aymeriet et pour dédommager son fils Guibert dépossédé de son patrimoine, il entreprend avec lui et ses autres enfants la conquête d'Andrenas; or dans notre chanson, Aymeriet ne joue aucun rôle et semble oublié; Aimeri a même un autre filleul, Auquaires, pour lequel il combat les Sagittaires. Il est vrai qu'aux vers 4161 et ss. on lit :

> Et Guibelins qui ot grant seignorie,
> O lui mena sa bele compagnie
> Tout droitement a Andrenas la riche;
> Et de Nerbone tint la terre en baillie
> Aymeriez qui ot la seignorie
> Que li donà ses parrains en sa vie,
> Quant de ses filz ot fet la departie. (V. 4161-4167.)

Mais ces vers ont probablement été intercalés plus tard, quand la *Mort Aymeri* eut trouvé sa place dans les manuscrits cycliques immédiatement après *Guibert d'Andrenas*.

Il est fait des allusions beaucoup plus fréquentes à d'autres traditions sur le personnage de Guibert d'Andrenas :

V. 240 Biau fil Guibert, que vos ce ne savez,
        Qui estiez sor Sarrazins alez
        Au port d'Ossau sor Judas l'Amiré...

V. 470 . . . . cent chevalier,
        Itant l'en ot ses filz Guiberz lessié...

V. 544 Au port d'Ossau envoie Aufelis
        Por Guibert querre lo menor de ses filz
        Qui ert en ost sor Judas l'arrabi....

> V. 615 Ses filz Guiberz en a mené ses homes
> Au port d'Ossau est alez sor mon oncle.
>
> V. 1734 Des porz d'Ossau repaire Guibelins...
> Bien a gasté le regne as Sarrazins...

Cette expédition de Guibert contre Judas aux ports d'Ossau, à laquelle la *Mort Aymeri* fait des allusions si précises, nous est maintenant inconnue et n'a point laissé d'autres traces, à notre connaissance, dans ce qui nous reste de notre ancienne poésie épique ; elle devait, croyons-nous, être racontée dans une chanson de geste perdue et qui était familière à notre trouvère.

Il en est de même pour les mentions fréquentes dans notre chanson des aventures d'Aïmer le Chétif en Espagne ; on sait qu'il a existé sur ce personnage toute une légende que nous connaissons seulement par des allusions assez vagues d'autres chansons de geste :

> Ne manda pas Aïmer lo chetif,
> Que en Espaigne ont Sarrazins ocis..... (V. 547-8.)

> Mais un domaje merveillos li refis
> Quant li ocis Aïmer lo chetif ;
> A Porpaillart la teste li toli... (V. 591-3.)

> Ja fu il pere au chetif Aïmer
> Que oceïstes a Porpaillart sor mer
> Qui nos lignajes a pris et afolez
> Et detruites nos jestes. (V. 1384-7.)

La chanson d'*Aimeri de Narbonne* était aussi bien connue de notre auteur :

> V. 588 Et Charlemaine, li rois de Saint Denis
> Si li dona Nerbonois a tenir...
>
> V. 2413 Charles li rois a la barbe florie
> L'arst et fondi quant ot Nerbone prise...
>
> V. 3032 El fu mon pere l'amiral Salatré.
> Mès Charlemaine li fist lo chief coper
> Quant il conquist Nerbone la cité...

Salatré ne figure pas, il est vrai, dans *Aimeri de Narbonne*, mais il est évident que notre trouvère connaissait au moins l'antique légende de la prise de Narbonne par Charlemagne, mise en œuvre dans la chanson d'*Aimeri de Narbonne*. De même dans l'attribution de la prise de la ville fabuleuse d'Esclabarie par Charlemagne (v. 2411 et ss.) et dans l'énumération de ses conquêtes imaginaires (v. 3075 et ss.), notre poème se conforme à de vieilles traditions répandues dans la plupart des productions épiques du moyen âge. (Cf. G. Paris, *Hist. poét. de Charlem.* p. 258 et 286.)

La *Mort Aymeri* connaissait encore quelques poèmes qui nous ont été conservés. La *Prise d'Orange*, par exemple :

> Li quens Guillaume a la chiere hardie
> Vet a Orange sa fort cité antie,
> Ou lessié ot dame Guibourc s'amie...
>
> (V. 4153-4155, Ed. Jonkbloet.)

Il faut encore remarquer que ce passage a pu être

refait, comme nous venons de le dire à propos de la mention d'Aymeriet.

Rollant :

V. 2663 Puis icele ore que vos avez oï
    Que Rollanz fu a Roncevax traïz...

V. 3078 Oncle Rollant qui fu mors en Epaigne
    En la bataille fiere...

Floovant :

V. 3315 Li rois Judas en ot la teste armée
    Quant Floevent li copa a s'espée...

Dans ces vers notre auteur n'a emprunté à la chanson de *Floovant* que le nom de son héros, car ce poème, au moins dans l'état où il nous est parvenu, ne contient pas de récit de combat avec un païen du nom de Judas, auquel le poète semble ici faire allusion.

Enfin on peut signaler une curieuse mention des reliques rapportées par Charlemagne à l'abbaye de Saint-Denis; le trouvère de la *Mort Aymeri* connaissait donc la chanson du *Pèlerinage de Charlemagne à Constantinople* qu'il désigne comme une des *gestes de France :*

Charles li rois a la barbe florie,
De Jersalem aporta les reliques
De cel saint fust ou il sofri martire

> Et la corone qu'il ot el chief d'espines
> Et les sains clox et la sainte chemise
> Qu'enprès sa char avoit sainte Marie,
> Quant ele fu de son chier fil delivre ;
> Ce aporta en France la garnie.
>   Ce fu une des jestes   (v. 3065-3073.)

Là encore il faut remarquer que le passage est probablement interpolé et ne se trouve que dans une famille de nos manuscrits.

La mort de Garin d'Anseüne que notre auteur raconte, avait déjà été rapportée dans le *Covenans Vivien;* d'après cette chanson, Garin d'Anseüne serait mort à Roncevaux avec Rollant. La *Mort Aymeri* ne connaissait donc pas ce poème qui lui est antérieur, comme il semble ignorer également toutes les chansons du groupe de Vivien ; ainsi il ne fait aucune allusion à l'histoire de la captivité de Garin racontée dans les *Enfances Vivien*, légende qui fut cependant assez populaire parmi les trouvères postérieurs. Enfin la *Chanson de Sesnes* raconte aussi la mort d'un Garin d'Anseüne qui ne peut être identifié avec le fils d'Aimeri.

> A tant ez Murgalé forment esperonant,
> Tot par devant les autres s'an vont li Turs poignant,
> La lance sor le fautre, l'escu au piz poignant ;
> Et va ferir Garin d'Anseune la grant,
> Que l'escu li perce et l'auberc jazerant :
> Tant com hante li dure l'a abatu sanglant.
>   (Ed. Fr. Michel, II, 68-9.)

Les Sagittaires qui ont une si grande importance

dans la seconde partie de notre poème, sont les centaures de l'antiquité. Le mot sagittaire avait été employé dès les premiers temps du moyen âge pour désigner le monstre, moitié homme, moitié cheval, comme le montre Isidore de Séville : « Sagittarius vir equinis « cruribus deformatus cui sagittam et arcum adjun- « gunt... unde et Sagittarius est vocatus » (Etym., III, 165). On sait d'ailleurs combien furent répandues au moyen âge ces traditions sur les monstres que l'antiquité avait inventés, cyclopes, centaures, cynocéphales, pygmées et sirènes. Les monuments figurés, sculptures et miniatures, nous en présentent de nombreux spécimens et les encyclopédies d'Honorius d'Autun ou de Barthélemy de Glanvil, par exemple, compilations renfermant toutes les notions scientifiques du temps, contiennent de nombreux passages sur ces monstres.

On trouve surtout dans les bestiaires de nombreux articles consacrés aux centaures, aux onocentaures ou aux sagittaires : citons, entre autres, le bestiaire de Pierre le Picart, en prose du XIIIe siècle, publié par le père Cahier dans ses *Mélanges d'archéologie* (t. IV, p. 76) :

> Phisiologe nos dist que en l'une partie des desers d'Ynde sont une gent qui ont une corne où front et sont homes salvages; cele gent guerroient adès contre les Sagetaires et li Sagetaire contre eus...

Ce monstre a déjà été souvent introduit dans la poésie narrative du XIIe siècle, et, dans le *Roman de Troie,* nous trouvons décrit de la façon la plus précise, un sagittaire qui appartient visiblement à la tribu sauvage qui figure dans la *Mort Aymeri*. Il est même très probable que c'est à ce roman, dont le succès a été immense, que notre auteur l'a emprunté. Voici la description de cet être fabuleux dans le *Roman de Troie* :

> Il ot o lui un sajetaire
> Qui molt fu fels et deputaire.
> Des le nombril tot contreval
> Ot cors en forme de cheval.
> Il n'est riens nule, s'il volsist,
> Que l'isnelece n'ateinsist.
> Cors, chiere, bras a noz senblanz
> Avoit, mes n'ert pas avenanz.
> Il ne fu ja de draps vestuz
> Car come beste esteit peluz...
> Un arc portot, non pas d'aubor,
> Mès de cuir et de gluz boillie
> Soldez par estrange mestrie...
> Es granz terres desabitées
> Sont et conversent vers midi...
> (Ed. Joly, p. 174-175.)

Ainsi dans *Garin de Monglane* (B. N. fr. 24304, fol. 101), on lit la description d'un cheval né d'une jument sauvage et d'un sagittaire; dans *Aliscans*, les Sagittaires sont mentionnés avec quelques-unes des particularités reproduites dans notre chanson.

> Desous l'abisme ou desoivre livent,
> Iluec dist on ke Lucifer descent;
> Outre cest regne n'a hom abitement,

> Fors Sajetaires et Noirons ensement.
> Onqes n'i ot .I. seul grain de froment:
> D'espices vivent et d'odour de pieument...
>   (Ed. Guessard et Montaiglon, p. 171-172.)

On peut rapprocher ce texte du suivant tiré, du Roman d'Alexandre.

> Ains i conversent tigre et lupart et lyon,
> Saytaire cornut et li escorpion...
>   (Ed. Michelant, p. 259, 260.)

Dans le roman inédit de Charles-le-Chauve (B. N. fr. 24372), un sagittaire habite au milieu d'une forêt et poursuit les hommes, qu'il enferme dans son château pour les manger ensuite ; il est tué par le héros du roman, Dieudonné, qui délivre ses prisonniers. Mais rien n'indique que l'auteur de ce roman ait voulu lui prêter les formes monstrueuses du centaure ; c'est seulement un géant ou un ogre, comme on en voit tant dans les romans de ce genre, et rien dans le récit si détaillé du combat de Dieudonné contre lui ne fait supposer que le poète ait voulu en faire un être à forme monstrueuse.

C'est donc à quelque poème plus ancien, que notre trouvère doit l'idée des Sagittaires et probablement au roman de Troie : ce n'était pas la première fois d'ailleurs qu'on prêtait dans les chansons de geste des formes monstrueuses aux peuples sarrazins, adversaires des Français, et la chanson de Rollant en présente déjà un exemple. Mais le rôle important que ces monstres jouent dans notre chanson, n'est qu'un procédé d'un trouvère épique de la dernière époque, qui cherchait l'originalité et la nouveauté.

La *Mort Aymeri* perdit assez vite sa popularité, et nous n'en avons trouvé aucune trace dans les vastes collections de romans en prose faites au xve siècle. Ces compilations étaient rédigées d'après nos chansons de gestes depuis longtemps soudées les unes aux autres dans les mss. cycliques; le manuscrit de la B. N. fr. 1497, par exemple, a du être fait sur un ensemble de poèmes disposés comme dans les manuscrits de la même bibliothèque fr. 368 ou fr. 774; cette rédaction en prose comprend : *Aimeri de Narbone...*, le *Siège de Barbastre*, les *Enfances Vivien*, le *Covenans Vivien*, *Aliscans*, *Renouart*, le *Moniage Renouart* et le *Moniage Guillaume*. C'est justement dans cet ordre que se présentent, sous leur ancienne forme rimée, les six ou sept dernières chansons que nous venons de citer dans les manuscrits de la B. N., fr. 368 et 774. Les manuscrits comprenant exclusivement les chansons du groupe d'Aimeri, où notre poème avait sa place normale, comme les mss. du Musée britannique Roy. 20.B.XI. et Harl. 1321, présentent un type cyclique qui dû être abandonné assez tôt. Et quand le goût des lecteurs du xve siècle se porta vers les romans en prose, ce furent plutôt les manuscrits groupant tous les poèmes de Guillaume, Vivien et Renouart, en un seul livre, comme ceux dont nous venons de parler, qui durent servir de point de départ aux derniers remanieurs de notre vieille poésie épique. Ce fait peut expliquer pourquoi la *Mort Aymeri* n'a pas été comprise dans leur travail.

La seule trace que la *Mort Aymeri* ait laissée dans la littérature du siècle suivant, a déjà été signalée par M. le marquis de La Grange, dans la préface de son édition de *Hugues Capet*. Voici le passage de ce poème où l'on trouve une allusion à la *Mort Aymeri* :

> Car Aymeris, cez perez, qui le poil ot ferant,
> Ernaulz et Guibellins et Bernars de Brabant,
> Et Garin d'Anseüne, furent ochis en camp,
> Droit par devant Nerbonne, de le gent mescreant.
>
> (Edit. du Mis de La Grange, p. 42).

Il faut remarquer que ce témoignage est assez inexact : ce n'est pas devant Narbonne, mais au siège d'Esclabarie, qu'Aimeri trouve la mort ; et de plus, ni Hernaut de Gironde, ni Guibelin ne meurent avec leur père.

Dans le poème de *Doon de Nanteuil*, maintenant perdu, et dont M. P. Meyer a pu retrouver quelques fragments dans les papiers du président Fauchet, on pourrait peut-être reconnaître un souvenir confus de la *Mort Aymeri* dans ce vers :

> Et cosins Aimeri qui occit le dragon...
>
> (*Romania*, XIII, 17.)

Dans notre poème on voit en effet, non pas Aymeri, mais ses fils, lutter contre une guivre.

L'Italie a connu la *Mort Aymeri* ; ce poème n'a pas laissé plus de traces, il est vrai, dans les *Reali* que dans nos romans en prose du xve siècle, et peut-être pour la même raison, mais il se trouvait au commencement du xve siècle dans la collection de manuscrits appartenant aux Gonzagues et dont la *Romania* a publié le catalogue (1880, p. 512). Le n° 50 de cette pièce curieuse est ainsi conçu :

> Item Aymericus de Nerbona. Incipit :
> *Bone canzun plest vos che vos di.*
> Et finit : *sil ne faust l'istorie*

On a déjà reconnu le premier vers pour appartetenir à *Girart de Vienne,* et l'on voit que le dernier est celui qui termine la *Mort Aymeri.* Ce manuscrit devait comprendre à peu près toutes les chansons qui se trouvent actuellement dans le manuscrit du Musée britannique Old. Roy. 20 B. xx, qui lui aussi commence par *Girart de Vienne* et se termine par la *Mort Aymeri;* si l'altération de la langue n'est pas due au rédacteur de cet inventaire, le texte de la *Mort Aymeri* contenu dans ce ms. avait reçu une forme italianisée.

Parmi les romances espagnoles qui tirent leur origine des traditions épiques de la France, on a depuis longtemps signalé deux de ces romances, où l'on s'accorde à reconnaître dans la forme *Benalmenique* ou *Almenique,* le nom d'Aimeri de Narbonne ; mais on n'avait pas encore retrouvé dans notre littérature épique, le récit qui fait le sujet de ces romances ; il est impossible de n'être pas frappé de la grande analogie entre la première partie de la *Mort Aymeri* et la donnée d'un de ces petits poèmes. Dans les deux récits nous voyons le Soudan de Babylone assembler une vaste armée, armer une flotte, traverser la mer, débarquer près de Narbonne ; on retrouve dans la romance du comte Almenique, comme dans la *Mort Aymeri*, le siège de la ville, la prise du comte, les traitements ignominieux qu'on lui fait souffrir et même le *roussin* ou le *sommier* sur lequel on le fait monter par dérision ; dans la chanson de geste, Hermangarde offre de rendre Narbonne au Sarrazin pour sauver son mari ; de même dans la romance, la comtesse offre au Soudan la ville de Narbonne et une énorme rançon ; le comte l'en dissuade :

Merci, comtesse, pour vos bonnes paroles ; ne donez pour moi, dame, un seul maravedi ; mes blessures sont mortelles, je n'en puis guerir ; adieu, adieu contesse...

Aimeri tient à peu près le même langage :

Franche comtesse, ja fustes vos m'amie.
Je morrai ja, que près sui del juïse...
Mès une chose vos vueil prier et dire :
Por amor Deu, lo fil sainte Marie
Por nule rien que Sarrazin vos dient,
De la cité ne lor rendez vos mie
  Ançois me lessiez ardre (v. 1402-1409.)

Enfin, comme on enmène Almenique prisonnier, sa femme s'écrie : « Dieu vous fasse rencontrer Roland le paladin. » Aymeri de Narbonne, lié sur un mauvais cheval et sur le point d'être envoyé à Babylone, tient un langage analogue : Beau sire Guibert...

Dex m'envoit vostre aïe !   (V. 1609.)

Voici d'ailleurs, d'après l'édition de MM. Wolf et Hofman, *Primavera y Flor de romances,* II, p. 414-415, le texte de cette romance, que nous n'hésitons pas à considérer comme dérivée de la chanson de geste française.

> Del Soldan de Babilonía,
> De ese os quiero decir,
> Que le dé Dios mala vida
> Y á la postre peor fin !
> Armó naves y galeras,
> Pasan de sesanta mil,
> Para ir a combatir
> A Narbona la gentil.
> Allá van á echar áncoras,
> Allá al puerto de Sant Gil,
> Cativado han el conde,
> Al conde Benalmenique.
> Desciéndenlo de una torre,
> Cabálganlo en un rocin,
> La cola le dan por riendas
> Por mas deshonrado ir.
> Cient azotes dan al conde
> Y otros tantos al rocin ;
> Al rocin porque anduviese,
> Y al conde por lo rendir.
> La condesa, desque lo supo,
> Sáleselo á recebir :
> « Pésame de vos, señor
> Conde, de veros así,
> Daré yo per vos, el conde,
> Las doblas sesenta mil,
> Y si no bastaren, conde,
> A Nerbona la gentil.
> Si esto no bastaré, el conde,
> A tres hijas que yo parí ;

> Yo la pariera, buen conde,
> Yvos las hubistes en mí;
> Y si no bastaré, conde
> Señor, védesme aquí á mí.
> — Muchas mercedes, condesa,
> Por vuestro tan buen decir :
> No dedes por mi, señora,
> Tan solo un maravedi·
> Heridas tengo de muerte,
> De ellas ne puedo guarir :
> Adios, adios, la condesa,
> Que ya me mandan ir de aqui.
> — Vayádes con Dios, el conde,
> Y con la gracia de Sant Gil :
> Dios os le eche en suerte
> A ese Roldan paladin. »

La chanson de la *Mort Aymeri* est anonyme comme la plupart des chansons de geste. Nous ne pensons pas qu'il vaille la peine de discuter l'attribution de notre poème à un certain Huon :

> Nus hom ne puet chançon de geste dire
> Que il ne mente la ou li vers define,
> As mos drecier et a tailler la rime.
> Ce est bien voirs, gramaire le devise,
> Uns hom la fist de l'anciene vie,
> Hues ot non, si la mist en un livre
> Et seela el mostier Saint Denise... (v. 3055-3061).

On sait la confiance qu'il faut accorder à tout ce que les auteurs de chansons de geste, débitent sur l'ancienneté et l'origine de leur œuvre; d'ailleurs il faut remarquer que le passage assez obscur que nous citons ne se trouve que dans deux de nos manuscrits et est évidemment interpolé.

Nous n'avons relevé dans notre poème aucun indice qui permette de déterminer la date ni le pays où il a été composé; on trouve, il est vrai (v. 1331), une invocation à saint Pol de Valcois et il existe une localité de ce nom en France[1]: la mention d'un village aussi peu connu, pourrait servir à déterminer assez exactement la région où aurait été composée la *Mort Aymeri;* mais on trouve déjà ce nom souvent mentionné dans des chansons de gestes antérieures; ainsi dans la *Prise d'Orange :*

Trestuit li home dusqu'as porz de Vauquois...
(V. 1136, éd. Jonkbloet.)

C'est donc à un poème plus ancien que l'auteur de la *Mort Aymeri* a emprunté ce nom de lieu que le besoin de la rime seul lui a fait choisir.

Aucun indice ne permet de dater la *Mort Aymeri;* M. Paulin Paris, dans l'*Histoire littéraire,* xxii, p. 501, et M. le marquis de la Grange, dans son édition de *Hugues Capet,* p. xliii et ss., ont cru pouvoir fixer la date de sa composition à la fin du xiiie siècle et même au xive siècle. Nous croyons qu'il faut reculer cette date plus loin et la fixer vers la fin du xiie siècle; c'est l'étude de la versification et de la langue qui permet d'arriver à cette conclusion.

La *Mort Aymeri* est en vers décasyllabiques avec

[1.] Vauquois (Meuse)

coupe après la quatrième syllabe; chaque tirade est terminée par un petit vers hexasyllabique à finale féminine; la plus grande partie du poème est assonancée et les parties rimées paraissent avoir subi un remaniement.

Ces caractères indiquent déjà une certaine ancienneté. A la vérité, M. Gautier (*Epopées*, 2ᵉ éd., I. p. 334, note; IV, 21, note) croit qu'il y eut au XIIIᵉ siècle des poètes, qui composèrent des chansons de geste en assonances pour leur donner un caractère ancien et leur assurer ainsi un plus grand succès. Mais, pour la chanson de la *Mort Aymeri,* cette hypothèse nous semble peu probable : si l'auteur avait employé cette forme archaïque pour donner un certain vernis d'antiquité à son œuvre et la faire accueillir avec plus de faveur, il faut avouer qu'il eut été mal inspiré, puisque, comme nous le verrons plus loin, tous les copistes de notre chanson dont nous pouvons actuellement apprécier le travail, sont d'accord pour faire disparaître autant que possible cette trace d'ancienneté.

Il est possible qu'au XIIIᵉ siècle, un trouvère ait composé une chanson de geste en rimes archaïques, pour relier son œuvre à d'autres poèmes plus anciens, déjà populaires, et pour permettre de rassembler dans un même ms. tous ces poèmes, qui par la similitude de leur versification pouvaient passer pour un seul et même roman. Mais encore, croyons-nous, faut-il admettre qu'une semblable tentative ait été faite au moins au commencement du XIIIᵉ siècle : en effet, le ms. le plus ancien, qui peut remonter au dernier tiers du xiii° siècle, ne présente presque plus rien des assonances primitives et, comme nous le verrons, au moins trois successions de copistes ont travaillé à refaire les rimes à la nouvelle mode. Il y avait donc alors bien des années que les assonances n'étaient plus admises, qu'elles qu'aient été les raisons qui avaient pu autrefois faire préférer l'assonance à la rime.

La *Mort Aymeri* contient d'assez fréquents exemples de laisses similaires II, LIII, LXV, LXXII, LXXXIII, CIV, CVIII) et plusieurs recommencements (XV, LXXXVI, LXXXIX, XCVI, XCVIII, vers 2941, 3089).

L'examen des assonances peut donner lieu aux remarques suivantes. *Ai* + *n* assone avec *e* + *n* dans la tirade XXIX : *montaigne, tiegne*.

E fermé est toujours issu de *a* latin avec les exceptions ordinaires *Dé, ert*; *e* ouvert a toujours pour origine *e* latin entravé; dans la tirade CI, on trouve cependant *freté, fere* où *e* est une réduction de *ai*; on ne trouve à l'assonance aucun mot où *e* = *i* latin entravé; notre rimeur distinguait peut-être trois *e*, l'un issu de *a* latin, l'autre de *e* entravé et le troisième de *i* entravé.

An et *en* sont confondus, bien qu'il y ait même dans la première partie quelques laisses où l'on ne rencontre que des finales en *an*.

Les assonances apprennent peu de chose sur la déclinaison qui était certainement encore observée à l'époque de notre poème; toutefois, on trouve au cas direct la forme *conte* (XXVI), et assez souvent au cas régime les formes *ber* (I, VII, IX) et *emperere* (CIX).

Les formes *avomes* (v. 188, 2236), et *lessomes* (v. 2306), que l'accord des mss. rend assez certaines, sont fréquentes dans le nord-est du domaine roman[1].

Les imparfaits *ploroient, cochoient, reclamoient* dans la tirade XLV, en *o* ouvert féminin, se rencontrent surtout en Normandie.

Dans les assonances en *oi*, on trouve les 2ᵉ personnes du pluriel, *sachoiz, orroiz, vendroiz* (XLVII, LV); mais les formes analogiques *ez* sont très fréquentes dans les tirades en *é*.

Les deux formes infinitives, *veoir* (v. 2224) et *veïr* (v. 532) se rencontrent également à l'assonance; la forme *veïr* est surtout picarde[2].

Les participes passés féminins *iée* ne sont pas réduits à *ie* : *abessiée, eslessiée, perciée*, et l'on trouve ces formes dans les tirades en *ie* féminin; cependant, vers la fin du poème, on voit *otroïe, bautisie* (CXXVII), *adrecie* (CXXXV), dans des tirades en *i* féminin; mais ces passages ont évidemment été remaniés et ces formes contractées sont dues au renouveleur.

Enfin signalons l'emploi de la négation archaïque *giens* (v. 163, 2442). M. G. Paris qui a étudié ce mot dans les *Mémoires de la Société de linguistique de Paris*, I, p. 189, remarque que *giens* avait cessé d'être usité vers la fin du XIIᵉ siècle, et le dernier exemple qu'il cite, est tiré de la *Vie de Saint Thomas de Cantorbéry*, de Garnier de Pont Sainte-Maxence, composée vers 1182 ; les exemples réunis par M. Go-

---

1. Voyez *Raoul de Cambrai*, éd. de la Société, p. LXX.
1. Voyez *Raoul de Cambrai*, ibid.

defroy dans son dictionnaire sont tous également du xiie siècle.

On voit que rien ne permet de déterminer d'une façon précise le dialecte de notre chanson et que la date de sa composition peut être fixée au dernier tiers du xiie siècle ; ajoutons que si, comme nous le croyons, l'auteur a emprunté les Sagittaires au *Roman de Troie*, ce poème, ayant été composé vers 1155, la *Mort Aymeri* peut avoir été écrite entre les années 1170 et 1180.

La chanson de la *Mort Aymeri* nous a été conservée dans quatre manuscrits, tous exécutés en France.

A. — Le ms. que nous désignons par *A*, appartient au Musée Britannique, Old Roy. 20, D. xi ; il a été décrit par M. F. Michel, dans ses rapports au Ministre. (*Documents inédits*, p. 80-2.) C'est un volume in-folio, sur parchemin, de 69 centimètres de hauteur, contenant 318 feuillets ; il est écrit sur trois colonnes de chacune 53 vers. L'écriture et le style des miniatures qui le décorent semblent dater de la première moitié du xive siècle. Le copiste était soigneux, son texte ne présente pas de lacunes importantes et offre un sens acceptable.

Les chansons que renferme ce beau manuscrit sont énumérées avec détail dans le rapport de M. Francisque Michel auquel nous renvoyons ; chaque chanson est ornée d'une petite miniature accompagnée d'une courte rubrique. La miniature de notre poème représente le combat des compagnons d'Aimeri avec les Sagittaires ; ceux-ci figurés sous la forme de monstres moitié hommes moitié quadrupèdes sans autres armes qu'un arc et une flèche. Voici, la rubrique qui la précède :

Cy parole du roi Loys et d'Aymeri et de ses enfans et de la bataille que il orent encontre les Saytaires.

B. — Le ms. que nous nommons *B* est celui de la Bibliothèque nationale, fr. 24370, ancien La Vall. 23 A. C'est comme le précédent un des mss. cycliques de la geste de Guillaume, les plus complets. Il est de plus petite dimension et l'exécution est bien inférieure. D'après les caractères paléographiques, il est moins ancien et doit avoir été écrit dans la deuxième moitié du xive siècle.

Nous n'insistons pas sur ce ms. bien connu ; rappelons seulement que la chanson de la *Mort Aymeri* se trouve au fol. 7 r°, (le ms. est divisé en deux tomes). La miniature du commencement représente le juif expliquant les songes à Aimeri et on lit au commencement :

Incidences. Ici commence la bataille des Sagytaires et la mort d'Aimeri.

Comme notre chanson se trouve intercalée dans le *Moniage Renoart*, un scribe a dû refaire le dernier couplet de cette première partie du *Moniage Renoart* et le dernier couplet de la *Mort d'Aymeri* pour relier entre elles ces deux chansons.

Voici le couplet qui précède notre poème :

> En l'abbeye Rainouart demora,
> Molt longuement y fu et sejorna;
> Chascuns des moines si forment le douta
> Que volentiers ses bons li otroia
> Et le servi et honneur li porta.
> Plus n'en dirai; mais a qui il plaira,
> Ens en ce livre, l'estoire trouvera
> Des grans travaus que il puis endura.
> Or entendez, pour Dieu qui tout crea,
> Bone chançon, tele n'oïs *(sic)* pieça,
> Comment li rois qui France gouverna,
> Fu a Loon ou ses barons manda;
> Moult en y vint et molt en demora;
> Un en i ot qui petit le prisa.
> Ains jure Dieu qu'il le corroucera;
> Hues Chapés, ainssi on le nomma.
> Riches homs fu et si grant gent mena
> Que Looys par force guerroia
> Et de sa terre li arst et essilla.
> Li roys trouva qui petit li aida,
> Car des preudommes si petit adaigna
> Que a sa court molt peu en repaira.
> Li rois se doute et moult grant paor a
> Que sa couronne ne perde et ce qn'il a.

A la fin de la chanson on lit :

> Oy avez d'Aimeri le baron
> Et de Bernart qui ot cuer de lyon
> Et de Guerin qui fut de grant renon,
> Comment il furent mis a destruccion
> Et. x. m. autres dont ne fas mencion,
> Des Sagitaires qui estoient felon.
> Et d'Ermengart a la gente façon

De ceuls lairons ; ci endroit la chanson
De Raynouart vous recommenceron,
Qui servoit Dieu par bonne entencion
Mais ne savoit ne syaume ne leçon,
Mais o les autres chantoit a si haut ton,
Que n'i pooit entendre se lui non.
Ceuls en pesoit de la religion,
Mais si hardi n'avoit en la maison
S'il en parlast, tost eüst d'un baston
Et du poing en la teste.

On lit ensuite cette rubrique :

Ci endroit fine li livres de la fin d'Aymeri et d'Ermengart et de plusieurs de leurs enfans et retourne a conter de Renuart qui estoit moines.

C. — Le ms. *C* du Musée britannique, coté Old Roy. 20. B. xix, est un grand in-4° sur parchemin, de 27 centimètres de hauteur, et de 191 feuillets. Il est écrit sur 2 colonnes de 45 vers chacune, et, pensons-nous, vers le milieu du xiii° siècle ; c'est le plus ancien de nos ms., les abréviations y abondent et le scribe est peu soigneux.

Au commencement du volume se trouve une miniature au-dessous de laquelle on lit :

Ci commence la geste, com di li escrit de Garin de Monglanne et des quatre fiz.

Les poèmes renfermés dans ce ms. sont :

F. 1 *a*. Girart de Viane.
F. 10. *c*. Id., 2° partie.

F. 39 d. Aimeri de Narbonne.
F. 66 a. Departement des enfans Aymeri.
F. 86 c. Siege de Narbonne.
F. 110 d. Siege de Barbastre.
F. 152 b. Guibèrt d'Andrenas.
F. 166 a. Mort Aymeri de Narbonne.

Le dernier couplet de *Guibert d'Andrenas*, dans ce ms., a été refait pour annoncer la *Mort d'Aymeri*.

> Dedenz Nerbone fu li quens Aym.
> Et Hermenjarz la contesse jentils
> Et ses fillex de cui il fu serviz.
> Avuec els ot molt po de lor amis,
> Molt fu li quens soventes fois pensis,
> Quant en Nerbone remest si escharis.
> Einsi i furent après v. anz ou vi.
> Que il ne virent gaires nul de lor filz.
> Si fu li quens molt vielz et afebliz ;
> Ne se pot gaires aidier li quens jentils
> Qui plus avoit de vii xx ans et dis.
> Molt bien le sert ses fillex Aymeris
> Cui il avoit doné tot son païs,
> Tant quant. i. max est a Ay. pris
> Si con Deu plot lo roi de paradis ;
> Ne pot lever ne par nuit ne par dis,
> Forment en plore Herm. la jentils :
> Car ele quide que ja n'eschapast vis ;
> Si n'estoit molt troblé tot le païs ;
> Et d'autre part estoit molt entrepris
> En doce France li fors roiz Looys
> Qui molt avoit de cruels enemis,
> De tex don il deüst estre serviz ;
> Més en France ot. i. haut baron de pris.
> Hue Chapet ot non, ce m'est avis
> Riche d'avoir et enforcié d'amis.

N'ot a cel tens ne baron ne marchis
En tote France qui si fust poestis.
Si ot lo roi si de guerre entrepris,
Q'avoir voloit la terre et lo païs
Et estre rois et del regne sesiz;
Si avoit ja viles et chatiax pris
Et tant avoit ja maté Looys
Qu'issir n'osoit des portes de Paris
Et bien cuidoit li bon rois seignoris
 Qu'il perdist la corone.

D. — *D* désigne le ms. du Musée britannique, coté Harl. 1321 [1].

C'est un grand in-4° sur parchemin, de 214 feuillets, écrit sur 2 colonnes de 40 vers chacune. Il a dû être exécuté à la fin du XIIIe siècle. Il est mal écrit et les fautes y sont innombrables; c'est, de nos mss., le plus mal exécuté.

Les feuillets ne se suivent pas en ordre régulier; ce qui rend assez difficile de distinguer les différentes chansons entre elles. De plus un certain nombre de feuillets sont perdus. Voici la liste des poèmes:

Girart de Viane. Le premier feuillet manque. Le poème commence : Filz, dist li pere, je vos dirai encors.

Aimeri de N. f. 35, vo. b.

Département des enfans Aimeri. f. 66. Même rédaction que celui du ms. 20. B. XIX.

Siège de Narbonne, f. 86.

Siège de Barbastre, f. 118 à 133, 166 à 181, 150 à 165, et enfin 208 à 214.

---

1. Fr. Michel, *loc. cit.*, p. 115.

Guibers d'Andrenas, f. 134.

Mort Aymeri de Narbonne, f. 149 ; un feuillet suivant est perdu ; la suite du poème reprend au f. 182 jusqu'au f. 207; il manque un feuillet pour compléter la chanson.

Aymeri de Narbonne, le *Département des enfants Aymeri*, et le *Siège de Narbonne* ne sont pas séparés entre eux, et ne forment pour ainsi dire qu'un seul poème sans qu'aucune miniature ni grande lettre ne les distingue du poème précédent. Il en est de même de la *Mort Aymeri* qui fait corps avec *Guibert d'Andrenas*. Cette circonstance est cause que la *Mort Aymeri* et le *Siège de Narbonne* n'avaient pas été jusqu'à présent signalés dans ce manuscrit.

D^2. — On a récemment découvert dans une reliure à la Bibliothèque de Dusseldorf, deux fragments de parchemin ayant appartenu à un ms. de la *Mort Aymeri* écrit au XIVe siècle; ils forment chacun la partie supérieure de deux feuillets, et donnent ainsi quatre fragments correspondants aux vers de notre édition 511-543, 580-612, 725-742, 772-791 ; nous avons pu consulter une photographie de ces fragments, grâce à l'obligeance de M. Stengel qui les a publiés dans la *Zeitschrift fur romanische Philologie*, 1882, p. 357, travail auquel nous renvoyons le lecteur.

Laissant de côté pour le moment le fragment de M. Stengel, les quatre mss. se classent en deux familles : A B forment un premier groupe et C et D l'autre. Cette division résulte des faits suivants :

A et B ont ensemble quelques passages omis dans

C et dans *D*, et de même *C* et *D* contiennent beaucoup de vers qui ne se trouvent pas dans *A* ou dans *B* : ainsi *A* et *B* donnent seuls les vers 1157, 1265, 2901, 3037, 3122 et 3123. Plus nombreux sont les cas où *C* et *D* ont des vers qu'on ne lit pas dans *A* ou *B* : par exemple, les vers 162 et 163, 239, 261, 266, 291, 381, 700, 701.

De plus il est très fréquent de voir *A* et *B* donner une même leçon, et *C* et *D* s'accorder à en donner une différente. Toutes ces variantes sont notées dans l'édition et nous nous contentons ici de renvoyer à quelques exemples caractéristiques pris au hasard : v. 200, 307, 335, 346, 367; 396, 410, 430, 451, 478, 595, etc.

Quelques noms propres sont différents dans *AB* et dans *CD* : par exemple, *Acaire* dans *AB* et *Auquaires* dans *CD* v. 1649, 1664, etc. ; *Madras* dans *AB* et *Maudras* dans *CD*. v. 644, 649 ; *Pincernie* dans *AB* et *Corcenie* dans *CD* v. 2424, etc.

Enfin les deux mss. *C* et *D* ont subi un même remaniement, qui a été épargné aux autres mss. : parfois ils corrigent çà et là quelques assonances assez libres que conservent encore *A* et *B*, ou le plus souvent, ils convertissent sans exception en rimes exactes certaines tirades primitivement en assonances. Citons d'abord le début qui est entièrement différent dans *AB* et dans *CD*.

C et *D* débutent ainsi :

> Ce fu en mai que la rouse est florie,
> L'oriax chante et li rousignax crie,

> Fuellissent bois et l'erbe est reverdie,
> Chascuns amanz est joianz per s'amie.
> Dedenz Nerbone la fort cite garnie   (*D* antie.)
> Fu Aymeris a la barbe florie ;
> Sus el palès, en sa chambre votie,   (*D* la sale v.)
> Gisoit li quens de sa grant maladie
> Qui bien quidoit par tens finer la vie,
> Car la viellece durement l'afeblie,
> Si que del lit ne pooit lever mie.
> Dex quel domaje ! dame sainte Marie...

Le feuillet suivant du ms. *D* étant perdu et le ms. *C* continuant d'ailleurs à refaire des rimes exactes, il n'est pas possible d'apprécier l'importance de ce premier remaniement commun à *C* et *D*.

Dans la laisse xciv assonant en *i*, nous voyons *C* et *D* refaire de même les rimes des vers suivants :

Vers 2814 — *AB*. Il tret l'espée dont li pons fu d'or fin.
           CD. Et si a tret lo branc d'acier bruni.

Vers 2824 — *AB*..... qui fu au roi Pepin.
           CD..... dont li branc fu forbis.

Vers 2825 — *AB*. Chieres reliques i ot de Saint Martin.
           CD............. avoit el pont mis.

Dans la laisse suivante, assonant en *e*, les vers refaits de la sorte par *CD* sont bien plus nombreux, et enfin tous sont rimés dans le couplet xcvi.

Les trois couplets xcviii, xcix, c, où se trouve établie la distinction des trois gestes et qui nous semblent interpolés, ne se trouvent pas dans *CD* qui continuent ensuite à réduire en rimes exactes toutes les assonances déjà souvent retouchées dans *AB*; c'est vers la tirade CXVII ou CXVIII ou les autres mss. ont conservé bien peu des finales primitives que le remaniement particulier de *CD* semble s'arrêter; voici un exemple du rajeunissement propre aux deux mss. de cette famille, tiré du couplet CXII :

C D

Premiers s'en ist li fors rois Loois,   (*D* bons r.)
Hernauz et Bueves et Bernarz li floriz,
Et d'Anseüne Garins li dus jentils,   (*D* li marchis)
Et d'Orenge Guill. li marchis.   (*D* omis).
« Droiz empereres, » ce dit li quens hardiz,
« Or en irons assaillir, ce m'est vis,
« Cele cité qui si est seignoris,   (*D* tant e.).
« Cil qui la tienent, ne sont pas nos amis.
« Ce ne sont pas Paiens ne Arrabiz,
« Mès Sajetaires cuverz et maleïz.
« Des ars turqois sont si duit et apris
« Que qui i fierent, n'en puet eschaper vis. (*C omis*).
« Les quarrax traient qui sont d'acier forbiz (*D* brunis)
« Et de venin entoschié et espris.
« Qui il ateignent, bien est de la mort fis;
« Nel puet garir, elme n'escu votiz,
   « Auberz ne vieille broine. »

A B

Premiers s'en ist li bon rois Loeys,
« Ernaus et Bueves et Bernars et Garins :
« Drois empereres, » li quens Guill. dist,
« Nous en irons la cité assaillir
« Esclabarie qui est el pui antif.
« Iceux la tienent qui ne nous sont amis.

« Ce ne sont pas Paien ne Sarrazin
« Mais Turs felons du regne d'Orquanie
« Et Sagitaire a qui ja Diex n'aït;
« Des ars turquois traient par tel aïr
« Les grans querriaus entoschiés de venin,
« Qui a lor cox ne puet arme garir,
   « Haubers, elme ne broigne. »

Les faits que nous venons d'exposer séparent donc nos quatre mss. en deux groupes bien distincts : A et B d'une part, C et D de l'autre.

Si nous désignons par x le ms. sur lequel A et B ont été copiés, et par y, celui d'où C et D dérivent, x ou y représentent-ils l'original ou bien sont-ils chacun une copie distincte de cet original o? C'est cette dernière hypothèse que confirment les faits suivants. Le ms. x n'est pas l'original, mais une copie, car A et B offrent les mêmes lacunes comblées par C et D et présentent souvent une mauvaise leçon là où C et D en fournissent une bonne. Nous avons toujours noté dans les variantes de notre texte, les passages manquant à AB, et reproduit les leçons de ces deux mss., quand nous leur avons préféré celles de C ou de D. Mais lacunes ou mauvaises leçons ne sont pas toujours évidentes, et nous devons signaler ici comme étant certainement des lacunes dans AB et non des interpolations dans CD, les vers 403, 755-759, 765, 1296, 1580, 1674-1683 ; de même la leçon de CD est certainement meilleure que celle d'AB, dans les vers 206, 420, 548, 865, 879. 1120, etc.

La même expérience pour y amène la même conclusion : il faut remarquer cependant qu'elle est beaucoup moins caractéristique pour *C* et *D* que pour l'autre groupe : ainsi il n'est pas absolument certain que les quelques vers manquant à *CD*, aient été dans l'original, et de même le choix des leçons de *AB* de préférence à celles de *CD*, est plus douteux ; citons cependant comme des lacunes à peu près certaines dans le texte de *CD*, les vers 1686, 2901, et comme exemples de mauvaises leçons dans les mêmes mss., les vers 302, 1920, 2333. Quoi qu'il en soit, les très nombreux passages dont nous venons de parler, où *C* et *D* ont subi un remaniement commun, établissent de la façon la plus certaine leur dépendance d'un ms. *y*, distinct de l'original.

Non seulement *x* et *y* ne sont que des copies dérivées de *o*, mais il est certain qu'il a existé entre ces deux mss. et l'original au moins un intermédiaire. Nos quatre mss. contiennent en effet quelques passages portant des traces évidentes d'un même remaniement. Nous nommons *o* le ms. déjà remanié, d'où dérivent tous les mss. de la chanson de la *Mort Aymeri* maintenant connus ; on peut même distinguer dans ces passages altérés communs à tous nos mss., l'œuvre d'au moins trois remanieurs ; *o* représenterait alors, non plus le ms. que nous essayons de reproduire, mais une succession de trois mss., dérivant l'un de l'autre ; ce fait n'a d'ailleurs aucun intérêt pour la critique du texte. Un premier remaniement se remarque dans la laisse ix ; les passages qui la précèdent ou la suivent, ne semblent pas remaniés, dans *AB*, et par conséquent dans *o* ; or, au milieu de ce couplet, on lit une tirade de 34 vers exactement rimés en *on*, à l'exception d'un seul; c'est une longue prière d'Aimeri, sur le point d'être brûlé vif. La présence de plus de 30 rimes exactes dans un passage en assonances assez libres (*or*, *ox*, *ont*), doit être imputée à un remanieur; il est fréquent d'ailleurs de voir les rimeurs choisir une prière ou une invocation de ce genre, pour exercer leur talent poétique; ainsi la dernière prière de *Rollant*, dans le ms. d'Oxford a 5 vers, 9 dans le ms. de Cambridge et 16 dans celui de Châteauroux. (Oxford, laisse CLXXVIII, v. 2334, Voy. P. Meyer, *Recueil d'anciens textes*, p. 211, 228).

Vers le milieu du poème, on observe de nouvelles traces d'altérations. A partir de la laisse LXXIV qui présente une longueur jusqu'alors inusitée, les assonances deviennent moins libres et les finales *el*, *ef*, par exemple, dans les couplets en *e*, les finales *in ist*, dans les couplets en *i*, deviennent de plus en plus rares. Chaque couplet, au lieu de présenter des assonances entremêlées, est souvent composé d'une succession de tirades rimées exactement, genre de remaniement signalé chez les rimeurs du XIIIe siècle [1]. A mesure qu'on avance dans la chanson, la tendance à rimer s'accentue; ainsi la laisse CIII sur 19 vers, en a 14 rimés : la laisse CIV, 13 sur 14; la laisse CV, 18 sur 21; la laisse CIX, 23 sur 24, etc.; enfin nous arrivons à la laisse CIX, où pas une seule assonance n'a été conservée, et tout le reste du poème est entièrement rimé à peu d'exceptions près.

---

1. Cf. G. Paris, préface de la Vie de saint Alexis du XIIIe siècle, p. 200.

Les mss. *A* et *B* reproduisent toujours si exactement la même leçon, qu'à priori on pourrait croire *B*, qui est le moins ancien copié sur *A*; mais il est quelques cas où *B* comble une lacune dans *A*, ou donne une meilleure leçon que ce ms., par exemple au vers 218; ces deux mss. sont donc indépendants. Cependant les divergences sont si rares qu'il faut les supposer tous les deux très rapprochés de l'exemplaire commun, d'où ils dérivent.

Si *A* et *B* peuvent être copiés directement sur un même ms., il n'en est pas de même de *C* et de *D* qu'une plus grande distance doit séparer de *y*; en effet, les variantes du texte notées plus loin, montrent combien sont nombreuses et importantes les divergences entre ces deux mss.; plusieurs remaniements particuliers, différents de celui qui leur est commun et dont nous avons parlé, contribuent à rendre très probable l'existence de plusieurs copies entre chacun d'eux et *y*, ms. original de leur famille.

Ainsi dans *D*, au milieu de la laisse LVIII, un remanieur a commencé à modifier quelques finales. La laisse LIX est entièrement et très exactement rimée et il en est de même des tirades suivantes jusqu'à la laisse LXVIII, à partir duquel il se borne à corriger quelques assonances trop libres; enfin son travail semble s'arrêter à la laisse LXXII, qui n'est pas plus remaniée qu'elle ne l'est dans la famille *AB*. Voici un exemple pris au commencement de la laisse LXI :

D.

« Seignor », fet il, « fetes moi escouter,
« Par Mahomet, conseil veill je rover
« De ce que dit Herm. al vis cler.
« Je li jurrai, sel volez creanter,
« Que Ay. ferai quite clamer
« Et de la mort salvement aquiter,
« Se il me font la cité delivrer.
« Quant nos l'avrons, ja ne vos quier celer,
« Si le feron an Espangne mener,
« En Babiloine qui est ostre la mer,
« La le ferai en ma chartre giter
« Et feu grezois ferai avec boter
« Et toz lor cors ardoir et anbraser. »
Paien responent : « Molt avez dit que ber,
« Quanque vodroiz bien vodron creanter.
   « Car roi estes et sires. »

C.

« Seignor, » fet il, « un petit m'entendez,
« Par Mah. quel conseil me donez?
« Je feré ja ci Mahon aporter
« Et jurerai desus, se vos volez,
« Que Ay. ne sera ars el ré ;
« Ice ferai, se vos le me loez,
« Et quant seré sesi de la cité,
« Puis l'en feré an Escopas mener,
« En Babiloine l'amirable cité,
« En la chartre trebuchier et jeter ;
« A feu grezois le feré alumer,
« Tote la boche et lo vis et lo nés,
« Et tot son cors traveiller et pener. »

Et cil dient : « Nos l'otroions assez,
« Que or en fetes totes vos volentez,
    « Sire amiral de Perse. »

AB.

« Seignour, » dist il, « un petit m'entendez,
« Par Mahom quel conseil me donez ?
« Je le ferai devant moi aporter
« Et jurerai dessuz, se vous volez,
« Que Ay. ne sera ars el ré ;
« Et quant saisi serons de la cité,
« Si le ferai en Espagne mener,
« En Babiloine l'amirable cité
« Et en la chartre trebuchier et jeter ;
« A feu grezois le ferai alumer
« Toute la boche et le vis et le nés. »
Et il l'ont dit : « Nous l'otroions assez
« Or an fetes toutes vos volentés,
    « Sire amiral de Perse. »

Signalons encore dans quelques couplets où les finales *an*, *en* sont entremêlées, la réduction de ces dernières en *an*, dans le ms. D.

Laisse xii.   *AB* Tel poor ai que toz li cuer me ment.
              D .... m'en esprant.

              AB .... clocher Saint Vincent.
              D .... Saint Jehan.

Laisse xvii. *AB* Fais departir ton or et ton argent.
              D .... l'or fin et l'argent blanc.

              AB Done le tost por Deu omnipotent.
              D .... le roiamant

Laisse xx.   *AB* ...... lui fera secors gent.
            D ..... lui sera secorant.

Le ms. *C* est celui qui a subi le plus de rajeunissements. Nous avons déjà vu que *C* et *D* contenaient un début également refait : *C* continue à remanier de même toute la première partie de la chanson; comme un feuillet de notre chanson manque dans le ms. *D*, il est impossible de voir où commence ce remaniement particulier à *C*. Quoiqu'il en soit, le ms. *C* change les assonances en rimes dans toute la première partie de la chanson. Son travail semble s'arrêter à la laisse LX. Peut-être faudrait-il supposer plusieurs auteurs à ce changement; car tandis que dans quelques tirades, toutes les finales sont refaites sans exception, dans d'autres, on s'est borné à changer quelques assonances qui paraissaient trop libres, procédé que nous avons remarqué dans presque tous les remaniements, dont nous avons parlé.

Souvent aussi, quand le remanieur rencontrait un vers difficile à réduire, il le transcrivait tel qu'il le trouvait; mais il poursuivait en refaisant les finales des vers suivants sur le nouveau modèle donné par ce vers. C'est ainsi que dans une même laisse en assonance *é*, on voit une partie rimée en *é*, la suivante en *ez*, une autre en *er*. Par exemple, la laisse XI dans ce ms., présente les 7 premiers vers en *er*, et les 5 derniers en *ez*, la tirade XXVII a 10 rimes *as* de suite, et les 7 suivantes en *a*. La tirade XLIV a successivement 22 rimes en *er*, les 3 suivantes *ez*, les 8 autres *er*, et les 12 dernières *é*. Les tirades LVIII, LIX, ne

sont plus que peu remaniées. Nous donnons ici comme
exemple de ce remaiement le commencement de la
laisse XI :

C

Quant Aymeris ot sa feme parler
Et entor lui ses chevaliers plorer,
Molt belement commença a parler :
« Seigneur, » fet il, « lessiez ce duel ester
« Que, se Deu plest qui tot a a sauver,
« Encor porrai garir et respasser. »
Quant Hermanjarz ot le conte parler,
Ne fust si lie por .XIIII. citez.

D

Quant Nam. ot sa fame parler,
Environ lui son barnaje plorer,
Ovri les ex, ses a reconfortez :
« Segnor, » dist il, « merci por amor Dé
« Je ai tel mal, ne me puis remuer. »
Dame Herm. ot son segnor parler,
Ne fust si liée por .XIIII. citez.

AB

Quant Aymeris ot sa feme parler
Et entour lui ses chevaliers plorer,
Ouvri les iex, ses a reconfortez :
« Seigneur, » dist il, « merci pour amor Dé ;
« Tel doulour ai, ne me puis remuer. »
Dame Ermengarde ot son seignour parler,
Ne fu si liée por .XIIII. citez.

Le texte original n'est pas longtemps conservé dans ce ms. et dès la laisse LXXVIII nous trouvons de nouvelles tentatives vers des rimes plus exactes.

Cette laisse ne contient qu'un vers refait :

> Non ferez, pere, ce a dit Guibelins

C corrige la fin : *Guiberʒ li respondi* et conserve ailleurs d'autres finales en *in*. La laisse suivante renferme trois ou quatre vers refaits. Mais c'est à la laisse LXXX que commence réellement le nouveau travail du rimeur. Dans l'original, ce couplet était assonant en *é*; *C* a refait les rimes en *ie* sans exception dans la 1re partie; puis il fait un 2e couplet de la 2e partie, où il laisse presque toutes les assonances primitives. Enfin dans la suite du poème, *C* a continué à rimer exactement de nombreux passages ; mais le plus souvent il s'est contenté de faire disparaître les assonances trop libres, en laissant assez ordinairement les autres intactes. A la laisse XCIV, nous avons déjà signalé un rajeunissement que *C* a en commun avec *D*; mais ce ms. est plus complètement et tout particulièrement refait, et tandis que *D* garde encore bon nombre d'assonances, *C* rime presque sans exception. Dans les laisses suivantes, on ne trouve plus que les modifications communes au texte de *C* et de *D*; cependant quand *D* garde encore çà et là quelques assonances, le ms. *C* les fait toujours disparaître. Voici un exemple de ce second remaniement particulier au au ms. *C*, tiré de la laisse LXXVI.

C

Auquaires broches, li filleus Ay.
Qui l'oriflanbe paumoia et brandi;
Mainte viele le jor i retenti,
De maint oisel i oïst en lo cri :
Chante li melles avueques li mauviz,
Jais et calandres chascun s'i esjoït.

D

Aucaire broche, le fillell Nameri
Qui l'oriflanbe palmoia et brandi;
Mainte viele i oïssiez tantir,
De tant oissiax i oïssiez le cri :
Chante la melle, la turtre et la malviz
Jais et calandres, chascun an son latin.

A B

Aquaires point li fillex Ay.
El premier chief l'oriflanbe brandi;
Mainte viele i oïssiés tentir,
De mains oisiaux i oïssiés le cri :
Chante la merle et chante li mauvis,
Et autre oisel, chascuns en son latin.

En résumé, les mss. *C* et *D* ont un et peut-être deux passages remaniés qui se trouvent dans tous les mss. qui nous ont conservé la *Mort Aymeri,* deux parties communes également refaites, et enfin chacun deux morceaux différents ayant subi un rajeunissement particulier.

Enfin le fragment D^2 se classe à côté de D; on voit en effet aux vers 524, 566, 623, 669 et 673, D et D^2 avoir une leçon commune que détruit l'accord complet de C d'une part et des mss. de l'autre famille AB.

On pourrait dresser ainsi le tableau de nos mss. :

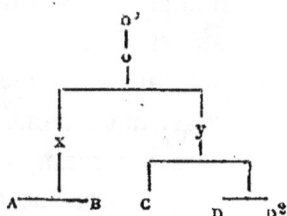

Notre classification des mss. aboutissant à la constitution de deux familles, voici comme nous avons procédé pour l'établissement du texte. Il est bien évident qu'une leçon fournie par une des familles et confirmée même par un seul des mss. de l'autre famille, doit être considérée comme certaine; mais il est loin d'en être de même, quand les leçons des deux familles diffèrent entre elles. Quand ces leçons sont également acceptable, à défaut d'une raison particulière, nous avons toujours préféré le texte de y, ms. original de la famille de C et de D, si ces deux mss. nous permettent de l'établir d'une façon certaine; mais, dans les très nombreux passages où ils ont été remaniés, nous avons dû conserver le texte de l'autre famille x fourni par A et B. Voici les raisons de la préférence que nous accordons à y sur x; C et D, qui sont les plus anciens mss., présentent entre eux d'assez notables différences ; il faut donc les supposer très éloignés du ms. original de leur famille *y*, qui, par conséquent, devait être beaucoup plus ancien et assez rapproché de l'original. *AB*, au contraire, sont bien plus récents, et comme ils présentent à peu près toujours le même texte, ils ont été probablement copiés directement sur un même ms. *x*, qui vraisemblablement était contemporain et d'un siècle plus jeune que le ms. *y* ; il devait, par conséquent, présenter moins fidèlement l'original ; nous avons vu, en effet, le nombre énorme de vers qui manquent au texte de *A* ou de *B* et dont le plus grand nombre devait évidemment se trouver dans l'original, tandis que des lacunes incontestables dans le texte de *CD* sont fort rares ; nous avons de même noté plus haut un grand nombre de leçons de *CD* préférables à celle de *AB*, et nous avons dit, au contraire, combien il était difficile de trouver des cas où *CD* donnent certainement une version moins bonne que celle des autres mss. Il est vrai que le texte du ms. *x* n'a pas été soumis à des remaniements systématiques comme celui de *C* et *D* ; malgré cela, ces deux derniers mss. nous permettent de constater que la famille d'*A* et de *B* n'a pas échappé aux rajeunissements et qu'une longue succession de copies a du altérer insensiblement le texte original dans *AB* : on peut se reporter aux vers suivants où *AB* ont des assonances corrigées en vue d'une rime plus exacte, 560, 891, 973, 2411, 2442, 2449, 2453, 3577. On voit que ces rajeunissements d'*AB* s'étendent à toutes les parties de la chanson et même à des passages où l'on ne soupçonnerait jamais, sans le contrôle fourni par *CD*, qu'il y a eu un remaniement. Nous ne pouvons déterminer le nombre et l'importance de ces rajeunissements; mais si l'on considère combien de fois le texte du ms. *D*, par exemple, a passé par les mains des rimeurs et que, malgré cela, un nombre considérable de vers de l'original, qu'on ne trouve plus dans *AB*, ont subsisté, il faut supposer qu'un travail presque inconscient, de plusieurs générations de copistes, a altéré profondément le texte du ms. *x*, et, par conséquent, préférer toujours la leçon du ms. original de l'autre famille *y*, aussi souvent qu'il est possible de l'établir d'une manière certaine. En résumé, si *C* et *D* ont chacun isolément beaucoup moins de valeur que les mss. de l'autre famille, leur accord nous donne toujours une leçon que nous considérons comme préférable.

Pour le choix des formes, nous avons toujours suivi *C*, le plus ancien de nos manuscrits. En effet, les mss. *AB* qui, ayant été les moins remaniés, offrent sonvent la seule leçon admissible, ont été écrits au XIVe siècle, et leur graphie présente toute les altérations ordinaires des textes de cette époque; le ms. *D* plus ancien, mais écrit avec négligence, présente de plus des formes tout à fait anormales [1], et ignore complètement les règle de la déclinaison. Nous cherchons donc dans le texte qui suit, à reproduire les formes du ms.

---

1. Une particularité remarquable de ce ms. est l'emploi du *d* dans les mots comme: *camoisied, pid, vieillard, ploreid, pied, void, sod, avroid, fenid, veissiéd*.

C, mais, comme nous avons eu souvent à choisir des leçons étrangères à ce ms., voici quelques-unes des modifications que nous avons fait subir à ces passages empruntés aux autres mss.; ce ne sont en général que des notations habituelles au scribe du ms. *C*, qui ne supposent pas une bien grande différence de graphie avec les autres mss.

La diphtongue *ai* venant de *a* latin et une gutturale devenue semi-voyelle, est toujours notée *e* : *fere, plest, lesser, mes.*

Le son de l'*o* fermé, noté de différentes manières dans les ms. *A B D*, est représenté par *o* dans *C*, et il en est de même du son *ou*, formé par la vocalisation de *l* ; *lor, seignor, nos, sol, corone, podre, vodrent*. Cependant ce ms. hésite pour certains mots et l'on trouve même à l'assonance la forme *angoisseus, orgoillex*, que nous avons rétablies *angoissos, orgoillos*.

Le *g* doux est toujours noté par un *j* : *jent, larjement, coraje.*

C n'emploie pas l'*h* initial des mots d'origine latine ; *ier, erbe, orrible, umilité, enoré*.

S et *z* ne sont pas confondus ; le *z* provient de *s* latin précédé d'une dentale ; ainsi les adjectifs ou participes *atus, itus, etus*, les 2ᵉ personnes du pluriel, *atis, etis*, sont notés *ez, oiz*, etc. ; comme dans beaucoup d'autres textes ce *z* est aussi employé avec la nasale ou *l* mouillée : *anz, dedenz, filz, melz, vielz*.

Telles sont les principales notations habituelles du scribe du ms. *C* qui se distinguent des formes employées dans les autres ms., et que nous employons toujours dans notre texte; ajoutons de plus que nous appliquons les règles de la déclinaison peut-être plus rigoureusement que le ms. *C* qui contient bien des des irrégularités; les autres mss., et surtout *D* les ignorent complètement.

Que notre commissaire responsable, M. P. Meyer, nous permette, en finissant, de lui témoigner toute notre reconnaissance pour les conseils, dont nous avons eu si souvent à profiter et les soins incessants qu'il a bien voulu donner à l'impression de ce travail.

LA MORT

AYMERI DE NARBONNE

LA MORT
AYMERI DE NARBONNE

I

SEIGNOR, oez qui chançon demandez,
    Soiez en pès et si m'oez conter
    D'une aventure onques ne fu sa per,
Coment les jestes vindrent a decliner,
5   Les ancienes dont l'en soloit parler :
C'est d'Aymeri de Nerbone lo ber
Et de son fil lo chetif Aïmer
Et de Guillaume lo marchis au cort nés,
De Charlemaine lo fort roi coroné
10   Qui a ses filz dona ses heritez,
A Looys et a Lohier l'ainzné :
Lohiers en est en Alemaigne alez
Et Looys est en France remés ;
Cil troveor les ont lessiez ester.
15   Hui mès orrez du lignaje parler :
La jentil jeste doit on renoveler.

I. — 1 *Le début est différent dans C et dans D.* — 3 *omis dans B.*

Ce fu en mai que l'en dist en esté;
Fuellissent bois et raverdissent pré
Et totes eves revienent en canel,
20 Danz Aymeris de Nerbone li bers
Seult adès fère les quintaines lever,
Mès or se muert en sa bone cité.
A Pentecoste, a une feste anuel,
Granz fu li cors a Loon la cité;
25 Asez i ot et demaines et pers.
Un diemenche au soir, après soper,
S'est l'empererre en son estant levez :
Si apela sa jent et son barné :
« Seignor, » fet il, « un petit m'entendez.
30 « Ici vos ai par devant moi mandez.
« Venu i estes, si vos en sai bon gré.
« A ceste feste me soliez enorer;
« Corone d'or i soloie porter,
« Et hui encores m'est il renovelé :
35 « Vos me soliez tenir en grant chierté,
« Mès or sui vilz et entre piez botez,
« Or me lessiez gerroier et foler :
« Hues Chapez m'a malement grevé,
« Arse a ma terre et mon païs gasté,
40 « Et mes chastiax peçoiez et robez;
« De ci as portes de Paris est alez;
« Prise a la proie par devant la cité.
« Grant honte fètes se vos l'i consentez ;
« Homes parjures vos en puis apeler.
45 « Mès une chose ai je or en pensé,
« Que je ferai, qui ne puet demorer. »
Prent la corone qui molt fist a loer

25 *B* et de pers. — 30 *C* Ge vos ai ci et semons et mandez. — 31 *A B* et je vous en sai gré. — 34 *A B* Et encores. — 36 *C* Mès or sui veuz et chanuz et barbez. — 39 *C* Qui a ma t. — 41 *A B* jusques. — 42 omis dans *C*. — 45 *A B* ai je en p. *C* en ai or.

Ou li clou d'or reluisoient molt cler
Que li palès en est enluminez :
50 « Seignor, » fet il, « la corone prenez ;
« Cui vos plera en fêtes coroner :
« Recluz serai a un de ces autés. »
.XV. contor ont de pitié ploré,
.IIII. roi saillent qui l'ont recoroné :
55 « Danz rois, » font il, « ne soiez si irez ;
« Hues est mors, s'il puet estre trovez ;
« Il en perdra la teste. »

II

« Seignor baron, » dist li rois Looys,
« Hues Chapez m'a malement bailli,
60 « Arse a ma terre et gasté mon païs,
« .XV. chastiax peçoiez et maumis,
« Prise a la proie as portes de Paris.
« Uns miens baron me seult venir servir :
« C'est de Nerbone li frans quens Aymeris ;
65 « Il est mes hom et souvent a voir dit,
« Et Charlemaines, mes pere, lo nori
« Et li dona Nerbonois a tenir ;
« Tote a la terre quite et lo païs,
« Lo suen conseil vodroie je oïr ;
70 « Manderai lo annuit ou lo matin,
« Si m'aidera ma guerre a maintenir
« Contre Huon qui si m'a envaï. »
Gautier apele de Termes, si li dist :
« Sire fillex, » dist li rois Looys,
75 « Vos en irez lo mesaje fornir
« En Nerbonois au preu conte Aymeri ;
« Si li direz viegne, soie merci,

---

52 *B* Renduz, *vers omis dans C.* — 54 *C* Et .IIII. duc q.
II. — 64 *A B* li preus q. — 70 *A B* jo a.

« A beles armes et a destriers de pris
« En sa conpaigne de chevaliers .x. mil.
80 — Volentiers, sire, » Gautiers li respondi,
« J'irai sans plus atendre. »

III

Li preus Gautiers en vint a son ostel,
Ses armes rueve, l'en li va aporter.
Il vest l'auberc qui fu au roi Lambé,
85 L'elme laça ou l'escarbocle pert
Si que par nuit rendoit tele clerté
.M. chevalier en voient asez cler ;
Il çaint l'espée a l'aufaje Barbé ;
L'escu li ont si chanberlanc livré,
90 Tarje roonde que l'en soloit porter ;
La lance roide et l'espié noielé,
A .v. clox d'or lo confanon fermé.
Bauçant li ont en la place amené ;
A grant merveille estoit bien atornez,
95 Bele ert la sele que el dos ot fermé,
Li arçon sont a cristal noielé
Et les .II. auves d'ivoire d'otre mer,
La coverture de brun paile roé ;
Mieudre destrier ne covint demander
100 Por corre tost ne por soef aler.
Gautiers monta, a estrier n'en sot gré ;
.X. chevalier se corent adober
Qui avuec lui en voloient aler.
Gautiers cria : « Seignor, ne vos movez ;
105 « Par cele foi que je doi Dieu porter,

---

80 *A B* Molt volentiers G.
III. *C rime en a.* — 83 *B* lia a. — 85 *B* ert. — 80-101 *omis dans C.* — 94 *A* A merveilles e. — 97 *A B* Et les auves. — 101-103 *omis dans B.*

« Ja nuls de vos ne convient remuer ;
« J'irai tot sol lo mesaje conter
    « Au seignor de Nerbone. »

IV

     Gautiers en vet, congié a pris au roi,
110 Ses garnemenz a trossez entor soi,
     Bauçanz li anble docement sanz desroi,
     Passe les terres, les bois et les marois,
     Les eves rades qui corent par destrois.
     Tant chevaucha et au main et au soir,
115 Nerbone vit ou Aymeris estoit
        Que tuit si home plorent.

V

     Quant li mesajes entra en la cité,
     De totes parz oï la jent plorer
     Et Aymeri lor seignor regreter :
120 « Filz de baron, jentils quens naturels,
     « Tant nos avez tenuz en grant chierté :
     « Or vos morez, ce est dels et pitez.
     « Hui est li jors que barnaje est remez
     « Ne il n'est hom qui l'en puist destorner.
125 « Qui tels est or chevaliers adobez
     « Jusqu'a un an sera boviers clamez ;
     « A la charue le covendra aler,
     « Son destrier vendre et avoine achater. »
     A ces paroles en chiéent .x. pasmé
130   Por Aymeri lo conte.

IV. — 109 *A B* s'en part, si prist c.
V. — 121 *omis dans A; B* Vous nous avez ci nourris en c. — 122 *A* Vous vous morés.

VI

    Gautiers de Termes descendi au perron,
    Au sicamor, lez lo dois del lion ;
    A un branche pent son escu roont ;
    Les autres armes a mises environ,
135 Et aresna Bauçant lo coreor.
    Si est venuz en la sale maior
    Ou se seoit Aymeris li contors
    Dedenz un lit, d'arjent sont li crepon
    Et de roje or sont li pomel d'entor,
140 Et furent tuit d'ivoire li limon,
    Totes les cordes de vermeil soie sont :
    Coutes i ot ne sai o .iv. o .ii.
    Et traversiers et linciex et velox,
    Et orilliers et martrin covertor
145 Point a oisiax, a bestes et a flors.
    Iluec se gist Aymeris li meillor
    Qui onques fu jusque en Inde maior.
    Cil chevalier lo plorent tot entor ;
    Dame Hermenjarz se pasme de dolor ;
150 Sovant regrete Aymeri son seignor :
    « Hé ! riche conte vaillant de grant onor,
    « Quant vos morez c'est domaje et dolor !
    « Haï barnaje ! com fallez hui cest jor,
    « Chevalerie pert los et bruit et flor.
155 « Que ferai, dolerose ? »

VI. *C rime en on.* — 132 *C* Si atacha son destrier arragon. — 134 *A* Et ses armes, *B* Toutes les a. — 138 *A B* Desus. — 140 *C* D'un os d'yvoire estoient li limon, *D* A blanc yvoire furent fet li l. — 141 *A B* Et les cordes de rouge soie sont. — 142 *D* quatre o dos. — 143 *D* En t. — 145 *D* painz fu a or, *A B* as bestes et as f. — 146 *A B* ilueques g., *D* li contor. — 147 *D* Li miexdres est que l'an seüst nul jor || Blanche ot la barbe et le chief comme flor. — 148 *D* maint ch. — 151 *B* riches contes, *D* grant amor. — 152 *D* Vos vos m. — 154 *D* pert son bruit et sa flor.

VII

        Gautiers de Termes est el palès entrez,
        Qui fu neveu dant Aymeri lo ber ;
        Bel ot lo cors, eschevi et molé,
        Gros par espaules, grele par lo baudré,
160   Longues les jambes, et les piez bien tornez,
        Et vairs les euz, comme faucon mué.
        N'ot pas mantel,ançois fu defublez,
        Chauces de paile, n'i ot giens de soler,
        Camoisiez fu de ses armes porter :
165   En nule terre n'ot plus bel bacheler.
        Dame Hermenjarz lo reconut assez ;
        Si l'acena, que nel pot apeler,
        Tant ot lo piz et lo cuer enserré
        De son seignor replaindre et doloser.
170   Il vint au lit ou quens Aymeris ert ;
        Si s'ajenoille por lo conte esgarder,
        Les euz li voit en la teste torner,
        Et la color treschangier et muer :
        Tote la char li revertist en blef.
175   La destre main li manoia soef,
        N'i senti voine batre ne remuer ;
        Dont quide bien qu'il soit de vie alez.
        Tel duel l'en prist de son ami charnel
        Li cuers li ment, que ne pot endurer,
180   Desor lo marbre estoit cheüz pasmez.

VII. *C rimes en ez, er, é.* — 156 *D* montez. — 157 *C* Niés fu au conte dont vos oez conter. — 158 *A B* Gent, *D* et chanu. — 160 *A B* Longue ot la j. et le p. bien torné, *C* formez. — 161 *A B* Vairs ot les e. — 162-163 *omis dans A B.* — 165 *A B* En nul païs... si bel. — 167 *D* A lui le çaine. — 168 *B* cors. — 169 *A B* plaindre et d. — 170 *D* dant A. — 172 *A B* li vit. — 173 *A B* et c. et m. — 175 *AB* Le dextre bras. — 176 *D* Que ni sant v. — 177 *A B* Adont quida q. — 178 *A B* en prist d., *A B* nel pot. *C* li prist. — 179 *C* ne pot plus endurer. — 180 *D* chaï adenz p.

Quant se redrece si est haut escrïez
Et se clama chetif maleüré :
« Hui muert li mieudre de la crestienté! »
Dame Hermenjarz li prist a demander :
185 « Sire Gautiers, » dist ele, « dont venez ?
« Ou est li rois? gardez ne lo celez.
— Par mon chief, dame, a Loon la cité;
« A ceste feste l'avomes coroné;
« Mès il mandoit dant Aymeri lo ber
190 « Qu'en doce France li alast aïder
« A tot .x. mil de chevaliers armez,
« A hanstes roides, a confanons fermez.
« Hues Chapez l'a malement mené :
« Arse a sa terre et son païs gasté,
195 « .XV. chastiax peçoiez et robez,
« De ci as portes de Paris est alez;
« Prise a la proie par devant la cité
« Et mon palès de Termes deserté,
« Ars et brisié et tot l'avoir porté,
200 « Et mes .II. filz en sa prison jetez.
— Sire Gautiers, po vos estes hastez :
« N'ira ja mès danz Aymeris li ber,
« Car il se muert, près est del devïer;
« Il ne parla .IV. jors a passé. »
205 Gautiers l'oï, si comence a plorer;
Dame Hermenjarz lo prist a regreter :

181 *A B* Quant se leva si commence a plourer. — 182 *A B* Si se clama, omis dans *C*. — 183 *D* li miex de mes amis charnel. — 185 *C* fet ele. — 186 *C* por Deu ne lo celez, *D* ne me c. — 188 *A B* l'avons fet c., *D A* une f. — 189 *B A* moi mandoit. — 190 *A B* alast sans demorer, *C* alast li secore et tenser, *D* le venist a. — 192 *C* et conf. — 198 *A B* Et mon chastel, *C* Et lo pales. — 199 omis dans *A B*. — 200 *A B* Et mes enfans. — 201 *C* Sire, fet ele. — 202 *A B* ne puet aler, *D* Ni ira mie. — 203 *A B* de d. — 204 *C* ja a. II. jors passez. — 206 *A B* a regarder, *C* Et Herm, *D* l'an prist a.

« Aymeri sire, dels est que vos morez !
« Bien deüssiez encor a nos parler
« Et une fois de vos euz regarder
210 « Et lo barnaje de ceenz conforter :
« A toz jors mès nos en fust plus soef.
« Mort car me pren, ne m'i lesse durer.
« Dès que je pert lo conte naturel,
   « Si decline barnaje ! »

VIII

215 Gautiers se pasme ; dame Hermenjarz s'escrie,
Ront ses chevex et sa robe descire,
Si se clama dolerose, chetive :
« Aymeri sire, franc chevalier nobile,
« Vos vos morez, dont c'est dolor et ire ;
220 « Hui est li jors que barnaje decline :
« Si pert son los flor de chevalerie,
« Ja mès par conte n'estra si essaucie ! »
Desus Gautier chiet pasmée sovine.
.C. chevalier par lo palès saillirent
225 Qui a lor bras la lievent et sotindrent.
Li dels del conte et de la dame riche
I fist plorer maint fil de palazine
   En la sale a Nerbone.

---

207 *D* gentil quens naturez Vos vos morez, c'est dolor et haster.
— 208 *A B* biau sire a nous p., *D* ensemble o n. *C* a moi. — 211 *A*
lor en f., *B* l'on en f. — 212 *A B* ne me lais plus d. — 213 *A B*
Puis que je p. — 214 *C* Bien decline b.
   VIII. *C* rime en ie. — 215 *A B* et H. — 216 *A B* Et ses cheveux
et sa robe deschire. — 217 *C D* Si se claime, *D* maleure. — 218 *B*
Sire A., *ce vers manque dans A*. — 219 *D* Quant vos m. c'est
d. et martire. — 220 *A* empire, *B* espire. — 221 *A B* pris de ch.
— 222 *D* n'ert si bien encherie, *C* n'i sera esbaudie. — 223 *A B* est
cheoite s. — 225 *A B* la leverent et tindrent. — 226 *D* dame fine.
— 227 *A B* tant.

IX

Granz fu li dels en la bone cité
230 Tot por lo conte dant Aymeri lo ber.
Hermenjart tienent, ne la porent tenser
De son seignor et plaindre et regreter.
Gautiers de Termes la prist a conforter :
« Dame, » dist il, « molt grant tort en avez ;
235 « Encor garra li contes naturels,
« Car de grant mal revient on en santé. »
Ele respont : « Pour neant en parlez.
« Li quens se muert, jel sai de verité :
« Car nos laira dolenz et esgarez.
240 « Biau fil Guibert, que vos ce ne savez,
« Qui estïez sor Sarrazins alez
« Au port d'Ossau sor Judas l'amiré !
« Ne verrez mès dant Aymeri lo ber,
« Ne ne porrez a sa boche parler
245 « Qui vos soloit les bons conselz doner. »
En la sale ot un sarrazin Escler :
Espiez fu Corsuble l'amiré ;
Dedenz Nerbone ot un mois conversé
Por lo païs veoir et esgarder.
250 Quant vit lo conte de la mort apressé,
Et Guibelins ert en Espaigne alez

IX. *C rimes é, er, ez*. — 229 *D* par la b. — 230 *D* Le ploreid de Nay.— 231 *A B* nel porent aceissier, *D* ne la pueent. — 232 *C* plaindre et r., *D* et doloser. — 233 *C* la prent. — 234 *C* fet il.— 236 *D* Car de grant mal vient on en grant santé. — 238 *A B* Car il se muert.— 239 *omis dans A B, D* Or nos laist molt soutif et esgaré.— 240 *C* Sire Guib., *A B* ne le savez, *D* quant v.— 241 *C* Or e. — 243 *C omis*. — 246 *D* A Nerbone ot .I. sarr. esté. — 247 *D* estoit. — 248 *A B* En Nerbonnois, *C* fu .III. jors conversé. — 249 *C* por les noveles oïr et escouter. — 250 *A B* Le conte vit. — 251 *C* et que Guiberz fu, *D ajoute* : Sor Sarrazins a le païs gasté.

Et que li rois est en France mellez,
Honir le vuelent li baron del regné,
Il ne vost plus targier ne demorer :
255 Tot belement issi de la cité.
Hé! Dex, quel duel li barnajes nel set!
Si le feïssent ocire et desmenbrer.
Cil le confonde qui en croiz fu penez!
Il le dira Corsuble l'amiré
260 Qui lor metra lo sieje en la cité
Dont li païs sera ars et gastez
Et li mur fret et li pan esfondré
  Et la tor peçoiéé.

X

Quens Aymeris estoit chargiez de mal.
265 Si plot a Deu que il li alaschast ;
D'entor lo cuer la dolor li tresva,
Ovri les euz li quens, si esgarda
Et vit plorer mil chevaliers loials ;
Devant lui fu as piez dame Hermenjarz,
270 Toz ses chevex ronpi et deschira
Et Aymeri son seignor regreta :
« Haï ! baron, jentils quens naturals,
« Quant vos morez c'est domajes et mal ;
« Se nostre Sire lo feïst parigal

252 *A B* Et Loeÿs est as François mellés. — 253 *A B* Boisier. —
254 *A B* ne sejorner. — 256 *D* que li b. — 257 *D* Sel feist en,
A B afoler. — 260 *A B* Et il metra. — 261 *omis dans A B, C* S'ert
li pais essilliez et gastes. — 262 *A B* Dont li mur ierent et fait et
estroé. — 263 *A B* effondrée.

X. *C rime en* i. — 264 *D* Quant Naymeri fu molt chargiez de
m. — 265 *D* il plot. — 266 *omis dans A B*. — 267 *D* Huevre les. —
268 *A B* Entour lui pleurent mil c. — 269 *A B* la courtoise H. —
270 *D* sa porpre deschira. — 272 *A B* Aymeri sire franc conte
naturel. — 273 *A B* Vous vous morez, c'est domajes et. — 274 *A B*
Se Damediex, *C* Se Jesu Criz.

275   « Que li miens cors quant et vos deviast,
       « Dedenz mon cuer tele joie n'entra.
       « Mort car me pren, je lo vodroie ja
       « Que la moie ame o la soie en alast
       « En Paradis tot droit a une part !
280   « Seignor, » dist ele, « ne vos merveilliez pas
       « Se j'ai grant duel del conte natural :
       « Ja mès contesse tel chevalier n'avra.
          « Lasse, or remanrai veve ! »

XI

       Quant Aymeris ot sa feme parler
285   Et entor lui ses chevaliers plorer,
       Ovri les euz, ses a reconfortez :
       « Seignor, » dist il, « merci por amor Dé ;
       « Je ai tel mal ne me puis remuer. »
       Dame Hermenjarz ot son seignor parler,
290   Ne fust si liée por .xiiii. citez,
       Qui li donast tot l'or de Barlesguez :
       Les mains li bese et la boche et lo nés
       Et lo viaire et les euz qu'ot troblez :
       « Sire, por Deu, » dist ele, « respasez,
295   « Et si ne morez mie.

275 *A B* avec vous. — 276 *D* n'en avra. — 277 *D* ne t'an atargier ja. — 278 *A B* avec la soie, *D* s'en. — 279 *D* O la moie ame seront a une part. — 280-281 *omis dans A B*. — 283 *A B* Lasse, remaindrai veve, *D* Or manrai v.

XI. *C* rimes er et ez. — 284 *D* Dant Nam. — 285 *D* Environ lui son barnaje p. — 287 *A B* pour l'amour D., *C* fet-il. — 288 *A B* tel dolor ai. — 289 *C* Quant H. ot lo conte parler. — 291 *omis dans A B*. — 292 *A B* Si li besa, *C* par molt granz amistez. — 294 *C* Gentils quens, sire ! por Dieu de majestez, *D* Ha ! riche quens, dist elle, *A B* respondez. — 295 *C* Confortez vo mesnie, *D* Se ne vos morez mie.

XII

— Seignor baron, » dist Aymeris li frans,
Li riches quens, li hardiz, li vaillanz,
« Je ai tel mal onques mès n'oi si grant
« Ne ne me puis remuer tant ne quant. »
300 Gautiers de Termes, Jociaumes et Guinemenz
Et Hermenjarz la contesse avenant
Aymeri liévent en son lit en seant
Et li apoient les costez et les flans
De moles coutes volsés de pailes blans
305 Et si l'afublent d'un mantel avenant,
A listes d'or furent conjoint li pan ;
.XIIII. pierres ot el tassel devant
Qui plus reluisent que chandoile ardant.
« Seignor baron, » dist Aymeris li frans,
310 « Tel poor ai que toz li cuers me ment :
« Un avison me vint ore devant :
« De vers Espaigne venoit un feu ardant
« Qui mon païs aloit tot esprenant ;
« Devant aloit .i. noirs oisels volanz,
315 « Granz come bues estoit en son estant,

XII. 297 *A B* li hardis combatans, *D* ajoute : Et le mellor de cest siecle vivant.— 298 *A B* Je ai un mal que onques n'oi si grant. —299 *A B* Si ne, *C* Que ne.. ne tant ne q., *D* mouvoir tant ne q. — 300 *A B* Joscelins, *C* et li preuz G.— 301 *A B* o le cors av. — 302 *A B* Conte Aimeri, lievent en son seant, *C* Lo conte l. — 303 *A B* Si li a, *C* lo costé et lo f., *D* Bien li ap. — 304 *A B* fetes de bonguerant. — 305 *D* l l'afublerent d'un m. — 306 *A B* couvert. — 307 *A B* .xv. pierres, *C D* Quatre p.... tassel par d., *D* es tasiax. — 308 *A B* Et reluisoient comme. — 310 *D* J'ai tel poor toz li cuers m'en esprant, *C* toz me fremi li sans. — 311 *D* en semblant, *C* ajoute : Ce m'est avis, oroiz, en mon dormant. — 312 *A B* Que de Esp. issoit, *D* aloit. — 313 *C* mon pales, *A B* m'aloit tout embrasant. — 314 *A B* un grant oisel, *C* un fier oisel, *D* venoit.— 315 *C* et fet de tel semblant, *D* en lor semblant.

« Tot li plus cointe si ravissoit avant,
« Et s'asseoit en son la tor plus grant
« De totes parz en abatoit les pans.
« Je vi chooir lo clochier Saint Vincent,
320 « Et alumer ceste sale vaillant,
« Et de ces murs fondoient li auvant.
« .I. rais de feu me venoit avolant,
« Par mi lo cors me feroit en lançant,
« Si m'ardoit tot et la char et lo sanc ;
325 « Et de ma boche issoit .I. oisels blans
« Come aloe ert et fez en tel senblant ;
« Encontremont s'en aloit ravissant ;
« Un grant estoire trovoit de colons blans,
« En vers lo ciel l'enmenoient volant.
330 « Une voiz doce aloit l'oisels chantant ;
« Ne sai qu'estoit, mès que poor ai grant,
« A Damedeu lo pére me commant :
« Tote la char me trenble. »

XIII

Dist Aymeris : « Oez, seignor baron ;
335 « Une autre chose me vint en avison ;
« En riviere ère alez o un faucon,
« S'avoie pris une ane et un mallon,

316 Omis dans A B C. — 317 C desor la t., D ma t. — 319 A B le moustier. — 321 A B fendoient, C Si abatoit tot le plus mestre auvant, D De ces hauz murs f. — 322 C m'i v., D me feroit en volant. — 323-329 Omis dans B. — 324 C Et si m'ardoit lo coté et lo flanc, A Tote m'a. — 325 D Dedanz ma b. — 326 C D Grant comme a., A a son s, C de tel s. — 327 D ralisant. — 328 C De blans colons trova la flote grant, D menoit de c. — 329 A le m. — 330 C D D'une v... aloient tuit c. — 331 C Sachiez de voir que molt m'en espoant. — 332 Omis dans C.

XIII. C rime en on. — 334 A B Or escoutés barons. — 335 A sonje, B somme. — 336 D Iere en r...... a un f. — 337 C un heron, D et .II. m.

« Je m'en venoie toz liez et toz joios :
« D'une montaigne sailloient .xiiii. ors
340 « Laiz et despers et iriez et hidos,
« Si ocioient mon destrier misodor,
« Devant mes euz lo depeçoient tot
« Et me sailloient vers lo vis contremont,
« Voloient moi mangier tot a bandon.
345 « Par un desert vint corant uns lions :
« Feu li voloit par la gole a bandon :
« Si le sivoient .xxx. .м. broon.
« De cele chose avoie je poor,
« Mès il me fist un molt riche secors,
350 « Car devant moi abati un des ors
« Et dechaça par terres et par monz,
« Dont oi poor et joie. »

XIV

« Quant li lions ot les ors enchaciez,
« De cele chose me fis je forment lié ;
355 « Mès droit a moi revint toz eslessiez,
« Gole baée si com il fust iriez.
« Grant poor oi ne me vosist mangier ;
« Cant après lui ainsi com erragiez
« Vint une muete de levriers eslessiez ;
360 « Sivant l'aloit l'estoire des levriers.
« Une merveille lo vi senefier :

338 *A B* Et m'en v. — 339 *A B* issoient, *D* saillirent. — 340 *D* Laiz et iriez, et d. et h. — 341 *D* Sod moi ocistrent m. — 342 *D* depecierent. — 343 *A B* saillirent, *C* m'assailloient. — 344 *C* Et me vol., omis dans *D*. — 345 *D* poignant.— 346 *A B* issoit de, *C* a foison. — 347 *D* sivant l'a. — 348 *D* oi je molt grant p. — 352 *C* et hide.
XIV. *C* rime en iez.—353 *C* ot les broons chaciez.—354 *C* ceste, *A B* xi je. — 355 *A B* Apres en vint o moi tous eslaissiez, *D* En droit a moi. — 356 *A B* aussi com fust iriez, *D* si me corud iriez. — 358 et 359 omis dans *A B D*. — 360 omis dans *A B C*. —

« Très devant moi a la terre cochier,
« Si me besoit et les mains et les piez,
« Tot entor li glatissoient li chien
365   « Et demenoient joie. »

XV

« Oez, seignor, » dist Aymeris li frans;
« Une autre chose me revint en senblant :
« Dame Hermanjarz o lo cors avenant
« Ert tote nue soz ce pin verdoiant ;
370   « Tote estoit noire, mès un bras avoit blanc.
« .II. noires choes li venoient devant
« Qui li donoient sopes de fer en sanc
« Et la contesse les manjoit en plorant,
« Et la menoient droit a un feu ardant,
375   « Enz la voloient jeter de maintenant :
« Ses filz Guiberz i venoit apongnant
« Ques ocioit a l'espée trenchant,
« A la contesse donoit un mantel blanc.
« Lors fenirent li sonje. »

XVI

380   En la cort ot un juï Saolin :
Sajes hom fu et de grant sens porpris,
Il ot un livre paré de toz latins

---

362 *A B* Par devant moi.— 363 *C* Si me lechoient. — 365 *A B* Qui d., *D* Et menoient grant j.

XV. *C* rime en ant. — 367 *A B* par devant.— 369 *A B* Si estoit nue, *D* Sod ce pind la devant. — 370 *A B* et un b., *C* Tote fu n. — 371 *A B D* choses. — 372 *D* d'acier. — 374 *C* Puis la. — 376 *A B* i aloit tost poignant, *C* Guiberz ses f. i ven. acorant.— 377 *A B* Occioit les.— 378 *C* dona, *omis dans* B.— 379 *A B* Si f., *D* Dont f.

XVI. *C* rime is. — 380 *D* .I. giuif molt sotis. — 381 *omis dans A B*. — 382 *A B* Un livre ot, *C* Qui estoit sajes, escotez et apris.

Ou li art sont et li sonje descrit ;
Lo livre prent, s'entra en un jardin
385 Et se cocha desoz l'onbre d'un pin ;
Totes les arz reversa et enquist,
Iluec voit toz les sonjes Aymeri
Et lo grant mal qui li doit avenir ;
Si a ploré des biax euz de son vis.
390 Vint en la chanbre, sor l'esponde s'asist :
Ja li dira noveles.

XVII

« Aymeri sire, » dist li juïs sachanz,
« De vostre sonje orrez ci lo senblant,
« Quant vos veïstes venir lo feu ardent
395 « Qui cest païs aloit tot esprenant,
« C'est un estoire de paiens mescreanz
« Qui t'assaudront en ta cité plus grant.
« Li noir oisel que veïstes volant
« Grant come buef et fet en lor senblant,
400 « Ce seront roi do regne des Persanz ;
« Tot le plus maire qui ravissoit devant
« Et s'aseoit en son ta tor plus grant,
« De totes parz en abatoit les pans,
« Ce est l'orgoil Corsuble l'amirant

383 *C* et tuit li sonje mis, *D* O sont les arz et les sonjes escris. — 384 *D* Prist le sautier. — 385 *A B* Si se c. — 386 *D* recercha. — 387 *A B* Ilueques voit les s., *C* Trove les sonjes qu'ot songié.— 388 *A B* Et tout le m.— 389 *D* Tendrement plore, *omis dans C*.— 390 *D* si s'asit, *C* Devant lo conte as piez du lit s'a.— 391 *A B* dira il n.
XVII. *C* rime en ant.— 392 *C* li clers s.— 393 *C* vos dire lo semblant, *D* ja le s.— 395 *A B* aloit si esprendant.— 396 *A B* Une estoire est.— 397 *A B* le noir oisel volant.— 398 *omis dans A B C*, le grant o.— 399 *omis dans A B C*.— 400 *A B* de la jent Tervagant, *C* Ce est uns rois de la jent mescreant.— 401 *A-B* Et le m., *omis dans C*. — 402 *A B* desur cele tour grant.— 403 *omis dans A B, C ajoute* : Li rais de feu qui te fesoit dolant.

405 « Qui te ferra de son espié trenchant
     « Par mi lo cors, ja n'i avras garant.
     « Chooir veïs lo clochier Saint Vincent
     « Et alumer ceste sale vaillant
     « Et de ces murs fondoient li auvant,
410 « C'est ta fiertés qui se va declinant
     « Et tes barnaje que avoies si grant.
     « Tu te morras, ja n'istras de cest an :
     « Fai departir ton or et ton arjent
     « Et lo tresor qu'as amassé si grant,
415 « Done le tost por Deu omnipotent :
        « T'ame sera florie. »

XVIII

     « Aymeri sire, » li sajes clers a dit,
     « Li rais de feu que tu veïs venir,
     « Qui enz el cors maintenant te feri,
420 « Tote la char et lo sanc t'en esprist,
     « Ce ert li glaives dont tu seras ocis.
     « Li blans oisels qui de ta boche issi,
     « Qui vers lo ciel contremont se ravi,
     « T'ame sera qu'ira en paradis
425   « En perdurable vie. »

XIX

     « Aymeri sire, de l'autre avison,

---

406 *A B* que ja n'a., *D* n'an a. — 407 *D* Saint Jehan. — 408 *A B* la grant sale devant. — 409 *C* de ces mur, *D* de ces haut murs. — 410 *A B* Ta f, est, *C* que avoie si grant. — 411 *omis dans A B, C* que s'en va declinant. — 412 *A B* que n'i., *D* n'iras. — 413 *D* l'or fin et l'argent blanc. — 414 *omis dans A B, C* tant grant. — 415 *D* Dieu el roemant. — 416 *D* T'ame en sera f.
XVIII. *C rime en is.* — 417 *D* li dist. — 420 *A B* te blesmi. — 423 *D* s'enravy. — 424 *D* Ce sera t'ame. — 425 *D* En la vie durable.
XIX. *C rime en on.* — 426 *D* vostre altre a.

« Quant en riviere fustes o lo faucon,
« Pris aviez une ane et un mallon,
« Si en veniez tot liez et tot joios,
430 « C'ert chevalchiée que tu feras un jor,
« Et conquerras un eschec merveillos,
« Que en ta vie n'en conquis un greignor;
« Mes Sarrazin le te retodront tot,
« Ne t'en leront vaillant un esperon;
435 « Ce senefie, sire, les .xiiii. ors.
« Soz toi ocistrent ton destrier misodor;
« C'erent paien qui encor te prendront
« Et enz el cors d'un espié te ferront;
« Ce senefie, biau sire, del lion
440 « Sivant l'aloient .xxx. mile broon,
« Qui devant toi abatuz ot .ii. ors
« Et dechaciez par terres et par monz;
« Ce ert Guiberz vostre filz li menor,
« Qui vos fera un molt riche secors.
445 « Par lui avrez aïe. »

XX

« Aymeri sire, de vostre autre senblant,
« De la contesse o lo cors avenant
« Que vos veïstes soz lo pin verdoiant,
« Tote estoit noire mes un bras qu'ele ot blanc,

427 *C* portastes le faucon.— 428.— *C* S'aviez pris un hairon, *D* .ii. ane et .ii. m.— 429 *C* Et venoies, *D* Tu t'en venoies.— 430 *A B* Ch. iert, *C* C'est ch.— 432 Toute ta vie n'en feïs un g., *D* n'en conquis gr. — 435 *A B* des .xiiii., *D ajoute* : Laid et iriez et despers et hidos.— 436 *A B* Qui occistrent.— 437 *A B* Paien seront, *D* t'ociront.— 438 *A B* Dedanz le cors, *D* t'ociront.— 439 *D* d'un lion, *C* Si vos dirrai. — 440 *A B* Cui suivoient, Qui le s.— 441 *D* Qui devant toz abasti .ii. des ors.— 442 *D* Et dechaca.— 443 *A B* Ce est... do valor.

XX. *C* rime en ant.— 447 *D* au gent c.— 448 *A C* Que veïstes.— 449 *A B* Qui noire estoit et un bras i ot b., *C* fors .i. b., *D* mes .i. b. avoit b.

450 « Ce seront duel et poine et ahan
    « Que li feront Sarrazin mescreant.
    « Ce senefie les sopes et lo sanc
    « Que ele avra de mangier tel talent
    « Onques contesse n'en ot encor si grant,
455 « La veveté où el sera lonc tens ;
    « Ja n'avra mès seignor en son vivant ;
    « Ce senefie qu'ele avoit lo bras blanc.
    « Itant de joie avra de ses enfanz
    « Ses filz Guiberz li fera secors gent -
460   « Qui durement l'a chiére. »

XXI

Quens Aymeris ot lo juï molt chier,
Bien croit tot ce que li ot desrainier,
Mès il fu ber, ne se volt esmaier :
« Seignor, » dist-il « donez moi a mangier ;
465 « Je ne manjai .IIII. jors a entiers,
    « Et de cest mal sui forment traveillez,
    « Et de ces sonjes qui si m'ont angoissié. »
A doner l'eve sonent .IIII. grellier,
Lo jor i levent jusqu'a .c. chevalier ;
470 Itant l'en ot ses filz Guiberz lessié.
Ne vodrent mie au mestre dois mangier,
Ançois s'asistrent sor lo marbre jonchié
Tot environ Aymeri lo guerrier.
Lo riche conte servirent volentiers,

450 *C* Ce sera d. — 451 *A B* li païen mesc., *C* Sarr. et Persant. — 454 *C* Onque dame, *D* n'ot encore si grant; *D ajoute* : Ne .I. fame en cest siecle vivant. — 456 *A B* Que ja n'a., *C* Que n'avra mes. — 458 *A B* Icelle j. — 459 *D* lui sera secoranz.

XXI. *C* rime en ier.— 461 *C* avoit lo clerc.— 462 *A B* qu'il li ot d. — 463 *C* Mès ainz por ce ne. — 464 *C* fet il, — 466 *D* De cest mien m. — 468 *C* L'eve ont cornée a un cor menuier. — 469 *A B* Celui jor levent, *C* Ce jor laverent, *D* .IIII. mil.— 471 *A B* voldrent pas.— 472 *D* s'asient s. l. m. dogié.— 474 *A B* Qui le contor.

475 Et la contesse ou il n'ot qu'enseignier.
Mes entr'els .ıı. i ot petit mangier
Car fierement se dotent.

XXII

Quant ce fu chose que Franc orent disné,
Tréent les napes, s'ont lo vin demandé.
480 A henas d'or lor a l'en aporté.
Quens Aymeris a Gautier apelé
Qui lo mesaje lor ot dit et conté :
« Biau sire niès, un petit m'entendez ;
« A Looys mon seignor li direz
485 « Que je li mant saluz et amistez,
« Et si li pri por sainte charité
« Que il me viegne veoir et esgarder
« A tot .xx. mil de chevaliers armez :
« Congié penrai a lui et a ses pers,
490 « Car je me muir, l'en le m'a deviné,
« Uns miens provoire qui est des arz parez. »
« Volentiers, sire, » ce dist Gautiers li bers.
Ses armes crie, l'en li a aportez,
El destrier monte quant il fu adobez.
495 Par mi la porte issi de la cité,
Broche Bauçant par andox les costez,
Et il li va coranz et abrivez.

475 *C* Et Hermanjart, *D* o n'ot que ansegnier. — 476 *A B* i out petit m., *C* porent petit m., *D* ot molt petit m. — 477 *A B* Car forment se redotent, *C* Car durement se d.

XXII. *C rime en ez.* — 478 *A B* Quant vint a ce que F., *C* que il orent d. — 479 *A B* 'le vin ont demandé. — 480 *C* copes d'or. — 481 *D* Dant Nai. — 482 *D* li ot. — 484 *C D* en irez; *C* ajoute : Et li dites, gardez ne li celez. — 485 *D* et a son parenté. — 487 *D* aider an son regné. — 489 *C* veuil rendre, *D* mes pers. — 491 *omis dans A B.* — 493 *D* an li vet ap. — 494 *A B* Et puis monta el destrie abrivé. — 495 *D* les portes. — 496 *A B* Bauchant brocha. — 497 *omis dans A B.*

Tant a au soir et au matin erré
A granz jornées et a malvès ostés,
500 Qu'il est venuz a Loon la cité ;
Si descendi soz lo pin, au degré.
L'emperere ert de son mangier levez,
Il apela sa jont et son barné :
« Seignor, » dist il, « un petit m'entendez .
505 « Je m'esmerveil d'Aymeri lo barbé
« Et de Gautier qui tant a demoré. »
Ez lo mesaje enz el palès monté :
Li rois lo voit, grant joie en a mené :
Son destre bras li a au col posé,
510 Lez lui l'asist el faudestué doré,
Cortoisement l'en prist a apeler :
« Sire fillex, un petit m'entendez ;
« Com se contient danz Aymeris li ber ?
« Puet il or mès ses garnemenz porter,
515 « Espée ceindre ni en cheval monter ? —
« Par mon chief, sire, ja orrez verité :
« Par moi vos mande saluz et amisté,
« Et si vos prie por sainte charité
« Que vos l'aliez veoir et esgarder
520 « A tot .xx. mil de chevaliers armez :
« Congié vuelt prendre a vos et a vos pers,
« Car il se muert, en li a deviné,
« Uns siens juïs qui est des arz parez.

500 *A B* que venus est. — 501 *C* Et d., *D* Il d. — 502 *A B* Li empereres est du m., *D* L'emp. est. — 503 Si apela, *D* Il en apele. — 504 *C* fet il, envers moi entendez, *B* petit entendez. — 505 *C* Molt m. m., *D* Je me merveill de Naymeri le ber. — 506 *C* qui ont t. — 507 *C* el palès est monté, *D* Est lo mesage qu'est o p. m. — 508 *A B* qui joie en, *D* le vit. — 509 *C* jeté. — 512 *C* entendez. — 514 *A B* mes plus. — 515 *A B* et el destrier m. *D²* et en cheval. — 516 *A B* Sire par foi, *C* n'orrez v. — 517 *C* Il vos mande s. — 518 *A B D²* mande. — 520 *C* .xм. de c. — 521 *D* Por congié par lui et a ses p. — 522 *A B* l'en. — 523 *C* .I. sajes clers, *D²* qui est en la cité.

— Molt volentiers, » dist Looys li ber.
525 « Je irai a Nerbone. »

XXIII

« Oez, seignor, » dist li rois Looys,
« Hues Chapès m'a malement servi :
« Arse a ma terre et gasté mon païs.
« Or le quidoie detrenchier et honir,
530 « Fere jostice au los de me amis,
« Icest besoing m'estuet metre en respit :
« S'irai veoir lo preu conte Aymeri
« En ma conpaigne de chevaliers .xx. mil. »
Gautiers respont : « Molt par avez bien dit. »
535 Dedanz Nerbone fu li quens Aymeris :
Il est malades, si se dote a morir ;
Or se porpense que mandera ses filz ;
Mande Bernart de Brubant lo jentil,
C'est li ainznez des filz dant Aimeri,
540 Et de Gironde sire Hernauz lo hardi,
Et si manda Bueve de Conmarchis,
Et d'Anseüne lo pogneor Garin,
Et a Orenge Guillaume lo hardi ;
Au port d'Ossau envoia Aufelis
545 Por Guibert querre lo menor de ses filz

524 *D* Volantiers certes, *D²* Volantiers voir.
XXIII. *C* rime en is. — 527 *D* bailli. — 528 *D* et destruit mon p. — 531 *A B* me convient m., *D²* me convient a fenir. — 534 *A B* Or avés vous bien dit. — 535 *A* En Nerbonne; *D* li frans quens hardis. — 536 *A B* Malades est et se d., *D* si se crient de m., *D²* et si se crient m. — 537 *A B* Or a pensé qu'il, *D* Il se porp., *D²* Or porpensa. — 538 *A B* en Brebant le païs., *D* des bruis de Costentin. — 539 *A B* Li ainsnez est des enfans A., *C* C'est li ainznez, si com dit li escriz, *D* Ce est l'ainzné. — 540 *D²* H. le poteïs. — 541 *C* Et de Gascoigne B., *D* de Morimon B. — 543 *B* Et puis mande, *D* Et de O. — 544 omis dans *A B C*. — 545 *A B* Si envoia por querre Guibelin, *C* Et por G. le m;. *D* Por danz G.

Qui ert en ost sor Judas l'arrabi.
Ne manda pas Aïmer lo chetif
Que en Espaigne ont Sarrazin ocis;
Mès il manda de ses autres amis,
550 De ses neveuz la ou il les sot vis,
Qu'il viegnent a Nerbone.

XXIV

Quens Aymeris a toz ses filz mandez
Et ses neveuz et son riche barné.
Li mesagier ont congié demandé :
555 Danz Aymeris lor a a toz doné.
Chascuns s'en va son mesaje porter,
Uns avant autre issent de la cité.
Mès ainz que soient venu ne retorné
Avra besoing danz Aymeris li ber,
560 Que en sa vie n'en ot onques nul tel.
Hui mès devons del sarrasin chanter
Qui fu espië Corsuble l'amiré
Et en Nerbone ot un mois sejorné.
Tant a au soir et au matin erré
565 Qu'a un batel passa otre la mer;
En Babiloine est li gloz arrivez

---

546 *A B* En ost estoit, *C* Qui fu en ost sor felons Sarrazins. — 548 *A B* assis, *C* Qu'en Espagne l'orent Paiens ocis, *D* Car en Esp. l'orent. — 549 *A B* Ainz a mandé de ses autres amis. — 550 *A B* omis, *C* ou les savoit vis. — 551 *A B* pour venir a Nerbone. XXIV. *C rimes e, ez.* — 552 *A B* a ses neveus mandez, *D* Dant A. — 453 *A B* Et si manda tous ses amis charnez, *C* et son grant parenté. — 555 *A B* Quens A. — 556 *A B* ala son m., *D* en vet., *C* aporter. — 557 *A B* omis, *D* L'un avant l'autre. — 558 *A* Ainz q., *A B* assis, *B* Ançois q. — 560 *A B* n'ot il onques son per. — 561 *A B* parler. — 563 *D²* Dedenz N... conversé. — 564 *A B D²* alé. — 564 *C* Par ses jornées a tant li gloz erré. — 565 *A D²* Qu'en un b., *B* chalant, *D* A un b. — 566 *D D²* asenez.

Por lo mesaje jehir et raconter
A l'amiré de Perse.

XXV

Barrès chemine et passe lo païs
570 Isnelement, ne prist cesse ne fin :
Uns palefroiz ne s'i poïst tenir.
Tant a erré qu'en Babiloine vint.
L'amiré trueve sus el palès antif ;
De Mahomet un jent salu li dist.
575 Quant il le vit sel besa et joï,
Son destre braz desus lo col li mist,
Lez li l'asist el faudestué d'or fin :
Cortoisement a apeler lo prist,
Si li demande : « Dont venez vos, cosins ?
580 De quels noveles savez vos lo latin ?
Com se contient li forz quens Aymeris ?
« Puet il or mès ses garnemenz sofrir ?
« Porter ses armes et son escu tenir ?
« Il est or sires de Nerbone la cit
585 « Qui fu mon pere lo riche roi Sorbrin.
« Danz Aymeris de Nerbone l'ocist,
« Et Charlemaine, li rois de Saint Denis,
« Si li dona Nerbonois a tenir :

---

567 *A D* regehir et conter, *A* Son m.

XXV. *C rime en is.*— 569 *A B* Et erre le païs, *D²* Vares, *D* trespasse le p. — 570 *A B* que onques ne prist f., *D* prant c.— 572 *D* en B., *D²* alé. — 573 *B* voltis. — 574 *A B* fist, *D* molt gent salu, *D²* bon s. — 576-577 *omis dans A B.* — 578 *C* l'a pris, *D* a aparler. — 579 *A B C D²* amis. — 580 *omis dans A B.* — 581 *A B* li contes *A. D* le conte Naymeri, *D²* preux q. — 582 *A B* mes plus... tenir. — 583 *omis dans A B D².* — 584 *D* il est seignor, *D²* Il et sires. — 585 *A B* mon pere fu, *C* Sorbastre le marchis, *D²* le riche Sorberin. — 586 *D* en N., *D²* la cit. — 587 *D²* Qui iert a Kl. le roi... — 588 *A B* Li ot d., *D* Qui li dona.

« Ma terre tient et quite lo païs
590 « Mahomet sire, donez m'en esclarcir
« Mès un domaje merveillos li refis
« Quant li ocis Aïmer lo chetif :
« A Porpaillart la teste li toli.
« Si ferai jo lo vieil conte Aymeri ;
595 « Il est el rolle seelé et escrit,
« Je l'ocirrai a mon espié forbi. »
« Par Mahom, sire, » Barrés li respondi,
« De ceste chose, a li rolles menti :
« Quant je tornai de Nerbone la cit
600 « Si se moroit li preuz quens Aymeris ;
« Quart jor avoit que il ert amuïz.
« Mien escient que il l'ont enfoï.
« N'i estoit pas li enfes Guibelins,
« Au port d'Ossau a menez ses cosins
605 « Ou est en ost sor Judas l'arrabi :
« Des chevaliers a gasté lo païs,
« El cuer de France s'est mellez Looys.
« Or pues Nerbone avoir sans contredis.
« Par Mahomet, menbre toi de Sorbrin,
610 « Du riche pere qui soef te norï ;
« Va, si sesis la terre. »

589 *D* Il a ma t. quite et mon païs. — 590 *B* moi e., *A* devez moi e. — 591 *A B* molt m. li fis. — 592 *D* Je li. — 593 *D* Sor P., *omis dans C*. — 594 *D* le conte Naimeri. — 595 *A B* Car en estoire est conté et escrit. — 596 *C* Que l'o. — 597 *A B* Par Mahomet, Barre. — 598 *A B* A ceste afaire. — 599 *D* a Nerb. mardi. — 600 *A B* li conte A., *D* le conte Naimeri. — 601 *A B* III. jours avoit qu'il estoit. — 602 *A B* il l'ont ore enfouy, *C* que ja est enfoï. — 603 *D* N'i avoit mie de dant G. so fil. — 604 *C* ses marchis, *D* ses amis. — 605 *D* C'est en ost. — 606 *A B* De chevaliers a voidié le païs; *C* Gasté a ja la terre et lo païs. — 607 *A B* Et en son regne, *C* Que l'en guerroies en France L. — 608 *A B* Nerbonne pues av., *D* Or puez avoir N. sanz. — 610 *A B* Ton pere chier q., *D*² Le riche p. — 611 *D*² Et va saizir ta terre.

XXVI

Li rois Corsolz en apela ses homes :
« Seignor, » fet il, « or puis avoir Nerbone
« Quant feniz est danz Aymeris li conte.
615 « Ses filz Guiberz en a mené ses homes,
« Au port d'Ossau est alez sor mon oncle. »
Droit en Sezile fet ses mesajes corre,
En Pincernie en vont poignant .II. Hongre,
En Alixandre envoie por ses homes :
620 D'ices contréés li vindrent .IIII. torbe
.XXXX. .M. de Sarrazins a nonbre.
Sor la cité ot une eve orguellose,
Paiene jent l'apelent Perillose,
D'une montaigne li afilent les ondes ;
625 L'erbe i est verz, la praerie longue,
Li olivier i sont qui li font onbre
    Ou Sarrazin descendent.

XXVII

Quant Sarrazin furent tuit descendu,
Par la riviere furent li tré tendu
630 Grant .IIII. liues, que d'amont que de jus,
Dex ! tant pan d'or et tant riche aigle i luist,
Contre soleil gietent clarté et bruit.

XXVI. *C rime en ie*. — 612 *D²* a apelé. — 613 *D* dist-il, or puez.
— 614 *A B* car f. — 615 *A B* Et Guib, *B* a enmene. — 616 *D* est
en ost s. — 617 *A B* en Sezile, *D²* En Hongrie. — 618 *A B* corant, *C D D²* Pinconie, *D²* a envoié. — 621 *B* par n. — 622 *A B* ot
il yaue hidouse. — 623 *D D² ajoutent* : Grant et pleniere, parfonde et
mervilloze. — 624 *A B* De la m. i a. — 626 *D* la font o, *D²* lor f. *B* i f.
  XXVII. *C rime en u*. — 628 *A B* furent là. — 630 *A B* .IIII. l., *C* Près
de II liués, *D* que desus que, *D²* que d'avant. — 631-632 *omis dans*
A B, *D²* Tant pomel d'or tant riche egle desus. — 632 *D* luist.

.X. roi païen se sont de l'ost issu,
En Babiloine en sont corant venu ;
635 L'amiral trovent desoz un pin foillu
Lez un piler de marbre ou il se jut
Qui toz fu poinz de flor de vert azur ;
De Mahomet li ont tuit dit salu :
« Sire amiral, por quoi te tarjes tu ?
640 « Uns granz estoires t'est de paiens venuz,
« LX. mil as verz elmes aguz,
« Qui de Nerbone peçoieront les murs ;
« Va, si sesis la terre. »

XXVIII

Li rois Corsolz en apela Maudras,
645 Un Sarrazin felon de pute part ;
Ainz ses linajes n'en ot vestuz de dras,
Toz fu veluz jusqu'as talons aval,
Et quant il rit si senble Satenas.
Dist l'amiral : « Venez avant Maudras :
650 « Vos en irez por ma jent de Baudas,
« De Pincernie, de Perse et de Damas ;
« Dites mes homes que ne demorent pas. »
Li gloz en va, onques mot ne parla,

633 *A B* furent, *C* en sont, *D* .XX. roi.— 634 *A B* en furent cil venu, *D* poignant v., *D²* tot droit venu. — 635 *D* desor. — 636 *A B* Sor... s'estut, *D* palés, *D²* ou il jut. — 637 *A B* qui estoit p., omis dans *C*. — 638 *A B* ont rendu, *C* dit bon s. — 639 *A B* atarges, *C* a quoi, *D* Droid a. — 640 *A B* Une estoire t'est; *C* est. — 641 *C* .V. mile. — 642 *B* de N. — 643 *C* Si sesiras la, *D* ta t.

XXVIII. *C* rime en as. — 644 *A B* apele... Madras. — 645 *A B* male p. — 646 *A B* Ses parentes ne vesti ainc de d. — 647 *C* sont v., *D* Tuit sont velu dusqu'as. — 648 *D* Qu'avis seroit que tos jors rechignast. — 649 *A B* Or ca sire Madras, *C* dit. — 650 *B* sor, *D* vos iroiz ore p. — 651 *C D* Corcenie. — 652 *A B* Dites ma gent, *C* Dites lor bien, *D* ne me demorez pas. — 653 *A B* qui o., *C* onques n'i quist cheval, *D* Li gloz s'antorne.

Qui plus tost cort que brachez ne chevals.
655 Icelui jor .iiii. terres cercha;
Et l'endemain, ainz que midis passast,
Un grant estoire de paien ajosta,
.XXXX. mil de la jent criminal;
Si les conduist l'amiral de Baudas.
660 Soz Babiloine porprainent lor estal;
Durement aiment et prisent l'amiral.
Molt lor est bel que a Nerbone ira.
Tex s'en fet lié qui ja n'en revendra
Ne ne verra Espaigne.

XXIX

665 Li rois manda por sa jent de montaigne,
.XX. mile Turs o les chieres grifaignes,
Qui n'aiment Deu ne rien qui a lui tiegne.
Uns amirals les aconduit et maine.
Soz Babiloine se lojent en la plaigne :
670   Cil desirent la guerre.

XXX

Li rois manda sa jent de Foleroche
Et cels de Meque qui Mahomet aportent.
Li rois Galafres lor amaine un estoire

---

654 *A B* vet, *omis dans C*. — 656 *D* Ainz le tiers jors, *C* passa.—
657 *A* Une estoire, *B* Si grant e., *D* asambla. — *D²* LM. — 661 *A B*
Car ils molt aiment et p. — 662 *D* Molt lor est bel que ja en revandra, *D²* Et lor et bel que a N. va. — 663 *A B* fier. — 664 *C* Chascun partant Nerbone, *D²* Ne reverra E.

XXIX. *C rime en aigne.* — 665 *A B* qui ont ch. g. — 667 *D D²*
Qui *D.* n'a. — 668 *B* conduit et amaine. — 669 *D D²* hauberjent.
670 *C* Molt d., *D* Ced d.

XXX *C rime en on.* — 671 *D* la. — 673 *D D²* Roi Galafer, *D²* Galafres, *A B* i amaine.

XX. .M. turs de la jent d'Antioche.
675 Soz Babiloine encontrent les estoires;
Cil iront a Nerbone.

XXXI

Li rois Corsolz fet soner ses tabors,
XX. .M. grelles en ses plus hautes tors;
Jusqu'a .V. liues respon(en)t li frimor
680 Dont est monté l'estoire perillos.
.C.M. home de la jent paienor
Droit a la mer chevauchierent lo jor;
La veïssiez tant barjes, et dromonz
Et tant enseignes de paile de color.
685 Quant la nuit vient et trespasa li jors
Et du soleil perdirent la luor
Vindrent es barjes et es dromonz Corsolt;
Drecent lor voiles et adrecent lor tors
Par mi la mer plus haute.

XXXII

690 Quant Sarrazin orent lor nés garnies,
Asez i metent pain et vin et farine,
Et char salée et autre manantie,
Hauberz et elmes et espées forbies,
Destriers de garde et bons murs de Sulie.

676 D² Qui i.
XXXI. C ne distingue pas ce couplet du précédent et continue à refaire des rimes en on. — 678 A B .X. mil g. ot en, D² enz el plus hautes tors.— 679 D² en respont la fremor.— 680 A B Adont monta. — 681 A B .C. mil d'home.— 682 A B Qui... ce j. — 683 D tant d. — 684 D Tantes ens.— 685 omis dans A B.— 686 A B Quant du sol. — 687 A B Entrent, D² coreors. — 688 A B Drecierent, A voilent, B voiles.

XXXII. C rime en ie. — 690 A B les n. — 691 A B Et ont mis enz. — 693 A B hiaumes, haubers. — 694 omis dans A B.

695 Quant ce fu chose, que li nés sont garnies,
Tréent lor ancre, si ont drecié lor sigle.
En mer s'enpaignent, quant la terre ont guerpie;
Braient cil or et cil broon glatissent,
Rechanent mur et cil destrier henissent,
700 Cil espervier sor ces perches s'escrient,
Sonent cil cor, cil olifant bondissent ;
Haute mer covrent de lanternes esprises.
Bons fu li venz qui droitement les guie,
Desoz Nerbone a droit port les arive.
705 Paiene jent ne s'esmoierent mie,
Lor ancre jetent, si abessent lor sigle,
Vestent hauberz, et les elmes sesirent;
Si sont issu des nés et des galies,
Es destriers montent, sors et baucenz et grises.
710 Par tot lo regne ont la proie acoillie,
Ces chastiax ardent et ces bois et ces viles.
Dex! tant enmainent et chetis et chetives
Que en colers a lor sieje en traïnent,
De totes parz ont la cité asise,
715 Li Sarrazin cels dedanz envaïssent
Et encontre els durement escremissent :
Tréent et lancent et batent et ocient.
Dame Hermenjarz s'en est molt esmarie,
Deu reclama lo fil sainte Marie,

695 *A B* Et quant ce vint que. — 697 *A B* se metent quant ont terre g. — 698 *D* ces grans ors br.— 699 *A B* et destrier de Sulie. — 700-701 *omis dans A B*. — 701 *C D* bondirent. — 702 *A B* La mer covrent de l., *B* covrirent.— 703 *omis dans D*, *C* Li venz est bons qui les conduit et guie. — 705 *A B* Et li p.— 706 *C* Jetent lor ancre, *A* abatent. — 707 *D* s'ont les armes sesies. — 708 *D* Lors s'en istrent, *C* Puis s'en istrent. — 709 *A B* Et sont montés es sors, b. — 710 *A B* Par le regné... lor voie a. — 711 *A B* Ardent ch. et bois et bors et v. — 712 Et si en m. et ch. — 713 *D* Qu'a lor c. — 715 *A B* Et s., *D* Li sarr. forment les envaiss. — 716 *A B* fierement, *D* A ceux dedanz durement e. — 717 *A B* abatent, *D* ruent. — 718 *A B* en estoit esbahie.

720　Li glorios que il li face aïe :
　　« Aymeri sire, or sui je mal baillie
　　« Quant vos estes malades. »

XXXIII

　　Uns mesagiers l'ala dire Aymeri
　　Qui jut malades en son palés antif
725　Dedenz un lit a flors d'or jeteïx :
　　« He ! jentils quens, com somes mal bailli !
　　« Assis nos ont Paien et Sarrazin,
　　« Es barbacanes des fossez se sont mis,
　　« A maux de fer fierent as murs antis.
730　« Se Dex nel fet, nos seromes ja pris. »
　　Aymeris l'ot, forment s'en est marris :
　　Deu reclama qui onques ne menti :
　　« Sainte Marie qui Deu portas a fil,
　　« Defendez hui ma cité de perir,
735　　« Que cil Païen ne l'aient. »

XXXIV

　　Quens Aymeris li chanuz et li blans
　　En apela ses mestres chanberlens
　　Qui l'ont vestu et chaucié jentement ;
　　De son lit ist soef et belement :
740　Enbracié l'a Hues de Montaiment :

---

720 *omis dans A B, D* tramete.
XXXIII. *C rime en* i. — 724 *A B* Qui est m., *D* O gist m. — 726 *A B* nous s., *D* A riche conte. — 727 *D* Que sis vos ont. — 730 *D* n'an panse, il nos auront j. — 731 *A B* si en est esbahis. — 733 *A B* virge de Paradis. — 734 *D* Desfanz moi hui. — 735 *C* de cele jent desvée, *D* Que païen ne la prangnent.
XXXIV. *C rime en* ant. — 736 *D* Danz A. — 737 *A B* Apele iluec, *D* A apelé. — 738 *A B* vestu l'ont, *D* l l'ont v. — 740 *C* Hues et Elimant, *D* Q'anbracié... Moutharmant.

« Seignor baron, » dist Aymeris li frans,
« Ne m'atachiez ne de tant ne de quant.
« Se ne me puis sostenir en estant
« Po me crienbront Sarrazin et Persant. »
745 Lo conte lessent sor lo marbre en estant;
Mès Aymeris ala tot chancelant,
Por un petit que il ne chiet avant.
Armes demande Aymeris li ferranz:
Sor un perron l'adobent en seant;
750 El dos li vestent un auberc jazerant,
Forz est la maille, legier en sont li pan,
El chief li lacent un vert elme luisant,
Ceint Finamonde a son senestre flanc,
Au col li pendent un escu d'olifant,
755 En son poig prist un roit espié trenchant,
A .v. clox d'or lo confanon pendant;
Defors la sale li amoinent Ferrant
A grant merveille conreé richement;
Aymeris monte, mès que poine i ot grant;
760 Bien li aïdent Joceaumes et Guimanz
Et Hermenjarz au jent cors avenant.
Quant il se sent es estriers maintenant,

742 *A B* Ne m'adesez, *D* Ne me tochiez, *C* por Deu lo roiamant.—
744 *A B* ne P., *D* mescreant.— 745 *A B* dessuz le marbre estant,
C Aimeri lessent sor ses piez en est., *D* Lors lessierent soz .I. arbre
en. — 746 *A B* Et A. si ala ch., *C* Mès li quens va encore ch., *D*
Danz Nameri. — 747 *D* que n'est cheoit. — 748 *C* maintenant,
D quens Ay. li blans. — 749 *A B* l'adoberent li Franc, *D* ajoute:
Trop par fu feble ne pot estre en estant. — 750 *A B* Si li vesti-
rent. — 751 *A B* A fortes mailles, legier furent. — 752 *A B* Si li
lacierent. — 753 *A B* L'espée ceint. — 754 *C* un fort escu pesant,
D un escu vert et blanc. — 755 *A* Si li baillerent, *B* Si li donne-
rent, *D* La hante droite et bon espié tranchant. — 756-759 omis
dans *A B*. — 757 *D* En mi la place. — 758 *C* A merveille. — 759
D A molt grant poine monta il l'auferrant. — 760 *A B* Jocelins et
G., *C* Si li aida, *D* Joce et Guinement.— 761 *A B* au corage vail-
lant. — 762 *A B* es arçons a itant.

3

Dont fu plus fiers que Sesnes ne joianz;
Com il s'afiche sor les estriers devant,
765 Li fers en plie et li cuirs en estent.
Lo destrier broche par anbe .ıı. les flans,
Et il li va larjes sauz porprenant;
Brandi la lance et l'escu met avant,
Torne la resne, si s'en va galopant
770 A Hermenjart au coraje vaillant :
« Franche contesse, » dist Aymeris li frans,
« Or sont entré Sarrazin en mal an.
« Mar issirent d'Espaigne. »

XXXV

Paien assaillent la cité d'anbe parz;
775 A itant furent jusqu'as murs communiax,
Li forrier fuient contremont as querniax;
Treent sajetes, lancent guivres et darz;
Quens Aymeris son olifant sona,
Tot en bondirent et li pui et li val;
780 Fors s'en issi par la porte roial,
Mil chevalier le sivent contreval;
Quens Aymeris ses cors les chadela.
Si est venuz as tentes l'amiral,

---

763 *D* forz.— 764 *A B* Suz les estriers s'est affichiez devant, *C* avant, *D* I s'aficha sor le destrier d. — 765 *omis dans A B*, *D* Li lorains plie et li quirieus estant. — 766 *A B* Ferrant brocha, *C* hurre, *D* Broche le bien.— 767 *A B* les granz s.—768 *A B* L'anste brandi, *D* si met l'escu devant. — 769 *A B* Tire... si ala, *C* sa r. *D* Vire.— 770 *A B* Vers, *C* la contesse vaill., *D* au jent cors avenant. — 771 *C* Jentil, *D* li blans. — 772 *C* Mal.

XXXV. *C rime é.* — 775 *D* Maintenant fierent. — 776 *A B* Li bourgois furent ileucques as portals.— 777 *A B* Traient de lances, de g.—778 *D* Danz A.—779 *A B* Si qu'en bond., *D* li pui et li costal. — 780 *A B* Il s'en issi, *C* Dont s'en issi, *D* Fors s'an issirent. — 782 *omis dans A B.* — 783 *D* Et est v.

Trenche les fetes, les cordes et les las,
785 Mil pavelions i verse d'un estal
Li danzels de Nerbone.

XXXVI

Quant Aymeris ot les trés abatuz,
Trenchié les cordes et les fetes ronpuz,
Li amirals i est poignant venuz
790 Qui as estax desoz Nerbone fu
A .IIII. mile Sarrazins a escuz.
François les voient, entr'ax se sont feru :
La veïssiez un estor maintenu,
Tant hanste fraindre et percier tant escu,
795 Tant chevalier chooir et abatu,
Li navré braient et li mort chient jus,
Li destrier fuient par mi cest pui agu.
Danz Aymeris a Galafer veü
Un roi paien qui d'Antioche fu :
800 Broche Ferrant, sore li est coru,
Et li paiens s'en est aperceüz,
Esperonant en est des rens oissuz,
Et Aymeris li broche par vertu :
Granz cox se fierent par desus les escuz,
805 Desoz les bocles les ont frez et fenduz,

---

784 *A B* Et en copa les cordes. — 785 *A B* verssent.
XXXVI. *C rime en u*.— 788 *A B* et les pans derompus, *C* lo tref r.,
D ajoute : Celui meïsmes ou li amiral fu. — 789 *A B* courant v.—
790 *A B* a l'estour.— 791 *C O* .IIII., *C D ajoutent* : Pris a les annes
et les viviers rompuz. — 792 *C* en ax. — 794 *A B* brisier. — 795 *D*
contre terre a.— 796 *A B* crient, *D supprime* et.— 797 *A B* le pré
herbu, *D* cil d., *C* ces tertres aguz. *C ajoute* : Les seles tornent, li
poitrail sont ronpu, *D* Les seles vident et li poitrail ronpu. —
798 *D* Quens A., *A B* Galafre. — 802 *A B* estoit, *C* li est. — 803
A B a brochié, *C* lo feri par vertu, *D* ne puet plus. — 804 *C* devant
sor les e., *D* de decor les e.—805 *C* Soz l., *D* que i les ont defroisiez.

Comunement chaïrent anbedui.
Quens Aymeris se senti abatu,
Molt a grant honte, si home l'ont veü ;
Dame Hermenjarz li escria del mur :
810 « Aymeri sire, jentils hom, que fes tu ?
« Se je t'i pert tel domaje ne fu.
« Sainte Marie, miracles et vertu ! »
Aymeris l'ot, ne fu mie esperduz,
L'espée tret, si enbrace l'escu ;
815 Au tor françois est au paien venuz,
De Finamonde l'a sor l'elme feru,
Trenchié li a lo mestre coing desus ;
Li blans aubers ne li vaut un festu,
Tot li detrenche de ci as denz menuz ;
820 Estort son cop, si l'a mort abatu.
.XV. François li ont Ferrant rendu ;
Aymeris monte a son col son escu,
Mès l'amirals i est poignant venuz ;
As beles armes l'ot bien reconeü.
825 Point Brisegaut, qui li saut par vertu,
Brandi la hanste o li confanons fu,
Fiert Aymeri devant en son escu ;
Desoz la bocle li a fret et fendu,
Enpoint le bien et bote par vertu,
830 Mès ainz li quens des arçons ne se mut.
Li Sarrazins se departi de lui,
Quens Aymeris l'a avant porseü,

---

806 *A B* en l'erbu, *C* Andui chieñt des bons destriers quernuz.—
807 *C* Quant A., *D* Danz A.— 808 *A B* Il en a honte, *D* que sa gent l'ont veü. — 809 *D* l'en esgarda, *A B* des murs. — 810 *C* quens. — 811 *A B* tele dolour, *C* te p.— 812 *C* car i fetes v., *C ajoute :* Que il ne soit ne mort ne retenu. — 813 *D* pas e.— 814 *A B* embraça, *D* Il tret l'esp. — 816 *A B* De son espée, l'a sus l'elme feru, *D* o hiaume f. — 818-835 *omis dans C*.— 819 *A B* copa. — 823 *A B* Et l'a. — 824 *A B* Et a ses a. — 826 *A B* L'anste b. — 830 *A B* onc. — 832 conseü.

De Finamonde l'a el elme feru,
Trenchié li a lo mestre coing desus,
835 Li braz li est des enarmes issuz,
Si qu'a la terre li chaï son escu.
L'amirals s'est en la presse feruz,
Mès li viellarz l'a avant porseü,
De plain lo fiert el auberc qu'ot vestu,
840 .XIIII. mailles en abati o plus,
Par un petit ne li copa lo bu.
Dame Hermenjarz si escria del mur :
« Aymeri sire, cest cop ai je veü ;
« Bien ait la brace qui ainsi l'a feru.
845 « Cuvert paien, mal vos est avenu,
« Danz Aymeris mes sire est revescuz ! »
A la rescosse fu li chaples tenuz,
Iluec josterent les fers o les escuz ;
Et li François s'asenblerent as Turs,
850 Quant l'amirals a escrié ses druz :
« Seignor paien, ne soiez esperduz.
« Bien les ferez es cors et es escuz
« Et es aubers et es elmes aguz.
« Se vos eschape, onc tel honte ne fu,
855 « Li viellarz de Nerbone ! »

XXXVII

Li amirals ot les estriers recovré,

833 *A B* Et de l'espée. *A* en l'e.— 836 *A D* A la terre.— 837 *D* a la p. — 838-841 omis dans *A B*. — 838 *D* li l'avant perseü. — 839 *C* Tel li dona sor l'a — 840 *C* Une m. — 841 *D* trancha. — 842 *D* li e., *C* se rescria. — 843 *C* ce c. — 844 *A B* einsi a feru, *C* le braz qui tel li a feru. — 845 *C* Felon. — 846 *A B* Quens A. — 848 *C* Des branz d'acier fierent sor les escuz.— 850 *C* Et l'a-mir., *D* s'a escrié. — 851 *A B* S., dist il, *D S.* mi homes. — 852 omis dans *A B*. — 853 *A B* Se il eschapent.
XXXVII. *C* rime en é.— 856 *C* ot cheval r., *D* L'amir. a s'estriers.

38   LA MORT AYMERI DE NARBONNE

   Quens Aymeris l'ot forment estoné,
   Quassé son elme et el chief l'a navré;
   Il vit François a une part torner;
860 De bien ferir furent entalenté :
   L'amirals s'est fierement escrié :
   « Seignor baron, de bien ferir pensez. »
   Par .IIII. enpointes ot l'olifant soné;
   .XX. mile grele li respondirent cler,
865 Par tote l'ost sont Sarrazin monté.
   Quens Aymeris a sa jent apelé :
   « Seignor baron, envers moi entendez :
   « Veez paiens et Sarrazins armez
   « Com se derenjent des lojes et des trez ;
870 « Nes porions sofrir ne endurer.
   « Alons nos en en la bone cité,
   « Car il est lieus de foïr o d'ester. »
   Et il li dient : « Si com vos comandez. »
   Ferir les vont, des rens se sont torné.
875 Quens Aymeris est derriere remez ;
   Sovent trestorne por lo fet qui granz ert.
   Premiers l'enchauce Corsolz li amirez,
   A sa voiz clere comença a crier :
   « A foi, danz velz, po vos estes hastez !
880 « Melz vos venist tot premerains aler :
   « Ja penrez fin, se a cop m'atendez. »

857 *A B* a. — 858 *A B* L'e. q., *D* et anz o chief navré. — 861 *A B* hautement, *C* est.— 862 *C* Baron paien, *D* Seignor mi hom.— 863 *A B* a., *C* foiz, *D* .XIII. e. — 864 *D* respondoient, *omis dans C*. — 865 *A B* armez. — 866 *D* Danz. — 867 *C* .I. petit, *D* Seignor mi home. — 869 *A B* Qui, *C* Ja *D* Com il derangent. — 870 *D* Ne p. — 871 *A B* trop avons demouré. — 872 *A B D* et d' e., *D* deux. — 873 *A B* Il li ont d., *C* Et il dient, *D* Cil respondent. — 874 *A B* et d'ileuc sont alé, *C* les ont sevré. — 875 *C* s'est... tornez, *D* Danz. — 876 *omis dans A B*. — 878 *C* estoit haut e., *D* haute. — 879 *A B* Sire A.... trop v. — 880 *C* estre devant. — 881 *omis dans C*, *D* Ja i perdraz.

Aymeris l'ot, si est vers lui tornez,
Granz cox se donent sor les escuz dorez,
Desor les bocles les ont frez et troez.
885 Bons aubers ont, maille n'en pot fausser;
Otre s'en passent par tel nobilité,
L'uns ne trebuche ne l'autre n'est versez.
Mès l'amirals ne s'est desesperez
Qui trop convoite lo conte a enconbrer;
890 Point Brisegaut qui li cort de son gré,
L'hanste brandi ou li confanons ert;
Fiert Aymeri sor son escu listé :
Desor la bocle li a fret et troé;
Fors fu l'auberc, maille n'en pot fausser;
895 Del destre pié l'a tot desestrivé;
Desor la crope del destrier l'a versé,
Par un petit ne l'abati el pré,
Quant se retint li contes naturels.
Et li paiens li a estal mué,
900 Ne l'atendist por .XIIII. citez.
Un cop li giete li frans quens naturels,
Mès en la sele n'en pot mie trover,
Sor lo destrier fu avant aclinez
Par son l'arçon de cristal noielé,
905 Et lo cheval a l'espée encontré,
Deci en terre l'a trenchié et copé;
Tot en un mont abat en mi lo pré.

882 *D* s'est... virez. — 883 *A B* listés, *D* bandez. — 884 *A B* Desouz les ont f., *D* quasez. — 885 *A B* Fors, *C* comme il ne sont faussez. — 886 *A B* grant n.— 888 *A B* Li am.— 889 *A B* molt, *D* a encontrer.— 890 *A B* Busegant, *D* le c.— 891 *A B* au confanon fermé, *C* ou li fer fu quarrez. — 892 *C* desor l'e., *D* en son e. doré.— 893 *A B* Desouz, *C* sor la b., *D* les ont f. et qasez. — 894 *A B* n'en a. — 896 *C* Sor, *D* est. — 899 *D* livré, *C* n'i a plus demoré. — 900 *D* .III. de ses c. — 901 *A B* li bons q., *C* li fiere... enorez. — 902 *A B* nel pot m., *C* n'en a m., *D* sa s.— 903 *A B* enclinez.— 906 *omis dans A B, C* Jusqu'en t. — 907 *A B* a abatu el p.

L'enseigne verse et li hui est levez,
Poignant i vienent .M. Sarrazin armé
910 Por lor seignor rescorre et aïder.
Voit l'Aymeris, molt est espoantez :
Parfetement reclame Damedé
Que lo defende d'ocire et d'afoler;
Broche Ferrant si est d'ax desevré,
915 Avuec ses jenz entra en sa cité,
Et descendist desoz lo pin ramé;
Dame Hermenjarz i fu au desarmer
Qui Finamonde li desceint del costé,
La contesse nobile.

XXXVIII

920 Danz Aymeris est a pié descenduz
Et l'amirals est el pré remasuz :
Vit Brisegaut sanglant et estendu ;
Il le regrete que molt dolenz en fu :
« Ha ! bon cheval, morz sui et confonduz !
925 « Quens Aymeris vos a copé lo bu;
« Par un petit que ne l'ai abatu.
« Mahomet sire, po m'avez secoru,
« Vos estes or matez et confonduz ! »

908 *C* criz.— 910 *A B* secourre l'amiré, *C* que voient enversé, *et ajoute :* En son estant l'ont maintenant levé. — 911 *A B* en est airiez, *D* est desesperez. — 912 *C* reclama.— 913 *C* que ne soit encombré. — 914 *A B* Il point F. si s'en est delivrez. — 915 *D* ses homes, *C* la c. — 916 *A B* Si d., *C* Li quens descent, *D* un p. — 918 *A B* Qui li osta l'espée de son lez.— 919 *C* Et li eaume li delace.

XXXVIII. *C rime en u, us.* — 920 *C* fu a. — 921 *C* el champ r., *D* a pié r. — 922 *C* son destrier jesant tot estendu, *D* Voit B. — 923 *A B* car m. — 924 *C* E!... a quoi vos ai perdu ? — 925 *D* Dant Naim. — 926 *C* Mes par .I. po. — 927 *A B* Hé M. — 928 *C* Que je ne l'ai ne plus ne retenu, *D ajoute :* Li suens Dex veille qui fet por lui vertu.

.XIIII. roi li ont Flori rendu,
930 Un bon cheval qui d'Alixandre fu ;
L'amirals monte, dolenz et irascuz,
A ses herberjes en est corant venuz,
Et descendi soz un arbre foillu :
La le desarment si ami et si dru.
935 Vit Mahomet qui en l'estaje fu,
Prent un baston, cele part est venuz,
Par mi lo chief l'a .IIII. cox feru,
Que de l'estaje l'abat tot estendu ;
.XIIII. roi li ont lo pel tolu,
940 Et li ont dit : « Mauvès hom, que fes tu
« Del meillor deu qui onques encor fust ?
« Fetes li droit, ne vos atardez plus. »
Il prist son gant qui fu a or batu,
Par mi le plie, si li a estendu,
945 Gaje li offre de ce qu'il l'ot feru ;
Mès ainz Mahom nule foiz ne se mut
Qui gist sor la colonbe.

XXXIX

Li rois Corsolz fu orgoillos et fiers ;
Il apela Brugant et Manesier
950 Et tant des autres, .xx. roi furent paien ;

929 *A B* Ferrant, *C* .IIII. païen, *D* .XXII. r. — 930 *C* destrier, *D* .I. cheval blanc. — 932 *A* s'en est atant v., *C* As h., *D* poignant. — 933 *A B* ramu, *D* desoz .I. pin f. — 934 *A B* Sel desarmerent. — 935 *A B* sus l'e., *D* voit. — 936 *A B* .I. baston prist, *C* coru. — 937 *D* le col.— 938 *A B* Que a la terre, *C* De l'estaje l'abati est., *D* En la colombe.— 939 *A B* le fust, *C* l'espié, *D* .XXII. roi.— 940 *D* Si li escrient. — 941 *D* home q. — 942 *A B* que n'i atardez plus. — 944 *C* et si li a rendu. — 945 *C* Droit li a fet. — 946 *A B* Onques Mahomet nulement ne se mut, *C* Et Mahomet se jesoit quoi et mu. — 947 *A B* vit soz, *C* Envers lez la c.

XXXIX. *C* rime en ier. — 948 *C* ot coraje molt fier. — 949 *A B* Si a., *C* Il en apele a Galafre et Turfier. — 950 *C* .x. roi.

Des autres homes a fet lo tré voidier
Et a .ccc. se fist eschaugaitier
Que ne les oient serjent ne esquier.
Li rois Corsolz a parlé tot premiers :
955 « Seignor, fet il, savez moi conseillier ?
« De Galafer ai molt lo cuer irié
« Qui d'Antioche ert amirals proisiez ;
« Quens Aymeris li a copé lo chief :
« O Finamonde li vi par mi trenchier ;
960 « Tel duel en ai ja mès ne serai liez
« Se je ne suis del traïtor vengié.
« Forz est Nerbone, ne la porai baillier,
« Et Aymeris est orgoillos et fiers.
« Mahomet le confonde ! »

XL

965 Li rois Corsolz fu plains de grant otraje,
De traïson fu plains et de grant raje.
Il apela sa jent et son barnaje :
« Seignor, fet il, que loez que je face ?
« Forz est Nerbone, ne la porai abatre :
970 « Haut sont li mur et d'ancienor marbre ;
« Et Aymeris est molt de fier coraje,
« Par sol nos .ii. li manderai bataille ;
« Il i vendra, de ce n'ai je pas garde ;
« Si la ferons sor la riviere d'Aude :

951 *A B* Son tref a fet de ses hommes vuidier, *C* gens, *D* A toz ses h.— 952 *A B* .IIII. centse fait, *D* les f.— 953 *omis dans A B, C* chevalier, *D* Que nes escoute. — 954 *A B* si a parlé p., *C* le p. — 955 Baron. — 956 *D* De roi Galafre. — 958 *D* Dant Nam. — 959 *omis dans A B*. — 960 *A B* ne serai jamès. — 963 *A B* quens A.

XL. *C* rime en *aje*. — 965 *A B* si estoit p. — 966 *omis dans A B*. — 967 *D* Il en a.— 968 *D* S. mi home q. — 970 *A B* Fort, *D* ancienor, de marbre.— 971 Quens Ay. si est, *C* de viel aaje. — 972 *D* Par nos .II. corps. — 973 *A B* que ja n'i fera faille. — 974 *omis dans A B*.

975 « L'erbe i est vert, la praerie larje,
« Li olivier i sont qui font l'onbraje :
« Iluec porons mostrer no vaselaje
« Si que Francois et Paien nos esgardent,
« La soe jent des murs et des entailles ;
980 « Et vos serez adobez de vos armes ;
« Si le prenez, gardez que ne s'en aille.
« En Babiloine le metrai en ma chartre ;
« A feu grezois li ferons lo vis ardre. »
Et cil responent : « Riche roi, amorabe;
985 « Mahom le te doinst fere ! »

XLI

Or ont Paien dite la traïson
De Naymeri le nobile baron ;
Desoz Nerbone voirement le prendront.
Dex le defende qui sofri passion
990 Et fu nez de la Virje!

XLII

Li rois Corsolz en apele un mesaje,
Chevaliers fu et mervellos et sajes ;
Si li a dit d'Aymeri lo mesaje :
« Vos en irez a Nerbone la larje,
995 « Et si direz au viellart a la barbe
« Que je li mant par nos .II. la bataille. »

977 *A B* prouver.—978 *D* les esg.—981 *D* Si prenez garde molt bien que. — 983 *A B* li ferai, *D* feront, *C* li ardrons le visaje. — 984 *A B* amiable. — 985 *A B* laist, *B* te le l.

XLI. *C* rime en on. — 986 *C* lor f., *D* fete. — 987 *A B* Et d'A.— 989 *D* l'en d.

XLII. *C ne distingue pas cette laisse de la précédente et continue à rimer en on.*— 991 *A B* rapela. — 993 *D* il li. — 995 *A B* dant Ay. le sage. — 996 *D* Par nos .II. corps bataille.

Cils est montez sor un mulet d'Arabe,
Corant s'entorne contreval lo rivaje;
Vint a Nerbone, si dist qu'il est mesaje :
1000 Dedenz la porte l'acoili li barnaje
    Por oïr sa parole.

XLIII

Desoz un pin descent li mesagiers.
A un perron de cristal entaillié
Fu Aymeris li bers ou il se siet,
1005 Environ lui si baron chevalier;
En droit midi fu levez del mangier.
Li Sarrazins a parlé tot premiers :
« Aymeri sire, tu ne ses que je quier;
« Li rois Corsolz m'a a toi envoié :
1010 « Par vos .II. cors bataille te requiert
« Defors la porte, desoz les oliviers.
« La vos porez prover et essaier
« Si que verront Sarrazin et Paien
« Et vostre jent del mur et del terrier.
1015 « Mès une chose ne vos quier a noier :
« Par Mahomet mon seignor droiturier
« Li rois Corsolz est orgoillos et fiers
« Et tel vassal n'i a meillor soz ciel;
« Se il te trove armé sor ton destrier

997 *D* Il est, *A B* destrier. — 998 *A* Si s'en ala, *B* Puis s'en ala, *D* la praerie. — 999 *A B* et dit. — 1000 *A B* En la cité l'ac.
XLIII. — 1004 *A B* li vaillans ou il s. — 1005 *A* li b. — 1006 *A B* A midi fu levez de son m., *C* fu l'eur del m. — 1007 *C* arresnié p. — 1009 *A B* ici e., *C* ci fet e. — 1010 *C* la b. req., *D* vos req. — 1011 *C* demain sans respitier, *B* cel olivier, *D* ajoute : Biaux est l'onbraje de pins et de loriers. — 1012 *C* poez. — 1013 *A B* Si vos verront, *C* Si que vos voient, *D* Si qu'il verront. — 1014 *D* La v.... et des oliers. — 1015 *D* te q., *C* vos vueil ja acointier. — 1016 *A B* qui tout a a jugier. — 1018 *A B* Tel chevalier n'a pas mellor. — 1019 *D* t'encontre a.

1020 « Tel te donra de l'espée d'acier,
« Tot par mi l'elme ou l'escarbocle siet
« Qu'en abatra des flors bien un quartier,
« Et te fendra jusq'al neu del braier. »
1025 De Barzelone i ot un chevalier,
Sodoiers fu Guillaume lo guerrier
Qu'il ot avant a Nerbone envoié
Les ostés prendre ou il dut herbergier;
O lui mena .x. mile chevaliers.
1030 Quant il oï parler lo mesagier
Et Aymeri son seignor menacier,
Savoir poez que il en fu iriez :
Par maltalent est tost sailliz en pié,
En sa main tint un baston de pomier,
1035 Lo Sarrazin en vuelt ferir el chief
Quant .iv. conte le corent enbracier;
Et li paiens s'en est molt coreciez,
L'espée tret plus qu'en mi la moitié,
Qui li lessast, ja li copast lo chief,
1040 Quant Aymeris par lo braz lo retient :
« Sarrazin frere, » dist Aymeris li fiers,
« Il n'est pas sens mellée comencier;
« A l'amiral vostre seignor poigniez,
« Et si li dites que soit apareilliez :
1045 « Il m'avra ja armé sor mon destrier. »
Quant cil l'oï onques ne fu si liez,

1021 *A* chiet, *C* Sor ton e., *D* Amont el hiame. — 1022 *D* les f. et les q.— 1024 *A B* deci jusqu'el destrier, *C D ajoutent* : Que a la terre te fera trebuchier.— 1027 *A B* Que avant a a.— 1028 *A B* Pour ostel prenre ou peüst h., *D* ou doit h. — 1029 *D* Ovec lui moine, *omis dans C.*— 1032 *D* Poez s. que molt en f. — 1033 *D* en est s. — 1034 *D ajoute* : De la retaille d'une hante d'espié. — 1035 *D* en vet. — 1036 *A B* Et .iiii. — 1038 *D* Tret l'esp. plus de l'une m.— 1040 *A B* Quens A. par le poing l'a tirié.— 1042 *A B* Tout n'est pas sens folie commencier. — 1044 *A B* Si li direz, *C* Et li dites. — 1045 *A B* Car ja m'avra.

Vint au mulet et es arçons s'asiet,
Par mi la porte s'en vint tost eslessiez.
Il ira ja a l'amiral noncier
1050   Que Aymeris s'adobe.

XLIV

Quens Aymeris, li jentils et li bers,
Ses garnemenz plus chiers a demandé ;
Si chanbellenc li corent aporter.
En son dos vest un blanc auberc safré :
1055 En un tresor a Rome fu trové ;
Qui la fleror en sent el tens d'esté
Ou en iver, quant il est eschaufez,
De Paradis li poroit remenbrer.
Puis lace l'elme Raguenel de Moncler,
1060 Un roi paien Ullague fu de mer :
Set vint galies seult avuec lui mener
Quant il aloit sor crestiens rober.
Ceint Finamonde al senestre costé ;
Au col li pendent un escu noielé :
1065 Pierres et pasmes i gietent grant clarté ;
Il n'est oisel qui tant par ait biauté,
Poisson ne beste qui n'i soit figuré ;

1047 *A B* S'est es a. sailliez. — 1048 *omis dans A B*. — 1049 *A B* Cil, *C* Si en va tost a l'a. — 1050 *C* Qu'il avra la bataille.
XLIV. *C rime en er.* — 1051 *D* Dans.— 1052 *A B* a fet tost aporter.— 1053 *A B* adouber.— 1054 *A B* vestu li ont, *D* serré.— 1055 *D* de R., *C ajoute :* Uns rois qui fu l'ot fet enbausemer.— 1056 *D* mois d'e. — 1058 *C ajoute :* Et si fet home sa dolor oblier | Et de son mal garir et respasser. — 1059 *A B* L'elme laça, *D* Il lace l'e., *C* Raguel, *D* Raguemiau. — 1060 *A* un ague f., *B* d'un isle f. — 1061 *A B* .V. galies. — 1062 *C ajoute :* I avait fait .I. charbocle fermer | De la clarté soloit vooir par mer.— 1063 *A B* L'espée ceint. — 1064 *C* A son col p., *B* qu'est listé. — 1065 *A B* Pierres y a qui jetoient clarté, *C* Pierres et brasmes. — 1066 *D* So ciel n'est chose, ne oiseau, ne biauté.

.II. aumatiz i ot d'arjent fondez,
A blanc ivoire, a cristal seelé;
1070 .C. dionicles i pent d'or esmeré;
Voiz de seraine ne s'i poroit joster,
Rote ne timbre, viele ne jugler
N'i contrevaut lo pris d'un ail pelé;
Pent a son col danz Aymeris li ber;
1075 Par les enarmes l'a un petit crolé :
Les dionicles comencent a soner,
Tote en tentist Nerbone la cité;
La hanste ot fort en l'espié noielé,
A .v. clox d'or lo confanon fermé;
1080 Ferrant li ont en la place amené,
A grant merveille richement conreé :
Li arçon sont a cristal atorné,
Les auves sont d'ivoire d'otremer,
La coverture d'un brun paile roé,
1085 De ci en terre taillié et gironé.
Li quens i monte, a estrier n'en sot gré,
Toz ses barnajes lo comanda a Dé;
Dame Hermenjarz comença a plorer,
Qu'ele forment se dote.

XLV

1090 Danz Aymeris s'en ist par mi la porte;

1069 *A B* A ivoire, *C D* noielé. — 1070 *C* puceles i ot. — 1071 *A B* ne s'y puet acorder. — 1072 *C* note ne harpe, *D* harpe ne j. — 1073 *A B* mie .I. a, *D* paré.— 1074 *A B* Au col li pandent dant A. le b. — 1075 *B* armes. — 1076 *C* tinter. — 1077 *A B* Qu'en retentist. — 1078 *D* La hanste est en l'e. — 1081 *omis dans A B*. — 1082 *C* noielé, *D* d'yvoire d'outremer. — 1083 *C* furent, *omis dans D*.— 1084 *A B* vert, *D* taillis et gironé.— 1085 *A B* Jusques en t., *omis dans D*.— 1086 *C* qu'a. — 1087 *A* l'a commandé a Dé, *B* l'a a Dieu commandé, *C* Les barnajes. — 1088 *B D* a de pitié ploré. — 1089 *C* Qui forment se redote, *D* Car fierement se d.

XLV. *C* rime en i. — 1090 *A B* Quenz, *D* sa p.

Clerc et chanoine et ces moine ploroient,
A oroison a terre se cochoient;
Por lor seignor Damedé reclamoient;
Chases et croiz a ces iglises portent,
1095 Ces gros sainz sonent et ces petites cloches;
As murs en corent molt merveillos estoire
De chevaliers, de borjois et de dones.
Et Hermenjarz fu en la tor plus noble
O ses puceles, ne sai .XV. o .XIIII.
1100 Et Aymeris chevaucha a grant force,
La bone enseigne desploiée et destorse.
En mi lo pré ficha sa hanste grosse,
Prent l'olifant par .IIII. foiz le corne
Que tote l'ost des Sarrazins en crole,
1105 Et de Mahom la mestre sinacogue.
Paien l'oïrent et joie grant en orent
   Qui la traïson menent.

XLVI

Quens Aymeris s'estut en mi lo chanp;
Ses destriers grate del destre pié devant;
1110 Par .IIII. enpointes a soné l'olifant,
Bondir en fet Nerbone la plus grant;
A voiz escrie a Corsolt l'amirant :
  « Roi, car t'adobes. Que vas tu gopillant?
  « Se vels bataille, encui l'avras molt grant,

1091 *A B* Tuit li ch. et li prestre p., *D* en plorent. — 1093 *A B* por Aymeri. — 1094-1095 *omis dans A B*. — 1096 *A B* monterent ensemble a un rote.— 1098 *D* sa t.— 1101 *D* deploia.— 1103 *A B* L'ol. pr. — 1104 *A B* Si que.— 1106 *D* que molt bien oï l'orent.

XLVI. *C rime en ant.* — 1108 *D* danz. — 1109 *A B* Li d. — 1110 *C* foiz, *D* corné. — 1111 *A B* la vaillant, *D ajoute* : Les mestres sales, les murs et les alvanz.— 1112 *C* Ay. crie a C.; *A* gobillant, *C* atendant, *D* garpillant.— 1113 *A B* Adoubes toi.— 1114 *A B* et tu l'averas grant, *D* si gr.

1115 « Ainz n'eüs tel en trestot ton vivant.
« Dame Hermenjarz o lo cors avenant
« Avra ta teste ainz lo soleil cochant;
« Je li rendrai a tot l'elme luisant,
    « Que je li ai promise. »

XLVII

1120 Li amirals fu de molt male loi :
Premierement fet armer .iiii. rois,
A mil paiens fist prendre lor conroi,
Que laist es trés enbuschiez detrès soi
Et il s'en ist brochant tot a desroi
1125 Sor un destrier a merveillos conroi;
Destort l'enseigne qui entor l'hanste estoit;
Luès qu'il desplie, si maine tel ravoi,
Tot en tentist li pui et li marois;
Devant sa tente s'eslessa .iiii. foiz.
1130 Dist Aymeris : « Par ça vos en vendroiz;
« Se vos rendrai salu a l'acier froiz
« Et en trerai del sanc del plus vermoil. »
Dist l'amirals : « Tu ne plains mie toi,
« Ne la grant honte qui avenir te doit.
1135 « Je te quit tel conreer ainz lo soir
« N'avra parent qui te voille veoir.
« Or te defi de Mahom et de moi. »
Lors lessent corre les destriers demanois,

1115 *A B* Tele n'eüs encore en ton v. — 1116 *C* au jent c.
— 1117 *C* o le s. — 1118 *omis dans C, D* o le hiaume. — 1119
A B Car je, *C* Ge la li ai p.
XLVII. *C rime en oi, oiz.* — 1120 *A B* estoit de nobles l., *C* putes l. — 1121 *D* fist. — 1122 *C* A .a. p... les c. — 1123 *A B* Qui
es trez ot en., *C* Que il laissa. — 1126 *D* enz en l'a. — 1126-7 *omis
dans C.* — 1127 *A B* Quant ele desploie, *D* il moine t. — 1130 *B*
par deça en v. — 1132 *omis dans A B.* — 1134 *C* ne la honte.
— 1135 *D* si c. — 1137 *D* Je te d. — 1138 *D* Or l.

Bessent les lances o les confanons froiz,
1140 Granz cox se donent es escuz vianois,
Desor les bocles peçoient les fers troiz ;
Ainz l'amirals ne se mut une foiz,
Mès Ferranz chiet ou Aymeris seoit ;
Dist l'amirals : « Ja mès ne monteroiz,
1145 « Qu'ançois perdrez la teste. »

XLVIII

Quens Aymeris se senti abatu,
Il n'en pot mès, que Ferranz fu cheüz ;
Honte ot li quens, si home l'ont veü,
Borjois et dames del palès et del mur.
1150 Il se dreça et Ferrant sailli sus ;
Li quens monta dolenz et irascuz ;
Et l'amirals ne s'est mie esperduz :
Lo destrier point qui li cort de vertu,
Brandi la hanste ou li confanons fu,
1155 Fiert Aymeri devant en son escu,
Desoz la bocle li a fret et fendu ;
Enpoint lo bien et bote par vertu
Que del auberc sont li doble ronpu ;
Tot de plain l'a par mi lo cors feru,
1160 De l'autre part s'en est l'espié issuz

1139-1140, *omis dans A B.* — 1140 *D* fierent... demenois. — 1141 *C* Sor l. — 1142 *A B* Onc... s'en m. — 1143 *D* estoit — 1144 *D* ne manjeroiz. — 1145 *A B* Vous y p., *D* Ançois perdroiz.

XLVIII. *C rime en u.* — 1146 *C D* Quant. — 1147 *A B* N'en povoit mès quar F., *C* Mès n'en p., *D* F. li fu ch. — 1148 *C* S'a grant h., *D* Molt a grant h. — 1149 *omis dans A B.* — 1150 *C* En piez se drece, *D* et Naymeri s. — 1151 *A B* Aymeris monte, *D* Et remonta. — 1152 *C* ne fu m., *D* pas e. — 1153 *D* broche. — 1154 *A B* L'hanste brandi. — 1155 *A B* Ay. f., *C* autre foiz sor l'e. — 1156 *C* Soz l. — 1157 *omis dans C D.* — 1158 *C* Et d., *D* De blanc h., *A B* li pan derompu. — 1159 *A B* Et de p., *D* Plain a p. — 1160 *A B* estoit.

A tot le fer et une aune de fust :
Li confanons remest dedenz l'escu.
Quens Aymeris se sent el cors feru,
Li cuers li mant, li vis en ot oscur ;
1165 Molt afebloie del sanc qu'il ot perdu ;
.III. foiz se pasme sor l'auferrant quernu.
Li amirals ne s'est mie esperduz,
Esperonant est cele part venuz,
En son poig tint lo branc d'acier molu,
1170 Par mi son elme l'a quatre cox feru,
Par un petit que ne l'a abatu,
Quant se retint Aymeris li menbruz,
Sus les estriers s'afiche.

XLIX

Quant Aymeris se sent navrez el cors,
1175 Il mist sa main en traverciers son dos,
Trueve lo fust, s'en a tret lo fer hors,
Desus l'arçon devant lui l'a destort ;
S'or ne se venje, ja sera de duel morz.
Ez l'amiral li vint toz les galos,
1180 Et Aymeris lo fiert par tel esfors,
Grant cop li done sor son escu a or,
Qu'il li peçoie et l'auberc li desclot,
Et son espié li passe lez lo cors ;

1161 *omis dans* C. — 1162 *omis dans* A B, D i r. en l'e. *et ajoute* : Li fil de soie rompirent sus le fust. — 1163 C Quant, D Danz. — 1164 A B et li v. — 1166 A B .IIII. f., C Il se pasma. — 1167 *omis dans* D. — 1169 A B le fort espié, D En son point destre tint le b. d'a. nu. — 1172 D li bon duc. — 1173 C Et as e.

XLIX. C *rime en* a. — 1174 A B C Quens. — 1175 A B en envers sor le d.— 1176 A B si a tr.— 1177 *omis dans* A B.— 1178 A B S'il ne s'en v. il en sera ja. — 1179 A B D Et l'a. — 1181 D sor l'escu de son col. — 1183 D Son bon e.

Plaine sa lance l'abat del destrier sor.
1185 Bien le garissent deable de la mort,
Car en char ne le toche.

L

Quant Aymeris ot lo roi abatu,
De Finamonde l'a sor l'elme feru,
Trenchié li a lo mestre coing desus,
1190 Quant a l'auberc s'est li cox retenuz ;
Ja l'eüst mort s'il eüst sa vertu,
Mès foibles fu del sanc qu'il ot perdu ;
Et ne porquant si l'a il abatu
A jenoillons que François l'ont veü.
1195 Sarrazin voient lor sire est cheüz,
Poez savoir ne se celeront plus,
Issent des tentes et del bruellet foillu,
Et Narbonois sont de la porte issu.
Communement se sont entr'ax feru ;
1200 La veïssiez un estor maintenu,
Tante anste fraindre et percier tant escu,
Et tant auberc desmailié et ronpu,
Tant chevalier cheoit et abatu ;
Li navré braient et li mort chient jus,
1205 Li destrier fuient par mi lo pré herbu ;
Et seles voides et les poitrax ronpuz.

1184 *D* fors. — 1185 *D* garirent.
L. *C rime en u.* — 1187 *C* vit l'amiral cheü. — 1188 *A B*
Sus l'elme l'a de l'espée feru, *C* Del branc d'acier l'a sor l'elme
feru. — 1190 *A B* est, *B* descendu, *omis dans C.* — 1192
A B est, *omis dans C.* — 1195 *A B* le l., *C* Quant paien v. —
1196 *A B* Or sachiez bien. — 1197 *D* Des t. is., *C* del boschet f.
— 1199 *C* entreferus. — 1200 *C* fier e. — 1201-2 *omis dans A B*,
C fraite et percié. — 1203 *A B* cheoir, *D* navré. —1204 *omis dans*
C, *A B* crient, *B* sont cheü. — 1205 *C* puis agus. — 1206 *omis*
dans A B, *C* Cez seles voident, li poitral sont ronpu.

Verser i firent tresqu'a .iiii. mil Turs
A la premiere pointe.

LI

Forz fu l'estors et merveillos et granz.
1210 Bien se defent quens Aymeris li blans :
.V. Amoraive lor i a morz el chanp.
Par la bataille, ez un paien, Cobrant;
Rois fu de Niques et cosins l'amirant;
Cheval ot bon, merveillos et corant :
1215 Trestoz fu noirs mès que les piez ot blans,
Et les orilles et les nasiers devant :
Paien l'apelent Tranchemor lo bruiant;
N'a tel destrier deci en Orient.
Li paiens fu hardiz et conbatanz,
1220 Ocis nos a Joceaume et Guinement.
Molt en pesa conte Aymeri lo blanc;
Cele part vint a esperon brochant,
Fiert lo paien sor son elme luisant,
Les mestres quierres en abat par devant,
1225 Li blans aubers ne li valut un gant,
Tot le trencha deci en l'auferrant;
Estort son cop, si l'abati el chanp.
.XIIII. roi sont venu poignant
Qui vont ferir Aymeri lo ferrant,
1230 .V. en l'escu et .iiii. en l'auberc blanc

1207 *A B* Versé i furent... jusqu'a. — 1208 *A B* empointe.
LI. *C rime en ant.* — 1210 *D* li franc. — 1211 *B* enz el c. — 1212 *A B* courant, *D* est... Corbrant. — 1213 *A B* Meques... neveus l'a. — 1215 *A B* Tous estoit n. — 1217 *A B* Si l'apelerent. — 1220 *A B* Antiaume. — 1221 *B* franc, *C* Aym. lo poissant. — 1223 *A B* desuz l'elme. — 1224 *B* cercles *A B* a itant, *D* et descent. — 1225 *A B* Et le h. — 1226 *C* copa. — 1227 *omis dans C*, *D* abat a itant. — 1228 *C* corant, *A B* .xxii. r, *D* .xii. r. — 1229 *D* quens Naym.

Et .iii. en l'elme et .iii. sus l'auferrant ;
Abatu ont dant Aymeri el chanp ;
Paien lo fierent contre terre en jesant.
Premiers i vint Corsolz li amiranz,
1235 Trois cox li done de l'espée trenchant ;
.XXII. roi l'enmenoient ferant,
    Quant il lor rent s'espée.

LII

Quant ont veü François de lor seignor
Qu'il a rendu son branc a l'aumaçor,
1240 Savoir poez que il en ont dolor ;
Hanstes bessiées se fierent entre lor.
La veïssiez un communel triboul,
Tant hanstes fretes, tant paien doleros,
Tant chevalier destroit et angoissos.
1245 Ja fussent mort et Aymeri rescos,
Quant l'amirals fist soner ses tabors,
.XX. mile greles a force et a vigor ;
Dont est montez l'estoire perillos :
.XX. mile sont de la jent paienor
1250 Qui nos François tornerent al desoz,
    Ce fu domaje et perte !

1231 *D* .x. en l'a. — 1232 *A B* Ay. le franc, *D* Abatuz est. — 1235 *C* .i. cop, — 1236 *omis dans C.* — 1237 *C* li r.
LII. *C rime en or.* — 1239 *C* Que s'espée a rendu l'a. — 1240 *A B* qu'il orent grant dolor, *D* molt orent dolor. — 1241 *A B* Isnelement... en l'estor, *C* ferirent es lor. — 1242 *C D* estor. — 1243 *A B* faindre, *D* vergognex. — 1246 *C* fet... .i. t. — 1247-1248 *omis dans C.* — 1248 *A B* lors. — 1249 *C* .c. mile furent. — 1250 *A B C* a dolor. — 1251 *A B* Ice fu molt grant p.

LIII

    Quant François ont de lor seignor veü
Qu'il ot son branc a l'amiral rendu,
Savoir poez grant duel en ont eü;
1255 Lances bessiées se sont entr'ax feru.
La veïssiez un estor maintenu,
Tant hanste frete et percié tant escu,
Tant chevalier cheoit et abatu.
A nos François en est mal advenu :
1260 De mil qu'il erent n'est que .xx. remasu.
Par mi les rens en sont ferant issu;
Cil ont l'entrée de Nerbone perdu,
Que Sarrazin la lor orent tolu.
Fuiant s'en vont tot un chemin batu
1265 Qui va en France la droit ou li rois fu;
Au dos les sivent bien quatre mile Tur;
Quant se retraient, que nes enchauchent plus,
Si lor lancierent lor espiez esmoluz.
De .xx. qu'il erent ont les .v. abatuz
1270 Qui el chemin orent les chiés perduz :
    Or ne furent que .xv.

LIII. *C rime en u.*— 1253 *A B* Que son branc ot, *D* aumacor.— 1254 *A B* S. poez que d., *omis dans C.* — 1255 *A B* Isnelement, *D* es rans f. — 1256 *C* Tant com il porent ont l'e.— 1257 *B* fraindre. — 1258 *D* et mort et a. — 1259 *D* i est m. — 1260 *A B C* furent, *A B* n'en sont .xx., *C* .x. r.— 1261 *C* de l'ost i, *D* s'an s. — 1262 *A B* Si ont.— 1263 *A B* Car Sarr. leur avoient t., *C* Que les passajes paien leur orent tolu. — 1264 *A B* par .i. c., *C* tenu, *D* furent. — 1265 *omis dans C D*. — 1266 *A B* Sivis les ont. — 1267 *A B* Mès il retornent. — 1268 *A B* Lancié lor ont. — 1269 *C* furent, *A B* en sont .v. a. — 1271 *D* plus ne furent.

LIV

Vont s'en li Franc brochant a esperon,
Deci en France que ja ne fineront;
A Looys lor seignor le diront
1275 Que Aymeris est pris par traïson.
L'amirals vint devant son paveillon
Et descendi desoz un pin roont;
La le desarment si dru et si baron
Et l'afublerent d'un mantel vermeillon,
1280 Entailliez fut a bestes et a flors;
Il le conquist au port d'Inde maior:
La li donerent marcheant par amor
Pour ax conduire par lo val Tenebrox
Jusqu'a la terre Murgalent de Monflor.
1285 C'est une terre de molt riche valor;
Marchié et foire i corent chascun jor.
Devant li fu Aymeris son prison;
.IIII. Amoraive le gardent environ,
A trenchanz haches, a fuz et a bastons;
1290 Mahomet jurent que jostice en feront.
Lors le desarment li encriesme felon :
Si li delacent lo vert elme roont,
Si li osterent lo auberc fremillon;
Tot remest sengles en l'hermin peliçon.
1295 Par desoz ot lo vermeil siglaton;

LIV. *C rime en on.* — 1272 *C* li xv sans nule arrestoison, *D* s'en françois. — 1273 *A B* Jusques en F., *D* ja ne tresfineront.— 1275 *D ajoute :* Mès il ne furent que xv compaignon. — 1278 *C* Si le d. si duc. — 1279 *A* Et afubla, *B* Puis afubla, *C* Et afublerent. — 1280-6 *omis dans C.* — 1280 *D* pierres. — 1284 *D* le M. — 1285 *A B* Une terre est. — 1287 *A B* le contor. — 1288 *A B* amirant .. gardoient entor, *C* tienent. — 1289 *A B* A h. grans, as f. — 1291 *A B.* Desarmé l'ont, *D* Il le desarment. — 1292 *A B* Et deslacié, *D* Si li osterent le v. — 1293 *B* Puis, *D* omis. — 1294 *A B* Sangles rem. — 1295 *D* Et par dessus le v., *omis dans C.*

Gros ot les braz et carrez ot les poinz,
Fiere la chiere et regart de lion,
Les euz ot verz et clers comme faucon,
Blanche la barbe qui li pent al menton ;
1300 Navrez estoit d'un espié a bandon,
Li sans l'en raie deci a l'esperon ;
Si bel viellart ne vit onques nus hom.
Premiers l'apele li niés a l'aumaçor,
Li plus bels hom de tote paienor :
1305 Dame nel voit que vers li n'ait amor :
« Aymeri frere, bien vois que pris t'avons ;
« Se tu vels fere ce que nos te dirons,
« Que tu aores Tervagan et Mahom,
« Nos prierons a l'amiral trestot
1310 « Que te lest vivre et si te doinst onor :
« De Corcenie porteras l'oriflor,
« Dru l'amiral seras clamez toz jors.
« Se tu nel fez, tu morras a dolor :
« De toi ferons un destruit merveillos,
1315 « Une quintaine ou Sarrasin ferront.
« De mil espiez seras encui seignor,
« Froiz et forbiz, trenchanz et perillos,
« Qui enz el cors et el cuer te ferront,
« Car tes lignaje nos a pené toz jors,
1320 « Et tu meïsmes en est li plus cruos ;
« Mahomet te confonde ! »

1296 *A B omis.* — 1297 *A B* Et fiere chiere.— 1298 *D* Et les eulx vers, *A B* Gros ot les iex et vairs comme faucon. *Et omet les 2 vers suivants.* — 1299 *A B* Blance ot l., *C omis.*— 1300 *C* Navré l'avoit, *D* Navré el cors. — 1301 *A B* en raie, *D* li r. — 1302 *D* Plus b. — 1303 *D* Tot premerain l'apela l'aum. — 1305 *D* Nus fame no voit vers li n'ait grant a., *omis dans C.* — 1307 *A B* Se fere vieus. — 1308 *A B* Que aourailles. — 1310 *A B* Vivre te l. — 1312 *D* Duc amiral seras clamez sor toz. — 1313 *C* Et se n. *D* hui cest jor. — 1317 *A B* Fors et f. — 1318 *D* o piz te f. — 1320 *D* en ies le non valor.

LV

« Di va! paien, » Aymeris lor disoit,
« Vos m'avez pris, bien sai que m'ocirroiz;
« Ja ne ferai nes un de vos voloirs,
1325 « Ne chose nule que dire me sachoiz.
« Fetes Mahom venir devant lo roi ;
« Se il parole la maintenant a moi,
« Et me plevist ici la soie foi,
« Et les covanz a tenir que m'orroiz,
1330 « Lors le crerai, s'en mon conseil le voi;
« Ou se ce non, par Saint Pol de Valcois,
« Je le ferrai de mon poig une fois,
« Qu'en chose mue ne metrai mon espoir
« Qui el cors n'a la vie. »

LVI

1335 L'amirals ot lo preu conte Aymeri
Que ne vuelt rien fere de lor plesir :
Par mi tot ce que Sarrazin l'ont pris
Menace il Mahomet a ferir.
Tel duel en a a po n'enraje vis;
1340 Par maltalent en est en piez sailliz,
En sa main tient un baston pomerin
De la retaille d'un espié poitevin,

LV. *C rime en ois.* — 1323 *A* si s. — 1324 *A B* Je n. — 1325 *D* q. vos dire s. — 1327 *A B* tot m. — 1328 *D* il ci l. — 1329 *A B* Les covenans. — 1330 *A B* Je le c., *D* Jo querai lors se jo pran an conseill. — 1331 *A* Vauquois *B* Ravois. — 1332 *D* Jo f. sampres de m. p. de vienois. — 1333 *A B* En c. — 1334 *A B* Et qui el cors n'a vie, *C* Qui n'ot ne ne parole.

LVI. *C rime en is.* — 1335 *C* ce que dit A., *D* ot l. c. Naim. — 1336 *D* Que ne veult fere nes. i. de lor p. — 1337 *C* Et parmi ce. — 1341 *A B* tint.

Par mi lo chief vost lo conte ferir,
Quant .iiii. roi li corurent tolir;
1345 Si li escrient : « Por Mahomet, merci.
« Droiz amirals, trop es preuz et hardiz.
« Si savons bien que par toi l'as conquiz;
« Lesse le vivre de ci qu'a lo matin,
« Par mi les braz sera penduz toz vis.
1350 « Une quintaine en feront Sarrazin,
« Si i poindront paien tot ademis,
« La l'ocirons a nos espiez forbiz;
« Iluec verras qui melz savra ferir. »
Dist l'amirals : « Et je l'otroi ainsi.
1355 « De tel mort vueil qu'il muire. »

LVII

Quens Aymeris s'estut en mi lo tref
D'un grant espié par mi lo cors navrez;
Li sans li raie contreval lo costé,
Moillié en ot les esperons dorez;
1360 Li cuers li mant, li oil li sont troblé;
Trois fois se pasme, ne s'en pot consirrer.
Et paien crient : « Vos mar i fustes nez;
« Se vosissiez Mahomet aorer,
« Vos fuissiez ja gariz et respassez. »
1365 Premiers parla Corsolz li amirés :
« Seignor, » dist il, « un petit m'entendez :
« Par Mahomet, quel conseil me donez?

1344 *D* Mès. — 1345 *A B* Qui li crierent.— 1346 *A B* Sire'a.—
1348 *A B* jusques. — 1349 *A B* sera il p. v., *D* Par les .ii. bras.
— 1351 *A B* Si poinderont, *D* Si il p. — 1353 *D* Si verron nos.—
1355 *A B* Qu'il de tel mort m., *C* Issi v. que il m.

LVII. *C* rime en é.— 1356 *A B* Dans A. estoit, *C D* lo pré, *C* estut. — 1357 *A B* Qui d'un e. estoit el c. — 1358 *A B* li cort, *D* les costez. —1359 *A B* en sont li e., *C* tot l'esp. — 1362 *A B* tant mar i fustes, ber.

« Par Tervagan, mon seignor naturel,
« Je ne vosisse por trois de mes citez
1370 « Que il morust devant moi en cel tref,
« Ainz en feïsse une jostice tel
« Deci a Rome en oïst en parler. »
Dist Clarabins, l'aumaçor d'otremer,
Li plus bels hom de .L. citez,
1375 Dame nel voit que ne le vueille amer :
« Sire amirals, un petit m'entendez :
« Se or volez par mon conseil ovrer,
« Bien vos dirai comment porrez errer :
« Fetes espines coillir et aüner,
1380 « Devant Nerbone fetes fere un grant ré,
« A feu grezois le fetes alumer,
« Quens Aymeris i soit toz nuz menez ;
« Par les .II. braz sera dedenz jetez.
« Ja fu il pere au chetif Aïmer
1385 « Que oceïstes a Porpaillart sor mer
« Qui nos lignajes a pris et afolez
« Et destruites nos jestes. »

LVIII

Li amirals fu plains de grant boisdie,
De traïson et de grant felonie.
1390 Par lo conseil que Sarrazin li dient
Devant Nerbone fet fere une aramie ;

1369 *A B* .XIIII. c. — 1370 *C* Que il fust morz, *D* Que moreüst. — 1372 *A B* Que jusqu'a R. en oï l'en p. — 1375 *A B* Femme.— 1376 *D* Droit A. — 1377 *A B* voliez, *D* errer — 1378 *D* ovrer. — 1379 *D* amaser — 1380 *A B* en fetes f. un r. — 1381 *A B* De f. — 1382 *D* Dan Naimeri, *B* fu t. — 1383 *A B* Et par les bras sera il ens jetez. — 1384 *A B* Ja fu ses filz li chaitis Aymer. — 1385 *A B* qui fu occis. — 1386 *A B* parens.

LVIII. *C rime en ie.* — 1388 *A B* estoit p. de b. *C D* voidie. — 1389 *A B* derverie, *C* fu p. et de boisdie. — 1391 *A B* Fist a N.

De char salée et de feu l'a esprise ;
Trestot lo giet d'une pierre petite
En va amont la flanbe tote vive.
1395 Lo conte i moinent por fere la jostice ;
.II. cheneliu lo batent et detirent
O esglentiers et o verjes d'espines.
En .xxx. lex li trenchent la char vive,
Li sans en saut en .x. lex o en .xv.
1400 Dame Hermenjart a en la tor choisie,
A haute voiz li frans quens li escrie :
« Franche contesse, ja fustes vos m'amie.
« Je morrai ja, que près sui del juïse :
« Dex en ait l'ame et li sainz Esperite !
1405 « Mès une chose vos vueil prier et dire :
« Por amor Deu, lo fil sainte Marie,
« Por nule rien que Sarrazin vos dient,
« De la cité ne lor rendez vos mie,
« Ançois me lessiez ardre. »

LIX

1410 Dame Hermenjarz ot son seignor parler ;
Bien le conut quant el le vit mener.
Li cheneliu qui le durent garder
Des esglentiers li batent les costez,
En .xxx. lex en font lo sanc voler.
1415 Vienent au feu, enz le vuelent jeter.

fere une a., *D* a fet, — 1397 *A B* D'eg. — 1399 *D* en .xx. o. — 1401 *A B* quens Aymeris, *omis dans C*. — 1403 *D* De nos .II. ert anqui la departie. | Par tans sera ma char arse et broïe. — 1404 *D* Or ait Dex l'ame en la soie baillie, *omis dans C*. — 1406 *A B* l'a. — 1407 *C D* li amir. die. — 1408 *A B* ma c. — 1409 *C* Ainz me lessiez ardoir.

LIX. *C* rime en er, ez, e. — 1410 *A B* Aimeri p. — 1411 *D* l'oï crier. — 1412 *A B* l'orent a g., *C* doivent g. — 1414 *B* ont fet l., *D* li f. — 1415 *D* sel veilent ainz boter.

S'il ot poor ne l'estuet demander;
Deu reclama qui en croiz fu penez :
« Glorios pere, qui me feïstes né,
« Garis moi, sire, que n'arde en cel ré. »
1420 Es murs en corent de la bone cité,
Home et feme, meschine et bacheler;
Et chevaliers et demaines et pers
I veïssiez par ces querniax pasmer
Et Aymeri lor seignor regreter :
1425 « Filz de baron, jentils quens naturels,
« Molt nos avez tenuz en grant chierté;
« Or vos veons a tel honte mener,
« Ne vos poons secorre n'aiuer. »
La veïssiez maintes noches jeter,
1430 Et maint anel peçoier et quasser
Qui erent d'or a cristal noielé.
Dame Hermenjarz ne pot un mot soner;
Pasmée chiet sor lo marbre listé,
Quant ses puceles l'en corent relever,
1435 Et si li prient por sainte charité :
« Franche contesse, por quoi vos dementez?
« Mès or alons a l'amiral parler
« Se ja nul plet i porrions encontrer,
« Que nos rendist lo conte naturel,
1440 « Lo seignor de Narbone. »

1416 *A B* Forment se dote por la mort eschiever, *C* Se li quens ot p. ja d'en dotez. — 1418 *C omis.* — 1419 *A B* Gardez... que ne soie afolez. — 1421 *C omis*, *A B* meschins et b. — 1422 *D* Li ch. li d. et li p. — 1423 *A B* auvens p., *D* Par la cité les veïst en p.— 1426 *C* Qui nos avez norri en tel c. — 1427 *D* dolor. — 1428 *D* ne tanser, *C omis.* — 1429-31 *D* La v. maint chr. plorer, | Fermax et noches peçoier et qaser, | Et aniax d'or par maltalent froer.— 1435 *B* grant c.— 1436 *C omis.*— 1437 *A B* M. alons ent, *C* Dame or a, *D* M. car a. — 1438 *A B* i p. trover.— 1439 *C* Ay. l'aduré.

LX

    Quant Aymeris vit lo feu angoissos
    Qui fu ardanz, bruianz et doleros ;
    Deu reclama par ses saintismes nons :
    « Glorios pere, qui feïstes lo mont,
1445 « Et en la Virje preïs anoncion,
    « Nestre deignas por raenbre lo mont,
    « Lo ber saint Pere meïs en pré Noiron
    « Et convertis saint Pol son conpaignon,
    « Jonas jetas del ventre du poisson
1450 « Et garesis Daniel del lion,
    « La Madelaine feïstes lo pardon,
    « Quant herberjas dedenz l'ostel Simon,
    « Et a vos piez se mist a jenoillons ;
    « Iluec plora par bone entencion,
1455 « Ses vos lava entor et environ,
    « Vos l'en levastes amont soz lo menton ;
    « De son servise ot molt bon guerredon,
    « Qu'ele est lasus en ta grant mansion ;
    « A Moises passas la mer sanz pont
1460 « Que n'i queïst ne chalant ne noton
    « Quant tu noias lo pueple Faraon ;
    « Flueve Jordain feïs issir des fonz,

LX. *D rime en on.* — 1441 *C Danz A.* — 1442 *A B omis.* — 1443 *A B* le pere glorious, *D* son saintisme non. — 1444-6 *C omis.* — 1449 *A* a un p., *D* salvas el v., *C omis et le suiv.* — 1450 *D* Et Daniel en la fosse au l. — 1451 *C* Et a Marie, *A B* Et M. — 1452 *C omis, D* en l'ostel saint S. — 1453 *A B* A vos .II. p... a oroison, *C* A vos biax p. — 1454 *C omis.* — 1455 *A B* Si vos l. les piez tot e., *D* Si vos l. — 1456 *A B omis, C* sire par lo m. — 1457 *A B* ot ele g., *C* li rendis g. — 1458 *C omis, A B* En c s sains cieux et en ta m. — 1459 *A B* O M., *D* Et m. — 1460 *A B* n'i quesis, *C* Que cil q. — 1461 *A B* Quant convertis. — 1462 *A B* de f.

« Si t'asseïs en mi sor un perron,
« L'eve bruiant si te clost environ,
1465 « L'anje del ciel te mist lo cresme el front,
« Sainz Jehans dist que Crist avroies non,
« Crestienté i meïs en ton non,
« Puis en alas enz el desert parfont,
« Et conversas o les apostres bons,
1470 « Et jeünas toz les .xl. jors
« Et lo quaresme lor cressis ton sermon,
« Jusqu'au juesdi de l'asolucion,
« Que tu livras ton cors a passion ;
« Ce feïs tu por nostre raençon.
1475 « Si com fu voir et croire le devons,
« Garissez moi de cest feu angoissos
« Que je n'i arde a duel et a tristor. »
Li amirals est venuz lo cors ;
Bien fu armez desor un destrier ros ;
1480 En sa main tint l'amirals un baston,
Les chenelius en a batuz andox :
« Fil a putain, por quoi atargiez vos ?
« Jetez le moi en cest feu doleros ;
« Fere li vueil un martire cruos. »
1485 Dame Hermenjarz l'apela de la tor :
« Sire amiral, entendez ma reson :
« Respitiez moi, se vos plest, cest prison ;

1463 C en mer s., D El flueve J. seïs sor. — 1464 A B te reclost, D t. c. tot env. — 1467 A B C meïs tot en., D Por ce le non de crestien tenon. — 1468 C es deserz en p., D omis. — 1469 C La convertis apostres et barons, D O les ap. en alas par le mont. — 1470 D .xl. j. jeünas ce savons. — 1471 A B La quarentaine, C lor cressistes sermon, D Tot le caresme feïs un gent sermon. — 1472 D Tres qu'au. — 1475 C Com ce f. v. et nos bien le creon, D c'est voir que cr. — 1476 C doleros. — 1477 A B ne muire a d. — 1478 C poignant toz sos. — 1479 A B un missodor. — 1480 C Et en... un cros, D d'une lance un troçon. — 1482 A B atendez v. — 1483 A B angoisseus. — 1484 C Que fere en v. un essil merveillos, D omis. — 1486 D Droiz A. — 1487 C

« N'i doit ardoir, jel requier par amor;
« Escotez ma parole. »

LXI

1490 L'amirals ot dame Hermenjart parler,
Devant li fist Aymeri arrester,
Les chenelius targier et demorer :
« Dame, » fet il « dites que vos volez. »
Ele respont : « Ma reson escotez,
1495 « Que d'Aymeri vos vueil merci crier,
« Que sain et sauf et vif le me rendez;
« Par nos .II. cors nos en lessiez aler :
« Je vos rendrai Nerbone la cité,
« S'avrez les rentes et les establetez,
1500 « Si com avoit danz Aymeris li bers ;
« Et li borjois l'ont dit et creanté,
« Se lor lessiez la lor loi aorer,
« Jureront vos amor et feelté. »
« Dame, » dist il, « de ce fet a parler :
1505 « J'en parlerai a un conseil privé. »
.X. aumacors a au conseil menez
Et .xxx. rois sarrazins d'otremer.
Premiers parla Corsolz li amirés :
« Seignor, » dist il, « un petit m'entendez.

Recreez. — 1488 C Aymeri par reson. — 1489 D S'esc.
LXI. D rime en er. — 1490 D la contesse p. — 1492 A B omis,
D Et ceux qex tindrent, t. — 1493 A B dist il. — 1494 A B je
vueil merci crier. — 1495 A B omis. — 1496 A B Que mon
seignor sain et sauf me r.— 1497 C Nos .II. tos sels en lessissiez a.
— 1501 C Tuit li b. — 1502 A B demena. — 1503 A B Il vous
jurront a. et loiauté, C ajoute : Q'il vos rendront en trestot vostre
aé, | Ja par .I. d'ax n'i ert mes diz faussé. — 1504 D bien en f. —
1505 D A mes barons veill conseill demander, A B omis, C ajoute :
Li amirals estoit d'iluec torné.— 1508 A B Corsubles l'a. — 1509
C Seignor fet il quel conseill me donez.

5

1510 « Par Mahomet, quel conseil me donez
    « De la parole que vos oï avez?
    « Je ferai ja ci Mahom aporter
    « Et jurerai desus, se vos volez,
    « Que Aymeris ne sera ars el ré.
1515 « Ice ferai se vos le me loez ;
    « Et quant sesi serons de la cité,
    « Si le ferai en Espaigne mener,
    « En Babiloine l'amirable cité,
    « Et en la chartre trebuchier et jeter ;
1520 « A feu grezois le ferai alumer,
    « Tote la boche et lo vis et lo nés
    « Et tot son cors traveiller et pener. »
    Et cil ont dit : « Nos l'otroions asez,
    « Que or en fetes totes vos volentez,
1525 « Sire amirals de Perse. »

LXII

Li amirals fu molt mal talentos,
De vices plains et de granz traïsons,
Qui devant lui fist aporter Mahom.
Dame Hermenjart apela de la tor :
1530 « Franche contesse, or entendez a nos :
    « Par cele foi que je doi cest seignor,
    « Je n'ardrai pas Aymeri lo baron,

1511 *A B* omis. — 1512 *A B* Je le ferai devant m. — 1515 *A B omis.* — 1516 *C* serè saisi. — 1517 *D* feron, *C* Puis l'en ferai en Escopas aler. — 1519 *C* En l. — 1522 *A B* omis. — 1523 *A B* Et il l'ont dit, *C* Et cil dient — 1524 *C* Qu'en fetes, *A B* Or en fetes. — 1525 *D* Car rois estes et sires.

LXII. *D rime en* on. — 1526 *A B* mauves homs. — 1527 *C* Pl. de v. et. — 1528 *D* De devant l. — 1530 *C* Or escotez a m. — 1531 *C ajoute :* Et Tervagant et Jupin le menor | Qui tant sont biax et sainz et glorioz, | Se il m'aït, dame, jamès nul jor | Que je n'ardrai Ay. le contor. — 1532 *D* mie.

« Se vos me fetes delivrer ce donjon
« Et la cité qui fu mon ancesor,
1535 « Lo roi Sorbrin qui tant avoit valor
« Que ocist Charles li forz enpereor. »
— Sire, » fet ele, « desliez ce contor;
« Se me rendez Aymeri mon seignor,
« Quite vos claim Narbone. ».

LXIII

1540 Li amirals fu molt fax et eschis,
De traïson estoit plains et sotis :
Adober fet .xm. Sarrazins,
Et conreer de blans aubers treslis;
Enprès lor char les lor a fet vestir;
1545 Par desus ceignent les branz d'acier forbiz;
Puis afublerent les mantiax sebelins
Que ne reluisent li auberc doblentin;
Es destriers montent coranz et arrabis;
Dant Aymeris firent molt bien vestir
1550 D'un chier bliaut de paile alixandrin,
Puis l'afublerent d'un mantel sebelin,
El chief li metent un chapel ostarin,
Et le monterent sor un mul aufarin;
Droit a Narbone acueillent lor chemin.
1555 Totes les portes lor a l'en fet ovrir;

1533 *A B* Se d. me f. le d., *C* Se me t... cele tor. — 1534 *C* q. tint m. — 1535 *A B* Sorbrin mon pere le riche pogneor. — 1536 *D* Charlles l'occist, *A* le riche e., *B* le vostre e. — 1537 *C* Sire, dit ele, desliez mon seignor. — 1538 *omis dans C*.
LXIII. *D* rime en in, is, ir. — 1540 *A B* estoit gais et e. *D* fu forment esjoïz — 1542 *A B* xxm — 1543 *C* Et bien armer de lor a. t. — 1544 *A B* Pres de la c. — 1545 *C* desoz, *A B* Et pardessus ceig. les brans forbis. — 1546 *A B* S'ont afublé les bons mantiax hermins *C* Puis afublent, *D* Et afublerent l. m. de samis. — 1548 *C omis*. — 1551 *A B* Afublé l'ont, *D* marterin. — 1552 *A B omis*, *D* sebelin. — 1553 *C* Et le montent, *A B* Et l'ont monté s.

A joie grant les va l'en recoillir.
Quant paien sont dedenz la cité mis
Et passé ont les mestres arz votis,
Les forteresces et les ponz torneïz,
1560 .X. mile grelles font ensenble tentir
Et .m. tabors soner et rebondir :
Ce senefie Narbonois sont traï,
 La cité ont perdue.

LXIV

Dame Hermenjarz vint a l'uis de la tor,
1565 Plorant en vint acolant son seignor.
Tint une espice onques ne fu meillor,
Oster li vost des plaies la dolor
Dont il estoit destroiz et angoissos,
Com el choisi l'estoire paienor
1570 Qui ont traï la grant cité maior :
Tot ont porpris la cité et lo borc,
La forteresce et la plus haute tor,
Et lo palès del tens ancienor;
Les borjois tuent a glaive et a dolor,
1575 Et les mameles copent a lor oissors,
Et as puceles les ronpent a tortor;
Es mostiers vont et biax et glorios;

1554 *A B* A la cité ac. — 1556 *A B* les fist on r., *C* A. g. j., *D* A molt grant j..., vet on r. — 1557 *D* furent. — 1558 *C* les murs et les postiz, *D* orent. — 1559 *C* Les fermetez. — 1560 *C* C M. g., *A B* bondir, *D* XIII g. — 1561 *A B* retentir.

LXIV. *D rime en or,* — 1565 *C* omis, *A B* Qui ist plorant en contre. — 1566 *A B* Une espice a ne vi onque m., *B* ne vit nus homs m., *D* D'une bone herbe. — 1567 *C* Oster li fet. — 1568 *A B* omis. — 1569 *D* cele gent p. — 1570 *A B* sa cité de valor, *D* fort c. m. — 1571 *A B* et les rues et la tor, *C* la tor *D* et la vile. — 1573 *C* qui fu a. — 1574 *A B* ilueques a d., *C* Borjois ocient. — 1575 *C* Les m., *D* li traïtor. — 1576 *A B* copent, *D* font molt grant desanor. — 1577 *C* si biax et si gl.

En despit Deu les roberent trestoz,
Et .v. cent moines i ocistrent lo jor;
1580 Si debriserent les chases et les cros;
L'or et l'arjent en departent as lor;
Es sales trovent mil destriers coreors,
.M. ors privez et .M. murs anbleors,
Quatre vint sinjes et aitretant fuirons,
1585 Ostoirs de mue, esperviers et faucons,
Et vers et gris et hermins peliçons,
Granz nés d'arjent a riche covertor,
A chieres pierres qui jetent grant luor.
Mil borjois pristrent iluec des meillors,
1590 Si lor lierent et les piez et les poinz.
Mil Sarrazin corurent as adox
Qui conduiront l'avoir et les prisons.
Onc tel avoir n'orent lor ancesor,
Com il troverent en la vile lo jor.
1595 De Nerbone ist la proie l'aumaçor;
Quens Aymeris en avoit grant dolor
Qui oit mener sa jent a desenor,
Sor un somier lo leverent garçon,
Si li lierent et les piez et les poinz.
1600 En Babiloine paien l'envoieront.
Sovent regrete Looys son seignor :
« a, Looys, jentil enpereor!
« Ne me verrez ja, sire, a nul jor.
« Ha, mi enfant, or me demorez vos ;

1578 *A B* les deroberent tous. — 1579 *A B* y ont occis, *A C* V cent m., *C D*, .cccc. — 1580 *A B* omis, *C* Si debrisent. — 1581 *A B* departirent. 1582 *A B* illec troverent, *D* La ont trové... missodor. — 1583 *C* .III. o... et .IIII. *D* maint o... et maint m. — 1584 *A B* .IIM. s. — 1585 *A B* Oisiaus de m. — 1587 *A B* Et n. — 1589-91 *C* omis. — 1590 *B* i. de valor. — 1591 *B* chev. — 1592 *C* conduient. — 1593 *A B* orent, *C* Itel av. n'ot onc l., *D* Ainz t. — 1594 *A B* conquistrent a Nerbonne le j. — 1595 *C* De la vile i. — 1596 *A B* ot au cuer irour. — 1597 *A B* a tel dolor. — 1598 *A B* le lievent li gloton. — 1601 *D* Forment. — 1602-3 *A B* omis.

1605 « Biax sire Guiberz, que ne le savez vos,
« Que je sui pris et menez a dolor !
« Car par deça, vendra vostre secors,
« Devers Espaigne sordra vostre oriflor.
« Dex m'envoit vostre aïe ! »

LXV

1610 Quant l'amirals ot Nerbone traïe
Li suen baron corurent par la vile,
Tot ont lo borc et les rues sesies,
Les forteresces et lo palès plus riche,
Fors que la tor dont n'a encore mie :
1615 .XIII. estajes a el palès nobile
Avant qu'on viegne a la mestre establie,
Es hautes chanbres dant Aymeri lo riche.
Plus i a or qu'en Cordres n'en Sezile,
N'en Corcenie n'en terre Femenie.
1620 Desoz les votes, en la grant manantie,
Dame Hermenjart se conplaint et sospire
Que de vitaille est forment escharie ;
Si ot o li .xv. de ses meschines :
Et si n'i a .I. sol mangier dont vive :
1625 De son avoir chanjast une partie,
.V. muis d'arjent por un mui de farine,

1605 *A B* car le scussiez v., *C ajoute* : Et vos Guill. nobile poigneor, | Que nel savez, biau sire Hernaut le ros, | Trestuz mes filz et trestoz mes nevos, | Que fusse mis en chartre et en dolor. — 1607 *C* De ca v. — 1608 *A B* vendra, *C* omis. — 1609 *A B* m'otroit, *D* S'aideroiz votre pere.
LXI. *D rime en ie.* — 1610 *C* la vile t. — 1612 *C* Si ont. — 1613 *C* et les granz tors anties. — 1614 *C* la grant t... qu'il n'a, *D* Ne mès la t. dont il n'a. — 1615 *C* .IIII. e. — 1616 *C* Ainz qu'en v. *D* Ainz que i soient. — 1617 *A B* sales. — 1618 *B* tours. — 1619 *A B omis*. — 1620 *C* Sos les v. est l. — 1621 *A B* Ou Erm... se demente — 1622 *C* est la dame e. — 1623 Si a a soi. — 1624 *C* Ele n'a tant dont ele .I. jor vive. — *A B* .I. mui d'avoir p.

Et .xxx. solz por un sestier de sidre,
Por un tret d'eve, .c. mars d'or a devise;
Mès Sarrazin ne lor vendroient mie,
1630 Ainz la leroient decoper et ocire.
Li cuers li ment, li menbre li palissent;
Se Dex nel fet li filz sainte Marie,
Ja la contesse ne lor estordra vive.
Li amirals fu plains de grant voidie,
1635 De traïson et de grant boiserie;
Devant la tor a pris herberjerie;
Un tref i tendent paien que fée firent :
N'i avoit corde ne feste ne cheville
Ne soit a or a pierre o a bericle.
1640 A Mahomet un grant estaje firent
Sor .v. colonbes tailliées par mestrie,
Bloes et jaunes et vermeilles et indes;
La l'ont levé li Sarrazin de Nique;
Son chapel est d'un vert paile de Grice.
1645 Li amirals estoit plains de boisdie,
Porpensa soi d'une grant lecherie :
Onques nus hom ne pensa tel folie.
Il en apele Auquaire d'Aumarie :
« Biau sire niés, vos ne me faudrez mie.
1650 « Vos en irez en terre Femenie
« Et si direz a Clarissant m'amie,
« Qu'el viegne a moi, et si nel lesse mie;

1627 *A B* Et .xxx. setier por un quartier de sinne. — 1628 *B* avise. — 1629I-630 *A B omis*. — 1631 *A B* les joes li p. — 1634 *C* estoit p. d. v. — 1635 *C* et de losangerie, *D* tricherie — 1636 *A B* prent sa h. — 1637 *C* de grant ancessorie, *D* la pute jent haïe. — 1638 *B* N'i avait corde a pierre ou a bericle, *D* Il n'y ot c. — 1638-1639 *C omis*. — 1639 *omis dans B*. — 1640 *C* Mah. fu el haut estaje assise. — 1641 *A B* par guise. — 1642 *A B D omis*. — 1643 *A B* par mestrie. — 1644 *A B* sa ch. — 1645 *C omis*, *D* fu p. — 1646 *C* Il s'apensa, *D* Il se porpense, *D* tricherie. — 1648 *A B* il apela. — 1649 *A B* or ne me faillies m. — 1650 *C* Ainz en i. — 1652 *A B* Que a moi viegne, *C* et si ne demore mie, *D* si gart

« .XIIII. mil amoint de ses meschines.
« Je lor dorrai Nerbone tote quite
1655 « Que a force ai sor Aymeri conquise.
« El mois de mai que la rose est florie,
« Desoz Nerbone grant est la praerie
« Et li onbrajes de la mananderie ;
« La se poront deporter et deduire.
1660 « O vos menrez Sarrazins .xxx. mile
« Ques conduiront par les vax de Tubie :
« Que l'en nes gait au port soz Aumarie
« Qu'eles ne soient enconbrées ne prises ! »
Et dit Auquaires : « Molt volentiers, biau sire,
1665 « Irai je el mesaje. »

LXVI

Li Sarrazin ne vodrent prendre terme :
De beles armes se conroient et vestent ;
.XXX. mil furent a aubers et a elmes ;
Vindrent sor mer tot droit as basses terres ;
1670 Trovent les nés aaisiées et beles ;
Dedenz entrerent la pute jent averse ;
Notent et tinbrent et harpent et vielent,
Par mi la mer se najent et governent,
Et arrivent au port soz Muciterne.
1675 En Femenie conterent les noveles
A Clarissant et as autres puceles.

qu'elle no laist mie. — 1654 *A B* la garnie, *D* en baillie. — 1655 *A B* Que par force ai, *D* Que j'ai p. f. gaagnie et conq. *C ajoute :* Ci ert l'assalt des chrs. d'Egite, | De cels de Cordres et de cels de Sebile. — 1656 *A B* l'erbete. — 1657 *A B* bele, *C* est la grant paerie. — 1658 *C* des alemanderies, *D* Et biax l'o. et l'erbe est reverdie. — 1661 *A B* Conduiront les, *D* Tramie. — 1663 *C* Que ne soient... desconfites. — 1664 *C* Volentiers. — 1665 *A B* Je i.

LXVI. *D* rime en ié. — 1670 *C* les nes t. — 1671 *A B* Si entrent enz, *C* li sarr. chaele. — 1674-1683 *A B* omis.

.XIIII. mil s'en conroient de beles
Des plus cortoises qui furent en la terre.
Portent oisiax et moinent fieres bestes,
1680 Sinjes privez et calandres et melles ;
Jusqu'a la mer ne finent ne ne cessent ;
En .xxx. nés drecent voiles et perches,
Par mi la mer se najent et governent
Droitement a Narbone.

LXVII

1685 La jent paiene que li cors Deu cravant,
Ont a Nerbone pris lor herberjement.
L'amiráls monte sa tor de maintenant.
.XX. aumaçor et .xxx. roi puissant
Droit a la tor vindrent esperonant ;
1690 Dame Hermenjart apelent en riant :
« Franche contesse, car issiez ça avant ;
« Si parlerez a Corsolt l'amirant.
« Se volez fere son gré et son talent ;
« Il vos dorra un riche roi puissant ;
1695 « .XIIII. contes avrez des plus vaillanz
« Qu'onques ne fu danz Aymeris li blans,
« Qui au mangier vos serviront devant. »
Ele s'escrie : « Taisiez, mauvese jent,
« Qui si m'avez traïe malement.

1678 *C* la cité. — 1684 *A B* de N. —
LXVII. 1685 *C* li cuivert mescreant, *D* Nagent p. — 1686 *C D* omis.
— 1687 *A B* Li a. monte de m., *C* isnelement. — 1688 *C* Amoraves..., persant. *D* .x. Almaçor. — 1689 *A B* qui a la t. — 1690 *C* apela. — 1691 *C* i. ça fors au vent, *D* issiez un peu avant. — 1693 *C* Se vos fetes, *D* son bon. — 1694 *A B* Je v. d., *C* persant. — 1695 *A B* poissant, *C* XV c. a. preu et v., *D* .xiiii. turs avra il plus v. — 1696 *D* n'ot A. le ferrant. *et ajoute :* Et si avrez riche conte puissant. — 1697 *C ajoute :* Mielz que ne fist quens A. li blans. — 1698 *C* car cecés chien puant. — 1699 *C* omis, *D* Trop

1700 « Forz est la tor, n'i enterrez oan ;
« Toz li mortiers en fu pestri a sanc ;
« Vos i poez piquier jusqu'a .x. anz,
« N'en abatrez solement plain un gant.
« .C. dehait ait Mahon et Tervagan
1705 « Et tuit icil qui en els sont creant,
« Que vitaille ai ceenz a mon talent
« Et chevaliers avuec moi jusqu'a cent ;
« Vos les verrez deci a po de tens. »
L'amirals l'ot, a po ne pert lo sens.
1710 Mil sarrazin s'escrient hautement :
« Sire amiral, que te vas atardant?
« Assailliez les et derriere et devant
« A pis d'acier et a cisiax trenchanz ;
« De cele tor lor abatrons les pans. »
1715 Dist l'amirals : « Je n'en ferai neent ;
« Maumis seroit l'azur et l'orpiment
« Et le cibuire seelé a arjent ;
« Que leenz ont vitaille povrement,
« Jes en trerai afamez et dolenz ;
1720 « Si avrai la tor saine. »

LXVIII

Or a li rois toz ses fès aconpliz,
Ne mès la tor dont il n'est pas sesiz ;

m'avez or t. — 1701 *A B* car li m... boulis a s. — 1702 *A B* .VII. anz — 1703 *A B* abatriez mie p. vostre g. — 1704- 1705 *A B* omis. — 1706 *A B* V. avons...a no t., *D* Je ai v. — 1707 *A B* entreci que a., *D* .IIIIxx. voire a c. — 1708 *A B* omis. — 1709 *C* sanc, *D* a poi d'ire ne fant. — 1710 *C* III s., *D* c s... li c. *A B* escrient. — 1711 *C* que vas tu demorant, *D* Frans a. — 1712 *D* Assauz la tor, *A B* Assalons les et. — 1714 *C* enfondron, *A B* abatons, *D* abatrons cel auvanz. — 1717 *D* Et la richece seelée a a. *C* Et li mortiers qui fu fez de cler sanc. — 1718 *A B* Et l., *D* ont l. — 1719 *A B* Les, *D* Ses. — 1720 *C* Et, *D* Puis.
LXVIII. 1721 *A B* L'amiral a, *C* bonz a. — 1722 *A B* Fors que

En Femenie en a ses mes tramis
Por Clarissant au jent cors seignori,
1725 Et en Espaigne envoia Aymeri
Que cuide fere a grant honte morir;
Si l'ont monté sor un povre roncin.
Paien chevauchent joios et esbaudi,
Et li quens fu coreciez et marriz;
1730 Il a ploré et jeté granz sospirs;
Deu reclama qui onques ne menti,
Et nostre Sire nel met pas en obli,
Ainz li envoie secors, soe merci.
Des porz d'Osaut repaire Guibelins
1735 A .xxx. mile de chevaliers hardiz;
Bien a gasté lo regne as Sarrazins,
.X. citez fretes, .xv. chastiax conquis,
Molt en amene chetives et chetis,
Turs et Turcoples, Acoparz et Hermins :
1740 Entr'els i a .IIII. rois Sarrazins
Qu'il ot en champ vaincuz et desconfiz;
Cil enpliront lo tresor Aymeri.
Guiberz regarde, si a paiens choisi;
Vint a ses jenz, fierement lor a dit :
1745 « Veez ci flote de marcheanz venir.
« Adobez vos, seignor, vostre merci
« Que ne soions engignié ne sospris. »
Et cil ont dit : « Tot a vostre plesir. »
Isnelement se sont a terre mis;

la t. — 1723 D avoit. — 1824 D la belle o le cler vis. — 1727 A B C omis. — 1728 A B enchaucent. — 1729 C Aymeri f. — 1730 C Tendrement plore li frans quens seignori. — 1732 C Lo roi del ciel, A B mist. — 1734 C repera. — 1736 A B Tout a, C Arrabiz. — 1737 A B Et .xv. c. pris. — 17 38 A B Et m. a., C M. amena. — 1739 A B omis, D et Lectis — 1740 A B IIII mil sarr., C Si amena. — 1741 C Que en champ ot. — 1745 A B Ça voi un bruit d., C ajoute : Et confanons i voi deci a mil. — 1746 A B franc chevalier gentil. — 1747 C n'i s. — 1748 C Et il dient ja n'en serez desdiz, D Et cil respondent tot a v. devis. — 1749 C arriere m.

1750 La veïssiez tant blans aubers vestir,
Lacier tanz elmes et ceindre branz forbiz,
Tanz chevaliers desor destrier saillir.
Li rois Guiberz en apele Aufelin,
Un chevalier corajos et hardi,
1755 Et li a dit : « Alez avant, amis,
« Por demander se ce sont Sarrazin
« Ou marcheant qui vienent lo chemin. »
Et cil respont : « Ja n'en serez desdiz. »
Point lo destrier, a l'encontre lor vint,
1760 Si lor demande qui il sont en latin ;
Et cil ont dit, qui ne deignent mentir :
« Nos somes homes Corsolt lo fil Sorbrin.
« Prise est Nerbone, s'enmenons Aymeri
« En Babiloine, en l'amirable cit ;
1765 « La le ferons a grant honte morir.
— Mal l'avez dit, gloton, » dit Aufelins,
« Mes sire est li frans quens Aymeris :
« Dedanz Nerbone molt soëf me nori,
« Si m'adoba et chevalier me fist. »
1770 Lo destrier point, si a l'espié brandi,
Fiert un paien orgoillos et eschi ;
L'escu del col li a fret et parti
Et lo auberc derrot et desarti ;
Par mi lo cors li met l'espié bruni

1750 *C* les b., *B* les haub. bl. v — 1751 *C* Hiaumes l.— 1752 *A B* omis. — 1753-4 *C* omis.— 1755 *D* Si li a d. — 1756 *D* Car demandez s. — 1758 *A B* Et il r. tot a vostre plesir. — 1760 *C* Si li d. qui sont et de quel lin, *et ajoute* : Et se il sont paien ou Sarr. — 1761 *C* Et cil d., *A B* qu'il n'en d. — 1762 *A B A C.* sommes qui fu f. a Sorbin, *D* Tuit s. homs au riche r. S., *et ajoute* : Et si creom Mahom le poestif. — 1764 *A B* cele a. c. — 1766 *C* Mal le deïtes, ce a dit Aufelis. — 1767 *A B* preuz q. — 1768 *C* En N. *A B* Et a n. — 1769 *A B* Il m'a, *D* omis. — 1770 *C* et son esp. br., *D* broche. — 1771 *C* qui molt estoit hardi, *D* qu'il a premier choisi. — 1772 *A* failli. — 7713 *A B* desmaillié et parti. — 1774 *C* l'acier

1775 Que mort l'abat del destrier arrabi ;
Tire sa resne si est d'ax departi.
Paien l'enchaucent deci qu'a .IIII. vint
Qui li lancierent maint roit espié forbi ;
Ne le tochierent, Deu ne vint a plesir ;
1780 Auberc ot fort qui de mort lo gari,
Destrier isnel qui tantost le ravi.
« Seignor baron, » dit li rois Guibelins,
« Nostre mesaje s'en vient tot ademis ;
« Mien escient aucuns en a ocis.
1785 — Seignor, sachiez ce sont ci Sarrazin.
« Rengiez vos tost et pensez del ferir,
« Car n'en iront sanz perte. »

LXIX

Li rois Guiberz fu preuz et vertuos,
Hardiz as armes et fiers et corajos.
1790 A .M. François comanda ses prisons,
De toz les autres a fet ses conpaignons
Qui volentiers lo sivent par amor.
Granz fu la plaigne et larjes li sablons ;
Li rois Guiberz chevauche Pliemont,
1795 Un vair destrier qui fu a l'aumaçor

forbi. — 1775 C Mort l'abati D o il sist. — 1776 C Vire, D Torne s... molt tost s'an d. — 1777 C .XIIII. mil. — 1778 A B omis, C Et li lancent .L. espiez forbiz. — 1779 A B li cuvert malei, C Ne le tochent, D N'en tochent mie. que Jhu. le gari. — 1780 A B omis — 1781 A B Cheval isnel ot qui tost le ravi, D ajoute : Li rois Guiberz son messaje choissi, | Qui s'en venoit a force et a estrif, | Il en apele ses homs d'antor li. — 1782-1784 omis dans B. — 1784 A il a folement dit. — 1785 C Seignor baron ice sont s., B ce dist, ci s., 1786 C Or vos r., A B a f. — 1787 C Qu'il, D Et n'en i.

LXIX. D rime en on. — 1788 A B durement voisons. — 1789 C preuz et c. — 1790 D mil paiens. — 1791 C Et des a. — 1792 C Qui le s. v., A B servent. — 1793 A B igaus li s. — 1794 C Fiermont, D Painnemont. — 1795 C noir. — 1798 A B de la n'es-

Que il conquist desoz Inde maior.
Sarrazin voient que il ne la garront
Et sanz bataille pas n'en eschaperont ;
Po furent jent, si lessent les prisons,
1800 Fuiant en vont par mi un val parfont ;
Franc les enchaucent qui aesmé les ont :
Qui il consivent il est morz a dolor ;
N'en eschapa ne mès que uns toz sols ;
Icil ot non Murgalant de Monflor,
1805 Rois fu d'Egite, a merveille orgoillos,
Destrier ot bon corant et ravinos,
Broche le bien, et il cort de vigor,
L'anste brandi a tot lo confanon,
Guibert feri en l'escu au lion,
1810 Desoz la bocle li peçoie et confont
Et lo auberc li desmaille et derront,
Lez lo costé li mist lo confanon,
Enpoint le bien et bote par tençon,
Mès onc li rois n'en deguerpi l'arçon,
1815 Mès a l'espée dont a or est li ponz
Le va ferir desus l'elme roont,
Totes les pierres en devale et confont,
Tot le copa entreci qu'al pomon ;
Trois moz li dit par contralioison :

chaperont, *C* Sanz bataille p. — 1799 *D* lié, s. — 1800 *A B* profont, *C* si s'en fuient, *D* s'entornent. — 1801 *A B* qui bien ataint les ont. — 1802 *A B* En ateignant les decoperent touz. — 1803 *C* fors 1 trestot sol. — 1804 *A B* Et cil ot n. — 1805 estoulz et o. — 1806 *A B* et fort et r. — 1807 *A B* il li court par v. — 1808 *C* o fu li c., *D* destort li c. — 1809 *C* a l., *D* Et fiert G. — 1810 *A B* desront, *C* Soz la b. — 1811 *A B* Et del haubert les mailles en confont, *D* Le bon h. — 1812 *A B* Jouste le cors. — 1814 *A B* ne chel del arçon, *C* deguerpi arçon *D* Mès li vassaux n'en guerpi ainz l'a. — 1815 *C* A Aigredure. — 1816 *C* L'ala f., *A B* son e, *B* son escu — 1817 *A B* omis, *C* Que les pierres, — 1818 *C* deci a l'esperon, *D* arçon. — 1819 *D* mist.

1820 « Otre! paien, fil a putain, gloton,
« Dex destruie ta jeste! »

LXX

Molt par fu liez li frans quens Aymeris,
Quant fu rescos et si borjois gari;
Tel joie en a que toz li cuers li rit.
1825 Mès liez fu, ne se pot eslargir,
Et neporquant si broche lo roncin,
Par mi lo champ s'en vint a Guibelin;
Si li demande : « Estes vos ce, biax filz? »
« Oïl voir, pere, » li enfes respondi,
1830 « Qui vos navra, ja mès n'ert mes amis ».
Sor l'erbe vert le descent del roncin
Et a s'espée li trancha lo seïn ;
As piez li chiet si li crie merci :
« Que ferai je, sire, » dit Guibelins,
1835 « Irai m'en je, ou fuirai en essil?
« En hermitaje m'en devroie foïr.
« Je vos deüsse et garder et chierir,
« Si vos lessai comme dolenz chetiz. »
Dist Aymeris : « Jel te pardoig, biax filz ;
1840 « Se ce feïs, jel comandai ainsi.
« Li rois Corsolz m'a malement bailli,
« Arse a ma terre et gasté mon païs

1821 *D* maldie.
LXX. *D* rime en i. — 1822 *C* le conte A. — 1823 *A B* ossi. —
1825 *C ajoute* : Que liez fu de fort corde de lin. — 1826 *C* a point
— 1827 *C* ala a G. — 1828 *C* Et li d. — 1829 *A B* sire, *C* Oïl
biau p. Guib , *D* Guilbert r. — 1830 *A B* onc ne me fu amis, *C*
ne fu jor mes a. — 1831 *A B* Desus l'erbe, *D* Lors descendi sor l'a-
bre do roncin. — 1832 *C* A s'espée li copa. — 1833 *A B* cria, *D*
Au pié — 1835 *A* M'en irai je, *B* M'en fuirai je, o irai je en e. —
1836 *A B* omis, *D* chestivage — 1837 *C* chier tenir. — 1838 *A B*
Lessié vos ai, *C* Je vos l., *D* con dol anz et c., *D* Respont li peres.
— 1840 *A B* Tu le f... issi, *D* Se tu l'as f. — 1841 *A B* seri.

« Et ma cité et mon donjon a pris,
« Et moi navré de son espié forbi
1845 « Par mi lo cors, que ja n'en quit garir. »
Et dist Guiberz : « Biax pere, mal le fist;
« Conparra lo, se Deu plest et je vif.
« Se Dex me sauve et freres et amis. »
.I. oignement a demandé et pris,
1850 Vint a son pere, en la plaie li mist,
Puis li benda les flans a un ceinsil.
Armes demande li preuz quens Aymeris :
El dos li vestent un blanc auberc treslis,
El chief li lacent un vert elme bruni,
1855 L'espée çaint dont li brans fu forbiz,
Au col li pendent un fort escu voti,
Baillié li ont un espié poitevin
Et l'ont monté el destrier arrabis
Dont Guiberz ot lo sarrazin ocis.
1860 Or lerons ci del preu conte Aymeri.
Huimès devons as enfanz revenir,
Au conte Hernaut, a Buevon, a Garin
Et a Guillaume d'Orange lo marchis

1843 *C* demoine a p. — 1844 *D* d'un roit e. — 1846 *A B* Certes molt mal le f. — *A B* omis. — 1848 *D* peres et a. — 1849 *A B* quis. — 1850 *C* en ses plaies, *D C* l'a mis. — 1851 *A B* S'il, *C* les f. et lo piz, *D* benderent d'un bliaut de samit. *C ajoute :* Quant ce ont fait et après un petit. — 1852 *D* bonz, *C* li cortois A. *C ajoute :* L'en li aporte a itant devant lui. — 1853 *C* li li vestent, *A B* Il li vestirent, *D* bon a. — 1854 *A* Si li lacent, *B* Et puis, *C* Et li metent el chief l'eaume flori. — 1855 *C* qui a lo b., *D* Puis li ont ceint un branc d'acier. — 1856 *C* d'azur bis. — 1857 *C* La hante est roide et l'acier poitevin, *D* Prist l espié au confanon asis, | L'ante en est droite et acier poitevin, *C ajoute :* A V clox d'or lo confanon assis. — 1858 *C* Si le montent. — 1859 *A B* omis, *D* le riche roi o. — 1860 *C finit la strophe ici ;* Or nos lerons del franc conte Ay., | Ci commence barnaje, *puis recommence une nouvelle strophe toujours assonancée. D* Or est rescox le preu conte Ay. — 1862 *A B* C'est a Ernaut, *D* Do conte H. — 1863 *C D* lo hardi

Et a Bernart de Brubant lo hardi,
1865 Qui a Nerbone vienent a Aymeri
A .xxx. mil de chevaliers hardiz.
Descendu sont soz lo pui de Monbrin,
Gardent sor destre par delez un chemin,
De Femenie ont l'estoire choisi :
1870 Dames i a jusqu'a .xiiii. mil
Et .xxx. mil de felons Sarrazins.
Devant el chief voient Mahom venir
Et l'estandart Corsolt, cel arrabi,
L'or et les pierres qui forment resplendist,
1875 Tot en reluist la terre et li païs.
As armes corent li fil dant Aymeri.
Ci commence barnaje.

LXXI

Granz fu la plaigne par desoz Roche Agniere ;
N'i veïssiez ne conble ne bruiere,
1880 N'i trovissiez jeneste ne fochiere,
Fors l'erbe vert florie en la jonciere ;
Li auferrant a lor piez la marchierent,
Bone fleror lor en vint a la chiere ;
François chevauchent les lances abessiées,
1885 Cortoisement adobent lor eschieles.

1864 *C* lo flori, *D* lo marchis, *C* ajoute : Et au lignaje qui tant par fu hardi.— 1866 *C* Chascun a tot .x.m. fervestiz, *B* de pris.— 1868 *A B* Si ont gardé, *C* amont lez .1. c. — 1869 *D* le puelle c.— 1870 *A B* Femmes, *D* plus de. — 1872 *C* Par devant ax. — 1873 *C* li arrabi, *D* Corsuble l'a.— 1874 *D* qui luist et r.— 1874-5 *omis dans A B.* — 1875 *C* Tote reluist la terre.

LXXI. *Ce couplet manque dans D.* — 1878 *C* es chans soz la rochiere. — 1879 *omis dans A B.* — 1880 *A B* bruiere.— 1881 *C* Que l'erbe fresche f. en la podriere. — 1882 *C* Folée fu dès auferranz corsiere ; A B, dont nous avons adopté la leçon, placent ce vers après le suivant.*— 1884 *B* les l. abessierent, *C* o les l. descies. — 1884 *C* ajoute : Et Sarr. arrangent lor mesnies. — 1885 *A* lor

La veïssiez tante pointe eslessiée,
Tant escu fret, tante tarje perciée ;
Des abatuz fu la terre jonchiée.
As premiers cox Mahomet abatierent
1890 Et l'estandart par terre trebuschierent ;
Et les puceles en furent esmaiées,
Entor Mahom se tenoient rengiées,
Tordent lor poinz et lor chevex tirierent.
Paien saillirent, la pute jent entiere,
1895 Qui ont tel duel a po que n'erragierent ;
Et li François durement les requierent,
Quant venu sont ensenble.

LXXII

Forz fu l'estor soz lo pui de Monbrin ;
Turc et François furent ce jor voisin.
1900 Onques paiens por poor n'i guenchi,
Ne chevaliers n'i fu de joindre eschiz.
La veïssiez un estor esbaudi,
Tante hanste fraindre et tant escu croissir,
Tant bon auberc desmailler et faillir,
1905 Tant poing, tant pié, tante teste tolir,
Sanc et cervele contre terre jalir,

mesniée, *B* lor mesnie adouberent. — 1886 *B* A l'asembler tante lance brisierent. — 1887 *B* Et tant escu, tante targe froissierent. *C ajoute :* Et tante lance par troncon debrisie. — 1888 *B* tote l'erbe jonchierent, *C ajoute :* Li destrier fuient lor resnes traînées. — 1889 *C* prist Mahon la versée, *A B* abatierent. — 1890 *C* fu par terre volée. — 1891 *A* esbahies, *B* durement s'esmaierent — 1892 *B* trairent et rengierent. — 1893-5 *omis dans C*. — 1896 *C* Et li Franç. et paien as espées.

LXXII. — 1899 *C* Franc et paien, *D T.* et Persant. — 1900 *C* Que onque .i. por p. — 1903 *A D* fraite... croissi. — 1904 *A B* Et tant auberc., *D* faussir. — 1905 *A B* Tant pié, tant point. — 1906 *omis dans A B*.

L'un mort sor autre trebuchier et chaïr;
Tote jor dure la guerre et li estris,
De ci al vespre que paien sont guenchi.
1910 Bien les requierent li fil dant Aymeri;
De chanp les gietent la Damedé merci,
A lor espées nues.

LXXIII

Quant Sarrazin furent de chanp jeté,
A molt grant poine sont des nos desevré.
1915 A .xxx. mil par conte tot nonbré,
Par itant furent as dames chadeler
Et a l'estor commencier et lever,
N'en est de toz que .III. mil eschapé;
Cil sont es cors et plaié et navré,
1920 Les escuz frez et les aubers faussez.
A une part se sont el chanp torné,
Virent Mahom par terre craventé
Et l'estandart dant Corsolt l'amiré
De l'autre part trebuchié et versé,
1925 Environ li les puceles plorer;
Tel duel en ont a po ne sont desvé;
Mahomet jurent et Apollin lor dé
Ja ne fuiront de bataille chanpel.
Bessent les lances, si sont alé joster,

1909 C Jusq'au v... ont g. — 1911 A B Du c., C chacent.
LXXIII. — 1913 A B du c. — 1914 A B A p. g., C A grant poine.
— 1915 C tuit p. c. n.— 1916 C Que itant, A B Qui mis estoient
as dames amener. — 1918 C D des lors q. — 1919 A B ferus et
n., D Si sont el cors et lor destriers n.— 1920 C Et les escuz et, C
D safrez, C ajoute : Ont derrompu et toz esqartelez. — 1921 C D
del c., D Par .I. petit s'est. — 1922 C Voient, A B a t. — 1923 C
Corsolt li amirez, D Corsuble l'a. — 1925 A B Et environ l., D
Environ aux les danzeles p. — 1927 C ajoute : Et Tarvagant qui
tant par fu sené. — 1928 A B pour b., C ajoute : De maintenant
se furent adobé. — 1929 C Lances bessies ressont a.

1930 Et li François nes ont pas refusez;
Fierent et chaplent des espées del lé,
Et des espiez trenchanz et afilez.
La veïssiez un estor communel,
Tant hanste fraindre et tant escu troer,
1935 Et tant auberc derronpre et descirer,
Tant pié, tant poing, tante teste coper,
Sanc et cervele encontremont voler,
L'un mort sor autre verser et raoler.
As Sarrazins en est mal encontré,
1940 N'en est des lor que .i. sols eschapez
Qui ne soit morz, ocis ou afolez :
Ne mès Auquaires li niés a l'amiré.
Cheval ot bon, par tant s'en est tornez,
Par mi les rens en est fuiant alez,
1945 Desor senestre est son chemin remes,
Une autre voie sor destre en est tornez,
Par ou il quide droit a Nerbone aler.
Molt ala tost, se ne fust esgarez;
Florent l'enporte corant et abrivé.
1950 Jhesu de gloire qui en crois fu penez
Et vint en terre por lo monde sauver,
Li doinst anuit en tel leu assener
Por quoi François resoient hérité
De la cit de Nerbone!

1930 *D* Mès nos F. — 1931 *C* Qi les fierent des espées des lez. — 1934 *D* qaser. — 1935 *A B* depaner, *D* Tant blanc hauberc... decaser. — 1937 *omis dans C, D* contre terre v. — 1938 *omis dans A B, D* L'un mort sor l'autre trebuchier et verser. — 1939 *C A* Sarrazin, *D* Au S. — 1942 *A B* Fors que A., *C* Ce est A. — 1943 *A B* Isnelement en est fuiant t., *C* est eschapé. — 1944 *omis dans A B, D* amblé. — 1945 *A B* Devers, *D* Desus, *C* sa voie. — 1946 *A B* De l'autre part est a destre t., *C* A autre v. desor d. est alez. — 1947 *C* Ou il q. — 1948 *omis dans A B, D* Molt par vet t. — 1949 *A B* tous abrievez. — 1950 *A B* Et J. Crist, *D* le rois de majesté. — 1951 *A B* son pueple. — 1952 *A B* ancui, *D* la nuit. — 1953 *A B* raient lor herité. — 1954 *A B* la cité de Narbone.

LXXIV

1955 Plest vos oïr com li nostre ont erré ?
Ainz que l'estor-poïst estre afiné,
Fu nuit oscure, nus n'i choisi son per,
Ne confanon ne bessier ne lever.
Entre les morz sont li vif ostelé ;
1960 Desore l'erbe firent tendre lor trez ;
N'i a cheval qui se voille esfreer,
N'i a vassal qui ne soit ahanez.
A mangier font as puceles porter
Qu'il ont conquises des Turs et des Esclers ;
1965 Prou lor en donent, que il en ont asez,
Que Sarrazin i orent aporté
Et aconduit par mi l'eve de mer.
Mès d'une chose sont François malmené
Que danz Bernarz de Brubant la cité
1970 I fu el cors de .IIII. espiez navrez.
Il li deslacent lo vert elme jemé
Et li desceignent lo bon branc aceré,
Del dos li traient lo blanc auberc safré,
Et lo bliaut de paile gironé :
1975 Tot remest nuz jusqu'as braies oster.
Les mortex plaies li ovrent del costé,
Li sans en salt et li dus est pasmez.

LXXIV. — 1956 *C* estoire p. estre finé. — 1957 *C ajoute :* N'i veïssiez ne lancer ne ruer. — 1958 *D* ne hante ne l. — 1960 *D* Entre les mort ont fet tandre lor tref, *A B* Desus l'erbete. — 1962 *D* qui se vueille enh. — 1963 *C* As puceles font a m., *D* As demoiseles. — 1964 *A B* Que conquis ont. — 1965 *B* Molt l., *C* Il lor en d. — 1966 *C D* li orent, *C* amené. — 1967 *C* la haute mer, *D* Et la conduirent par haute eve de m... — 1968 *C ajoute :* Et mal bailli et trop mal enconbré. — 1969 *A B* Car d. — 1970 *A B* Fu a l'estor d... — 1972 *A B* Osté li ont, *C* Et desceignent., *A B* son b. — 1973 *A* Del cors, *D* lo bon a. ferré, *C* Si li tr. — 1975 *D* dusqu' al b. — 1976 *A B* voient en ses costez, *C* muevent. — 1977 *B*

       La veïssiez si grant duel demener,
       Tordre tant poing et tant chevel tirer ;
1980   Plore Guillaumes li marchis au cort nés,
       Hernauz et Bueves et danz Garins li ber,
       Et se clamerent chetif, maleüré :
       « Hui muert li melz de nostre parenté ! »
       Mès as puceles en a pris grant pité ;
1985   La mestre d'ax fist forment a loer :
       « Seignor François, » dist ele, « ne dotez :
       « Je l'avrai ja gari et respassé. »
       Entre ses braz prist lo conte soef,
       Dist .iii. paroles de sainte Trinité
1990   Et de la croiz de la crestienté,
       Dont estanchierent les plaies criminel ;
       Et de vin blanc li a fetes laver ;
       Un oignement tret d'un escrin paré
       Qui contrevaut tot l'or de .x. citez ;
1995   De tot l'avoir a trois rois coronez
       Ne seroit il esligiez n'achetez.
       Quant Jhesus Criz fu en la croiz penez,
       Que Juï l'orent batu et flajelé,
       Li trois Marie l'alerent visiter.
2000   Nicodemus dut la boiste garder ;

s'est p. — 1978 *C* tel dolour, *D* si grand dolor mener. — 1979 *omis dans A B.* — 1981 *C* Et dant H. de Gironde sur mer | Et dant Garin d'Anseüne li ber | Et danz Bueves de Conmarchis l'osé. — 1982 *C* Et se clament. — 1982-3 *omis dans A B.* — 1983 *D* de nos amis charnés. — 1984 *C* As p. en prent grant pieté, *D* As demoizeles. — 1985 *A B* La lor mestresse. — 1986 *C* Seignor baron, dit la bele, or oez, *D* Segor, dist ele, François, ne vos dotez. *C ajoute :* Ice vos di par fine verité. — 1987 *C* Que tost l'avrai, *D* Je vos avrai. — 1990 *omis dans A B, D* et de la cruelté. — 1991 *A B* Si e., *C* estancha la p. — 1992 *D* De bon v. b. les li a fet. — 1993 *A B* doré. — 1994 *A B* d'une c., *C* Qui bien valoit l'avoir de .x. c. — 1995 *A B* Pour t. l'a. de la crestienté, *D* .ii. r. gironez. — 1996 *A B* enseigniez n'a. — 1997 *D* Q. nostre Sire. — 1998 *C* Et J. — 1999 *C ajoute :* Cel oignement orent fet acheter, | En une boiste

En Femenie l'en fist Longis porter :
Lo païs aime por ce qu'il en fu nez.
Les mortex plaies en a fait aesmer,
Dedenz tochier et defors adeser,
2005 Et un petit l'en fist lo col passer,
Et puis drecier et en estant lever,
Ez vos lo conte gari et respassé.
La veïssiez grant joie demener :
« Seignor baron, » ce dit Hernauz li ber,
2010 « Je sui toz sains, la merci Damedé :
« Onc si legiers ne fui en mon aé. »
Onc tel avoir n'ot li rois Desramez,
Sansses li forz ne Tiebauz li esclers,
Ne l'amirals d'otre la Roje mer,
2015 Com nos François ont el champ conquesté :
Et si nel sevent mie.

LXXV

François se ventent, por les dames s'orgoillent ;
Cele nuit jurent entre l'eve et la broille :
Ni a cheval qui esfreer se voille ;
2020 Auquaires point, durement s'esviguore,
Et trespasse la terre.

---

onques n'oï sa per. — 2001 *C* la f. Longus. — 2003 *C* meciner. — 2005 *C* Un petitet. — 2006 *C* Sel fist drec...ester. — 2007 *C* la j. — 2010 *A B* Or sui. — 2011 *D* Ainz, *C* Que si l. — 2012 *A B* Ne tel a, *D* Ainz. — 2013 *omis dans C*, *D* Sanson, ne dant T. l'e. — 2014 *A B* ne Sarr., *C* contre. — 2015 *A B* Com ont F. ens el c., *C* Com li F. ont ilec conq. — 2016 Si ne le s., *D* Mès il no s. mie. — 2018 *C* La nuit j. — 2019 *C* qui sovent ne se moille, *D ajoute* : N'i a vassal qui de l'anhan se duelle, | Et l'erbe fresche an sanc vermeill se baigne. — 2020 *C* qui tote la nuit veille, *D* Qui durement s'eslongne.

LXXVI

    Auquaires broche et passe lo païs,
    Isnelement, ne prist cesse ne fin ;
    Aler quida au fil lo roi Sorbrin,
2025 Droit a Nerbone, a Corsolt l'Arrabi ;
    Mès il i a de tot en tot failli,
    Assenez est au franc conte Aymeri
    Et a Guibert lo menor de ses filz.
    En une lande de loriers et de pins
2030 Trove enbuschié lo conte avuec son fil,
    Et li paiens s'en fuit tot ademis,
    Que n'en sot mot jusqu'en l'agait fu mis :
    François le corent de totes parz sesir,
    Espées tretes, qu'il le vuelent ferir.
2035 Il lor cria : « Por Mahomet merci !
    « Ne me tochiez, franc chevalier hardi ! »
    Demanda lor qui il sont en latin,
    Et cil ont dit qui ne vuelent mentir :
    « Nos somes homes lo preu conte Aymeri
2040 « Et dant Guibert lo menor de ses filz,
    « Et hui matin l'escost a Sarrazins ;
    « En Babiloine l'enmenoient chetif.
    — Por Mahomet, » Auquaires respondi,

LXXVI. — 2022 *A B* point, *C* qui p., *D* s'eslongne le p. — 2023 *C* qui onques ne prist fin. — 2024 *A B* tot droit au f. S., *D* Aler s'an cuide.— 2027 *A B* preu c., *D* au conte Naymeri. — 2030 *A B* enbuschié Aimeri et son f., *D* le conte et son f. — 2031 *C* s'en va. — 2032 *C* Onc... quant la dedanz fu mis, *D* Ainz.... tres qu'an l'ag. — 2034 *C* le voloient f., *D* vont le paien f. — 2035 *A B* Par M., *D* escrie. — 2036-7 *omis dans C.* — 2037 *D* Si lor demande. — 2038 *A B* Et il ont dit que n'en deignent m., *C* Et cil dient, *D* Cil responent qui n'an veilent mentir. — 2039 *A B* Des homes s., *C* au p., *D* lo conte Naimeri. — 2041 *omis dans A B.*

« Tant par foisonnent li fil dant Aymeri !
2045 « Or quidoie estre respassez et gariz,
« Et je me sui en lor linaje mis. »
Il le menerent devant lo viel flori.
Il fu cortois, a la terre s'assist.
Premiers l'apele danz Guiberz li marchis :
2050 « Sarrazin frere, » ce a dit Guibelins,
« Ton escu voi peçoié et maumis,
« Et ton vert elme enbarré et croissi
« Et ton destrier voi de corre alenti,
« Toi voi sanglant et ta chiere et ton vis ;
2055 « Bien senbles home qui d'estor soit partiz.
« Ou vas? Dont viens? Ou alas? Que queïs?
« Or di verté, garde que ne mentir,
« Ou, par celui qui en la croiz fu mis,
« Je te ferai toz les menbres tolir,
2060 « Ardoir en feu et fere male fin. »
Et cil respont, ja n'i avra menti :
« De Femenie reperoie hui matin,
« Dames menoie jusqu'a .xiiii. mil,
« Et .xxxm. de cortois Sarrazins,
2065 « Et descendismes soz lo pui de Monbrin
« En une lande de loriers et de pins.
« La trovai .v. des filz dant Aymeri ;
« Ier tote jor a ax me conbati.

2044 *A B* le parage A., *C* Tant foisonnent. — 2046 *C* entre ses parenz m., *D* Et or me s. — 2047 *B* mennent, *C* Il l'amoinent. — 2049 *A B* Si l'apela. — 2050 *D* ce li dist. — 2051 *C* et froé et m. — 2052 *A B C* Et ton elme, *C* et quassé et c. — 2053 *D* est de c. — 2054 *C* Si voi s. et ton cors et t. — 2055 *C* Home sembles qui soit d'estor p. — 2056 omis dans *A B*, *D* que demandes, que diz. — 2057 *C* Di verité, *D* Diz moi verté, garde ne me m. — 2059 *C* ajoute : Et te ferè de male mort morir. — 2060 omis dans *A B*, *C* ajoute : Noier en eve, afonder et perir. — 2061 *D* n'an sera manti. — 2062 *C* reperai. — 2063 *C* Femes menai, *D* dusc'a .xiiii. m. — 2065 *C* Descendismes, *D* Descendu furent desoz l'onbre d'un pin. — 2067 *B C* La trovai je .v. des filz *A*.

« Mi conpaignon i furent tuit ocis
2070 « Fors que mes cors qui en eschapai vis.
« Trestote nuit ere ça afoïz,
« Aler quidoie au fil lo roi Sorbrin,
« Droit a Nerbone a Corsolt l'Arrabi,
« Por lo domaje raconter et jehir
2075 « A Corsolt de sa perte. »

LXXVII

« Sarrazin frere, » dist Aymeris li ber,
« Je connois bien ce destrier que avez :
« Florent a non, si fu Gaudin l'escler,
« Un Sarrazin seignor de Duresté;
2080 « A Finamonde li fis lo chief voler,
« S'en amenai lo destrier sejorné,
« .V. anz lo fis a Nerbone garder;
« Par nuit me fu en mes chanbres enblez,
« Or le me ra vostre sire amené.
2085 « Folement estes venuz et assenez :
« Vostre seignor me voloit ardre el ré,
« Devant Nerbone l'amirable cité;
« Je vos ferai toz les menbres coper,
« Ardoir en feu et la podre venter,
2090 « Se ne volez Damedeu aorer.
— Aymeri sire, » dit Auquaires li ber,

2070 *D* Ne mès mon c., *C* eschapa. — 2071 *A B* fui je, *D* m'an sui ça a. — 2072 *C* au r. — 2073 *C* Vers N. — 2074 *C* Por sa perte, *A B* conter et regehir. — 2075 *D* Sa dolor et sa perte, *C* Et son duel et sa honte.
LXXVII. — 2077 *C* abrievé. — 2079 *C* sire, *D* felon de D. — 2080 *A B* Au branc d'acier... coper. — 2081 *A B* enmenai, *D* J'en a. — 2083 *C* es estables, *D* de mes c. — 2084 *C* Or le m'a ci. — 2085 *A B* es. — 2086 omis dans *A B*, *C* sire, *D* me vost ardoir an ré. — 2087 *C* A N., *D* m'amirable. — 2088 *A B* Te ferai je t., *C* ja les m. — 2089 omis dans *A B*. — 2090 *A B* Se tu ne veuls, *C* ajoute : Et chier tenir, servir et enorer.

« Bien ai Mahom essaié et prové ;
« Hui main lo vi par terre craventé
« Et a François trebuchier et verser,
2095 « Onc nel soi tant par besoing reclamer
« Que me peüst secorre n'aïder ;
« Je crerai mès en vostre Damedé,
« Celui qui fet et yver et esté,
« Et qui nos done et lo pain et lo blé. »
2100 Respont li quens : « Dex en soit graciez ! »
Avuec Guibert ot venuz .II. abez ;
Une fontaine sordoit en mi lo pré
Et li abé la seignent de par Dé,
Et si i metent et lo cresme et lo sel ;
2105 Lo Sarrazin firent dedenz entrer ;
Quens Aymeris l'ala premiers lever,
Li rois Guiberz et des autres assez ;
Mès onc son non ne vodrent remuer,
Ainz li aferment selonc crestienté :
2110 Ce fu Auquaires, li jentils et li ber,
Li preuz, li sajes, li cortois adurez ;
Mieudre convers ne fu de mere nez,
Qui plus amast sainte crestienté,
Qui lor aida Nerbone a conquester.
2115   Or vient chevalerie.

2092 *D* essaucié, esprové.— 2093 *C* Que hui le vi.— 2095 *C* a b., *D* Or no sai tant.— 2096 *A B* vossist s.— 2097 *D* Je vorrai croire, *omis dans A B.* — 2098 *C* fist, *D* l'iver et l'esté. — 2099 *C* lo vin, *A B ajoutent :* Celui veull je prier et aorer. — 2100 *A B* Li quens r., *C* aoré, *D* vos dites verité. — 2102 *A B* La fontainele. — 2103 *A B* le seignent, *C D* Il la seignierent, *C* de Deu de majesté, *D* do vrai nom Damedé. — 2104 *A* Et li donerent, *D* Assez i mistrent et de c. et de s. — 2106 *D* Dant Nai. — 2107 *D* Li quens G. — 2108 *C* Onques son non, *D* ne li vostrent oster. — 2109 *C* conferment, *A B* en la c., *D* selonc la c.— 2111 *omis dans A B*, *C* li vassal a.— 2112 *C* Meillor. — 2113 *A B* si a. — 2114 *A B* Il lor a. — 2115 *C* S'aime chevalerie.

LXXVIII

« Seignor baron, » dist li quens Aymeris,
« Or est Auquaires durement mes amis ;
« Mes fillex est et a Deu convertiz :
« En sa fiance me metrai lo matin,
2120 « S'irai veoir dant Guillaume mon fil,
« Hernaut, Buevon et Bernart et Garin,
« La ou il sont soz lo pui de Monbrin.
— Non ferez, pere, » ce a dit Guibelins,
« Vos n'irez mie vos .ii. a escharnir.
2125 « Car un grant mal vos en porroit venir. »
Respont Auquaires : « Por neant l'avez dit ;
« Que par l'apostre que quierent pelerin,
« Miex vodroie estre decopez et ocis,
« Que par moi fust engigniez ne traïz.
2130 — Et je l'otroi, fillex, » dist Aymeris.
« Dex te doinst bon coraje. »

LXXIX

Aymeris s'arme et Auquaires li ber
De bons aubers et des elmes jemez,
Et des espées et des escuz bendez,

LXXVIII. — 2117 *A B* ici de mes a., *C* A. est durement.— 2119 *C* En son conduit, *D* creance. — 2120 *C* Vooir irai. — 2121 *C* Et dant Bernart o lo guernon flori, | Hernaut lo ros de Gironde la cit, S'irai vooir d'Anseüne Garin, | Buovon lo preu, celui de Conmarchis. — 2122 *omis dans A B.* — 2123 *C* sire, G. li respondi, *D* li rois G. a dit. — 2124 *A* N'irez or mie, *C* pas. — 2127 *omis dans A B.* — 2128 *C* Ainz v... traïnez a roncins, *D* detranchié et o. — 2129 *C* encombré.

LXXIX. — 2133 *A B* Et de hauberc et d'e. qu'est gemé, *C* De blanc a. — 2134 *A B* D'espées bonnes, de fors escus b., *C* d'escuz a or b.

2135 Et des espiez trenchanz et afilez.
Auquaires a son destrier remué,
Lesse Florent, s'a Ploiemont mené.
Quens Aymeris a Guibert apelé :
« Sire Guiberz, un petit m'entendez :
2140 « Totes vos jenz fetes de ci lever,
« En Florimont la forest les menez
« Et les i fetes repondre et esconser ;
« Et si gardez, si chier com vos m'avez,
« Que n'en isse un por les menbres coper
2145 « Tant que orrez vostre olifant soner ;
« Bailliez le moi, car jel vodrai porter ;
« Quant vos l'orrez et bondir et soner,
« Savoir porrez par droite verité
« Que je serai dedenz Nerbone entrez ;
2150 « Vos serez sampres sur les chevax monté
« As Sarrazins, as Turs et as Esclers,
« Lor conpaignon esserez a l'armer
« Et a l'avoir departir et doner.
— Pere, » dist il, « si com vos commandez. »
2155 Lo cor li baille, a son col l'a jeté.
Aymeris monte li jentils et li ber ;
Ses filz Guiberz li est alez aïder ;
Cortoisement l'en prist a apeler :
« Pere, » dist il, « je vos commant a Dé,
2160 « Lo glorios de sainte majesté

2135 *omis dans A B.*— 2138 *D* Dant Nai.— 2139 *D* Biax filz, dist il, envers moi entendez, *C* escotez.— 2140 *C* aler, *D* Trestoz mes homes... torner.— 2141 *A B* les en fetes aler, *D* ma f.— 2142 *A B* et repondre et celer, *D* Toz les i f... receler.— 2144 *A B* issiez por les m.— 2145 *A B* mon olifant, *C* qu'il orront.— 2146 *A B* car je le vueil p., *C* je le vodrai.— 2148 *C* Savoir poez... de voir et sanz fausser, *D* de fine verité.— 2149 *A B* Que je porrai d., *D ajoute* : Dont Sarr. m'ont a grant tort gité.— 2150 *A B* Et vos serez sus vo cheval m.— 2152 *D* i seroiz a l'a.— 2153 *A B* partir et dessevrer.— 2155 *omis dans A B.*— 2157 *C* le prist a apeler, *D* li ala aïdier.— 2158 *omis dans C.* — 2159 *C*, fet li, *D* Sire.— 2160 *D* qui an

« Qui vint en terre por lo monde sauver,
« Que vos defende de mort et d'afoler
« Et Nerbone vos rende. »

LXXX

     Va s'en Auquaires et Aymeris li ber;
2165 Si ont lessié lo droit chemin ferré,
     Car il redotent Sarrazins et Esclers :
     Auquaires en vet qui tot lo païs set.
     Or lerons ci de Naimeri ester;
     Hui mès devons de Looys chanter :
2170 En doce France li fu dit et conté
     Que Sarrazin en avoient mené
     Dant Aymeri de Nerbone sor mer
     En Babiloine l'amirable cité
     Et en lor chartre trebuchié et jeté;
2175 Li rois en fu corrociez et iriez;
     Il a mandé la jent de son regné,
     .L. mil de chevaliers armez,
     Puis chevaucha nostre emperere ber;
     Jusqu'a Nerbone ne se vost arreter.
2180 En la montaigne est li rois ostelez,

crois fu pené. — 2161 *omis dans A B*. — 2162 *A* Qui, *A B* d'ocirre. — 2163 *C* Et vos rende Nerbone. *D ajoute ce couplet :* Va s'en Aucaire et Nai, le ber. | Li quens Guill. a fet monter ses ommes | Ainz ne fina desi an Florimonde | Une forest qui est desoz Nerb. | Toz les il *(sic)* fist anbuschier et repondre. | Et Ay. et Auc. esperonnent. | Et trespassent la terre.
LXXX *C rime en ie*. — 2165 *D* Lessent les terres et les chemins ferrez. — 2166 *D* Que molt r. — 2167 *A B* Vet s'en A. — 2168 *A B* Or le lerons ci d'Aimeri ester. — 2169 *A B* conter, *D* Et ci devon de L. — 2170 *A B* Car dit li fu en France et raconté. — 2172 *D* le ber. — 2174 *A B* et lancié et j., *D* Dedanz lor chartres. — 2177 *D* .XL. mil. — 2178 *A B* li e., *D* Forment chevalche. — 2179 *C commence ici un autre couplet presqu'entièrement rime en é*., *D* Jusqu'a Monbrin. — 2180 *D* s'est.

Sor la vert erbe a fet tendre son tré ;
A .x. mil homes se fist la nuit garder.
Gautiers de Termes fu de l'ost dessevrez,
Garda aval desoz Monbrin el pré,
2185 Et vit les cierjes ardoir et alumer
Et la fremor oit as barons mener.
Point lo destrier cele part est alez,
Tante bele arme vit jesir par lo pré,
Tant bon vassal adenz et enversé
2190 Et tant destrier fuiant et esgaré :
« Damedeu pere, » ce dist Gautiers li ber,
« Ci ot estor, qui que l'ait afiné.
« Dex ! que n'i fui sor lo destrier armé !
« Tant i ferisse de l'espée del lé
2195 « Deci as coutes en fuisse sanglantez. »
A pié descent del destrier sejorné,
Sor l'erbe vert a son escu posé,
En terre fiché son espié noielé
Et aresna son destrier abrivé ;
2200 Parmi les tentes commença a aler :
Onques n'i fu par home destorbez.
As eschés joe Guillaumes au cort nés,
Hernauz et Bueves et danz Garins li ber.
Cil troi se sont encontre lui torné ;

2181 C En la vert e., D la fresche e., A B Sor l'erbe vert. —
2182 C li rois garder. — 2183 A B est d.. D ajoute : Environ aux
commança a aler. — 2184 A B Nerbone, C Por soi deduire en est
toz sels alé. — 2185-2187 omis dans C. — 2185 D Et vit ardoir
les cierges naturés. — 2186 B des barons. — 2188 D ajoute : Tant
escu fret et tant hauberc faussé. — 2189 B C Et tant vassal, C par
terre craventé. — 2190 A B Tant bon destrier fuir par mi lo pré.—
2191 A B Sire Diex pere. — 2192 D ci finé. — 2193 D Que ne fui
las a ices cox doner.— 2193-2195 omis dans A B. — 2195 C poinz,
D ansanglantez. — 2196 C abrivé. — 2197 A B De desus l'erbe, D
Sor la fresche h. — 2198 C aceré. — 2199 C Si a... sejorné, D
Son bon destrier i avoit aresné. — 2200 C en est li bers alez. —
2201 C enconbrez. — 2204 C estoient e.

2205 Hernauz ses frere lor a un tret mostré
      Par quoi li autre furent del jeu maté.
      A ces paroles entra Gautiers el tref,
      L'espée ceinte va l'eschequier oster;
      Lors le connut Guillaumes au cort nés,
2210   Qu'il estoit de sa jeste.

LXXXI

      « Sire Gautier, » li preuz Guillaumes a dit,
      « Fustes pieça a Rains ne a Paris ?
      « Com se contient mes sire Looys ?
      — En po de terme le porrez ci veïr :
2215 « En doce France li fu conté et dit
      « Que Sarrazin ont pris dant Aymeri,
      « En Babiloine l'en ont mené chetif;
      « Li rois en est corroços et pensis ;
      « Si a mandé la jent de son païs,
2220 « .L. mil de chevaliers hardiz :
      « Forment chevauche li forz rois Looys ;
      « Herbergiez est soz lo pui de Monbrin.
      « De sa conpaigne estoie departiz ;
      « Tot belement aval me descendi
2225 « Car la clarté de ces cierjes choisi
      « Et la fremor de vos barons senti ;
      « Tant beles armes vi par lo pré jesir,
      « Tant auberc rot et tant escu croissi,

2205 C Hernauz li rox, A B Bueves son frere.— 2206 A B, C Dont li autre, D sont vaincu et m. — 2207 C el pré. — 2208 C boter. — 2209 C D Lors le connut Guillaume. — 2210 omis dans C D.
LXXXI C rime en is. — 2211 A B Sire cosins. — 2213 C li fors rois. — 2218 C fu c. et marris. — 2219 D Il a m. — 2220 A B de pris. — 2221 C Avant c., A B r. poestis. — 2223 C De lor c., D De ma c., A B orendroit me partis. — 2224 A B en d. — 2225 A vi ici, B des c. vi issir, C Por la c. que des c. — 2226 A B rumor... oï, B de vos parle roï, C de vostre jent.— 2227 C lo chanp.—2228 omis dans D.

« Tant chevalier detrenchié et ocis.
2230 « Fu ce bataille ? Guillaume, qui la fist ?
— Nos la feïsmes, » dist Hernauz et Garins.
« Ier tote jor nos conbatismes ci
« A .xxx. mil de cuverz Sarrazins,
« Deci al vespre en dura li estris.
2235 « Toz les avons detrenchiez et ocis,
« Un tel eschec i avomes conquiz :
« Dames menoient jusqu'a .xiiii. mil.
« Veez les la soz ces loriers jesir. »
— Nomeni dame ! » Gautiers lor respondi ;
2240 « Seignor baron, qui onques tel oï ?
« Si m'aït Dex, molt grant barnaje a ci. »
Tant dementiers qu'il parloient ainsi,
La nuit s'en vet et li jorz esclarci,
Li soleus lieve par estranjes païs
2245   Qui abat la rosée

LXXXII

Cheval demande Guillaumes li guerriers,
Et l'en li va lo suen apareillier ;
L'espée ceinte est montez el destrier
Que il n'i deigne autres armes bailler.
2250 Et Gautiers est droit au suen reperiez ;
Il i monta par lo senestre estrier.
Il et Guillaumes ont lo tertre puié,
Droit a la tente Looys lo guerrier.

2229 *C* decopé, *D* trebuchié. *Et ajoute :* Et maint destrier esgaré et sotif. — 2231 *C D* Hernaut li respondi. — 2233 *D* de felons S. — 2234 *C* Jusques au v.— 2235 *C* decopez. — 2236 *C* grant e. — 2239 *D* ce lor a dit. — 2241 *A B* que grant b. — 2242 *A B* Endementiers, *C* issi. — 2244 *C* trestot lo païs.
LXXXII *C rime en* ier. — 2247 *C* tantost a. — 2248 *A B* L'espée a ceinte, monté est el d. — 2249 *A B* Que il n'i volt nule autre arme b. — 2251 *A B* Montés i est, *C* son senestre e. — 2253 *A B*

Li quens Guillaumes i est entrez premiers;
2255 Ou voit lo roi si li chaï au pié,
Estroitement le li a enbracié,
L'esperon bese qu'est a or entaillié.
Li emperere l'en a sus redrecié :
« Sire Guillaumes, qui vos a corrocié?
2260 « Par saint Denis mon seignor droiturier,
« Ja n'avra mès m'amor ne m'amistié. »
— Droiz emperere, » dist Guillaumes li fiers,
« Li rois Corsolz m'a malement baillié :
« Pris a mon pere Aymeri lo guerrier;
2265 « En Babiloine l'en a fet envoier,
« Dedenz sa chartre jeter et trebuchier;
« Prise est Nerbone dont granz damaje iert,
« Fors que la tor que la contesse tient;
« Forment redote qu'ele n'ait que mangier;
2270 « Por la vitaille la puet l'en josticier. »
Ce dist li rois : « Or ne vos esmaiez :
« Par saint Denis cui hom je sui del chief,
« Ja ne verrez passer un mois entier,
« Mostrerai lor .xx. mile chevaliers,
2275 « Et puis .c. mile as verz elmes laciez,
« Estre serjenz et les arbalestriers.
« Ou sont vos homes? ou les avez lessiez?
— Par ma foi, sire, soz Monbrin el gravier,

Jusqu'a la t., C A la t., D Aymeri lo g. — 2256 A B li a il e. —
2257 A B noielé, omis dans C, D qu'a or est e. et ajoute : Tandrement plore des biax ex de son chief. — 2258 D Nostre e., l'en a amont drecié.— 2260-1 A B Par saint Denis, n'avra pas m'amistié.
— 2265-6 omis dans A B.— 2266 C Et en sa c., D ses chartres.—
2267 D ert N. — 2268 D Ne mès la t. que ma dame lor t. — 2269 omis dans A B, D Ce crien je bien q'ele n'oit que m. — 2270 A B Que par v. nel puet l'en justicier. — 2271 A B Li rois respont, C Et dit li r. ne vos chalt d'esmoier.— 2273 A B .i. mois passer e., C .i. an entier.— 2274 C .c. mile.— 2275 omis dans C, D avec hiaumes l.— 2276 omis dans A B.— 2277 A B gens, C vostre h.— 2278 A B

« Ou tote jor nos conbatismes ier
2280 « A .xxx. mil Sarrazins et Paiens ;
« Toz les avons ocis et detrenchiez ;
« Un tel eschec i avons gaaignié :
« Dames menoient bien .xiiii. milliers ;
« La mestre d'eles qui des autres est chiés,
2285 « Est mirienesse, que n'a meillor soz ciel :
« Bernarz mes frere, li nobiles guerriers,
« I fu el cors feruz de .iii. espiez,
« En petit d'ore l'en ot assoagié ;
« Or est plus sains que poissons el gravier. »
2290 Et dist li rois : « Cele me gardez bien :
« Si la menrai en France. »

LXXXIII

Li quens Guillaumes droit a son tré revint,
Iluec trova et Bernart et Garin,
Hernaut et Bueve, lo duc de Conmarchis ;
2295 Lo roi alerent veoir et conjoïr.
Nostre emperere fu molt preuz et jentils :
Les dames fist par devant lui venir ;
Li emperere s'i joe e gabe et ri.
Atant ez vos Auquaire et Aymeri,
2300 Et Ploiemont a .iiii. foiz heni,
Que toz les trés en a fet retentir ;

soz Monbrueil, *C* Par foi, sire. — 2280 *B* Sarr. renoiez, *D* aversiers. — 2281 *A B* mehaigniés, *A* Ou les a., *C* Si les a. — 2282 *A* .1. grant e., *B* Molt grant e.— 2284 *A B* La souveraine q.— 2285 *D* Estoit miresse, *A B* la meillor desoz ciel. — 2287 *A B* I fu ferus el cors de. — 2288 *D* le nos ot mirgoié. — 2289 *omis dans A B*, *D* Que plus est s.— 2290 *A B* Et li r. dist, *D* nos g.

LXXXIII. *C rime en is.* — 2292 *D* s'en vint.— 2294 *B* le ber de C. — 2295 *D* acoler et joïr. — 2296 *A B* Loeys fu molt p. et molt gentis, *D* hardiz, *C* Et l'e. estoit frans et j. —,2297 *D* Les damoiseles fist devant lui v. — 2298 *D* Nostre e. — 2301 *D* Que tot les tertres.

François l'oïrent si en sont esbahi,
.M. en corurent les bons aubers vestir.
« Estez seignor, » dist li rois Looys,
2305 « Ja por .II. homes n'i ert escuz sesiz.
« Jusques as tentes les lessomes venir;
« Messagier sont, ce quit, a Sarrazins;
« Si nos diront noveles. »

LXXXIV

Nostre emperere fu molt jentils et ber
2310 Qui les puceles fist devant lui mener;
Li rois gaba et dist ses volentez.
Atant ez vos dant Aymeri lo ber,
O lui Auquaire qui tant fet a loer;
Mès molt sont las, traveillié et pené,
2315 Et lor cheval durement tressué.
A pié descent danz Aymeris li ber,
En terre fiche son espié aceré,
Et desor l'erbe a son escu posé,
A son filluel a son cheval livré,
2320 Espée ceinte est es tentes entrez
Que n'i deigna chevalier saluer.
Li emperere l'a premiers apelé :

2302 *D* l'entendent... esmarri.— 2303 *D* les blans.— 2304 *A B* baron, *D* Ostez.— 2306 *D* n'en ert, *C* n'i avra escu pris. — 2305 *D* Deci as trés.
LXXXIV. *C* rime en *er*.—2309 *A B* Li e., *D* Nos e. — 2310 *A C* Les puceles, *D* Les damoiseles. — 2311 *D* se gabe. — 2313 *C* Et A... fist a l., *A B* Avec A. — 2314 *A B* Mès molt estoient t., *C* Molt par sont l. — 2315 *A B* et las et t., *C* destriers... efreé. — 2317 *A B* noielé.—2318 *omis dans A B*, *D* Sor la fresche herbe.— 2319 *A B* Et a A., *C* destrier. — 2320 *C* estoit entré el tré, *D* en est venus es tref.— 2321 *A* Qu'i ne d., *D* Ainz n'i d. — 2322 *A B* aparlé.

« Vassal, » dist il, « vos n'estes pas senez
« Qui devant moi vostre espée portez;
2325 « S'or aviez felonie enpensé,
« En petit d'ore m'avriez ja tué;
« Par Saint Denis qui est mes avoez,
« Po ne vos faz toz les menbres coper! »
Aymeris l'ot, ne deigna mot soner,
2330 Ainz deslaça son vert elme jemé
Apres la quoife del blanc auberc safré;
Sor ses espaulles l'a lessiée coler;
La barbe ot longue jusqu'al neu du baudré,
Dont lo connut Guillaumes au cort nés,
2335 Hernauz et Bueves et danz Garins li ber,
Et Looys et des autres asez.
Si le corurent besier et acoler
Et après lui en entra tant el tref
Qui l'ont entr'els si forment enserré,
2340 Par un petit que il ne s'est pasmez;
« Seignor baron, » dist Aymeris li ber,
« Por amor Deu vos vueil merci crier :
« Je sui el cors d'un grant espié navrez,
« Que ja n'en quit garir ne respasser.
2345 — Biax sire pere, » dist Guillaumes li ber,
« Ja m'avoit l'en en Orenge conté
« Que Sarrazin vos avoient mené

2323 *C* n'estes mie s.— 2324 *D* aportez.— 2325 *C* pensé.— 2326 *C* En po d'ore m'avriez mort jeté, *D* la tué. — 2327 *D* qu'il (*sic*) ait mon chief voé. — 2328 *A B* Par poi que vous ne fas emprisonner. — 2329 *D* deigne mot parler. — 2331 *C* Et la q., *D* serré. — 2332 *D* le lese aval c. — 2333 *C D* Blanche ot la barbe, *C* comme flor en esté.— 2334 *C* Lors lo c., *D* Bien le quenut.— 2337 *A B* Qui le c., *C* acoler et b., *D* Il le. — 2338 *omis dans A B, C* A ces paroles assenble li barnez. — 2339 *A B* Et l'ont entr'eus, *C* Qui encontr'els l'ont si forment serré. — 2340 *A B* que il ne l'ont tué. — 2342 *omis dans C, A B* l'amor. — 2343 *C* parfondement n. — 2344 *A B* Dont je ne c., *omis dans C.* — 2345 *C* Sire pere. — 2346 *C* a O.

« En Babiloine l'amirable cité,
« Et en lor chartre trebuchié et jeté. »
2350 Li quens respont : « Pris fui de verité.
« Il me menerent issi près de la mer,
« Que il me durent en lor dromont jeter.
« Mes filz Guiberz lor fu a l'encontrer
« Qui tant lor a de son avoir doné
2355 « Que plus n'en puent sostenir ne porter ;
« Au branc d'acier les a si encontrez
« Que li plus sains ne pot l'autre gaber. »
Respont Guillaumes : « Dex en soit aorez. »
Et dist Bernarz : « Qui est cil adobez
2360 « Que vos avez avuec vos amené ? »
Dist Aymeris : « Ja orrez verité :
« Ier tote jor fu o nos en cest pré
« Nostre conpainz a ruistes cox doner ;
« De .xxx. mil n'en est plus eschapé ;
2365 « Anuit le m'a nostre Sire amené ;
« A nostre loi l'avons crestiené :
« Mes fillex est, s'est Auquaires nomez.
« Biau sire fil, alez le desarmer,
« Que ja n'i ait se contes non o pers ;
2370 « Nos le devons tenir en grant chierté :
« Par lui avrai Nerbone ma cité
« Dont Sarrazin m'ont a grant tort jeté. »

2349 *A B* balanchié et j., *D* et versé. — 2350 *C* Et dit li q., *D* Respont li q. — 2351 *C* Il m'enmenerent deci jusqu'a la m., *D* molt presset de la m. — 2352 *C* Car, *D* mener. — 2353 *A B* Mès Guibelins, *C* lor virt. — 2355 *A B* Que il nel porent sostenir ne porter, *C* porter ne endurer, *D* n'en puent. — 2356 *C* confessez, *D* fondeez. — 2357 *C* preuz ne p., *D* Toz li plus cointes n'en puent. — 2358 *A B* Et dist Guill. — 2359 *D* Ce dist, *C D* de Brubant la cité : | Sire pere qui est cil adobez. — 2360 *D ajoute* : Ne quenois mie, car il ne s'est nomé. — 2361 *D* Respont li quens. — 2364 *C* fu p. — 2367 *A B* c'est Auq. le ber, *A* S'est mon f. — 2369 *A B* que demaines et p. — 2371 *A B* avrons... la c., *D* ravrai. — 2372 *A B* m'ont si desherité, *C* Dont a tel tort m'ont

Lors le desarment et si l'ont afublé
D'un chier mantel a listes d'or ovré,
2375 Que l'emperere li a fet aporter :
« Aymeri sire, » dist Looys li ber,
« Filz a baron, or me di ton pensé
« Comment tu quides dedenz Nerbone entrer
« Quant ja l'ont prise Sarrazin et Escler,
2380 « Ne mès la tor qui tant fet a loer
« Que tient ta feme Hermanjarz au vis cler;
« Par la vitaille la quident afamer. »
Dist Aymeris : « Ja orrez verité :
« Totes ces dames ferons desconreer,
2385 « Lor garnemenz nos convient enprunter,
« Bliauz et pailes et chainses gironez
« Que vestirons sor les aubers safrez ;
« De chieres guinples de soie d'otre mer,
« Estroitement ferons nos chiés bender
2390 « Que ne reluisent li vert elme jemé;
« Et lesserons les destriers sejornez
« Et monterons es mulez afeutrez ;
« Comme puceles chanjerons nostre aler ;
« Cel estandart ferons avant porter,
2395 « Et l'oriflanbe dant Corsolt l'amiré
« Baillerai jo a Anquaire lo ber :
« Mes fillex est, ne me vodra fausser :
« Par lui avrai Nerbone la cité

Sarr. j. — 2373 *A B* Desarmé l'ont et puis l'ont a., *D* Il le desarme et cil s'est a. — 2374 *A B* a lettres d'or bendé, *D* lithes. — 2375 *A B* Que Loeys. — 2377 *omis dans A B*, *D* Filz de b. car me d. — 2378 *C* Comment quides, *B* Comment cuidiez.— 2379 *C D* Ja l'ont prise. — 2380 *A B* Fors que la t. — 2381 *C* la dame H. — 2382 *C* Par vitaille, *D* afoler. — 2383 *D* Respont li quens : Ja'n orroiz v. — 2384 *A B* Ices puceles... desafubler. — 2386 *omis dans A B*. — 2388 *A B* Et de lor g. — 2390 *C* Que ne luisent. — 2391 *omis dans A B*, *D* abrievez. — 2392 *D* sejornez. — 2394 *A B* Et l'c... ferai. — 2395 *A B* roi C., *D* Corsuble l'a. — 2396 *A B* Que baillerai. — 2397 *A B* Portera le. — 2398 *A B* avrons N.

« Dont Sarrazin m'ont a grant tort jeté.
2400 « Se je i puis par son conseil entrer,
« Je li donrai .xv. chastiax sor mer,
« .X. fortereces et .iiii. granz citez.
Li rois respont : « Je l'otroi de par Dé.
« Dex le vos doinst bien fere. »

LXXXV

2405 Looys monte a la chiere hardie
Et Aymeris a la barbe florie,
Li quens Hernauz que Jhesus beneïe
Et avuec ax lor grant chevalerie.
Cortoisement conduisent les meschines
2410 Par mi les landes desoz Esclabarie,
La cite frete desoz lo pui assise ;
.C. tors i ot dreciées et basties ;
Charles li rois a la barbe florie
L'arst et fondi quant ot Nerbone prise,
2415 Que puis ce jor n'i ot herberjerie.
Mès Sajetaire l'ont de novel reprise,
Des vielles tors ont redreciées .xv.
A une part des couverz de la vile
Une trenchiée i ont fete et bastie,

2399 *omis dans A B.* — 2401 *D* .xxx. c. — 2402 *A B* et .v. nobles c. — 2303-4 *omis dans D.* — 2403 *C* Et dit li rois. — 2404 *A B* Que Diex vos en doinst joie.

LXXXV. *C rime en ie.* — 2405 *A B* Lors monte Aquaires. — 2408 *D* Ensemble o lui molt grant c., *A B* grande chevalerie. — 2409 *A B* lor mesnie. — 2410 *D* Aclabarie. — 2411 *A B* La fort cité desouz le pui antie, *C* Une cité et fort et bien garnie. — 2412 *C* Mainte fort tor i ot fete et b., *D ajoute :* Bloies et jaunes et vermeilles et bises. — 2413 *A B* Car Klm. a la barbe florie. — 2414 *A B* L'ot enforciée quant ot N. p. — 2415 *D* Ainz puis, — 2416 *A B* Et S., *D ajoute :* Et Turc felon do regne d'Orcanie | De Babiloine .i. grant estoire vindrent. — 2417 *A B* De v. — 2418 *D* anz o coig de la v. — 2419 *A B* U. chaucie.

2420 .IIII. eves rades i corent et afilent
Qui en mer chieent es porz soz Aumarie :
N'ot si fort leu en France la garnie.
Soz la cité est une praerie
Qui contrevaut tot l'or de Pincernie :
2425 La croist la mente et la rose florie,
Et garingal, citoal et gingibre ;
Et si i croist lo poivre et lo perirtre,
Les chieres erbes et les riches espices ;
Li Sajetaire les coillent et cherissent
2430 Et a navées les portent en Egite ;
Iluec les vendent et poisent a devise
Fer et acier, car el n'en prendent mie ;
Armes en font de quoi il se garnissent,
Haches trenchanz et espées forbies,
2435 Et les espiez qu'il lancent et brandissent,
Et les sajetes trenchanz de plusors guises ;
Miex traient d'ars que nul home qui vive ;
Contre lor cox n'a arme garantie ;
Auberc ne broine ne li vaut .II. coquilles.
2440 Iceste jent vos dirai dont il vivent :
Il ne gaaignent ne n'ont moltoierie ;
N'ont giens de blé qu'onques mie n'en vivent,
N'onques de pain ne virent une mie ;
Mès la lor terre est essillie et gastie,

2420 *A B* acorent et filent. — 2421 *A B* En la mer ch. et si portent navie. — 2423 *A B* Soz la chauciée. — 2424 *C* paienie, *D* Piçonnie. — 2426 *D* petre et regalice. — 2427 *omis dans A B*, *C* Poivre et encens et comin et rubie. | Petre, girofle i ont en lor baillie. — 2428 *D* bones e. — 2430 *D* A grant n... moinent. — 2432 *D* ne p. — 2433 *D* Don font les armes don molt bien se g. — 2434 *omis dans B.* — 2435 *omis dans A B.* — 2436 *omis dans B*, *D* par p. — 2438 *A B* Qu'a lor cox n'a nule arme g., *D* Avant lor c. — 2439 *omis dans A B.* — 2440 *A B* D'iceste jent vos dirai je la vie. — 2441 *A B* monnoierie, *C* ne gaaignent n'il n'o. — 2442 *A B* Il n'i ont blé car ne gaaignent mie, *C* Ne il n'ont blé que n'en manjoient mie. — 2443 *omis dans D*, *C* n'i orent une m. — 2444 *A B* gastée et essillie, *A B* Mès la terre,

106   LA MORT AYMERI DE NARBONNE

2445   Et les forez plenieres et garnies
       D'ors et de cers et d'autre venerie.
       Li Sajetaire les bersent et ocient,
       La char manjuent que il ne cuisent mie,
       Et lo sanc boivent, plus que vin le desirent.
2450   Se ceste jent que vos oez ci dire
       Puent trover dant Aymeri lo riche,
       Po li vaudra sa bele conpaignie ;
       N'en revendra chevalier ne meschine,
       Ne n'enterra en Nerbone la riche,
2455   Ne Looys, en France la garnie,
       Se Dex nel fet, li filz Sainte Marie.
       Mès alé furent lo jor a une assise
       Por acorder contre Turs d'Orquenie ;
       C'est une jent qui Deu ne croient mie.
2460   Par lor cors ont une terre sesie
       Sor une roche dedenz mer en une ile ;
       .IIII. jornées est la roche eschive,
       Close est a murs et a granz tors antives.
       Tuit sont seignor, por rien ne se jostissent,
2465   Ne servent home qui muire ne qui vive.
       Li Sajetaire les bersent et ocient.
       Ce est la chose qui or plus les jostisse.
       Le jor s'acordent, s'ont une trieve prise.
       François chevauchent qui ne s'atarjent mie,
2470   Ainz ne finerent deci en Ortobrie.
       Biax sont li bois et granz la praerie.

C Que la terre, *D* Mès lor terre. — 2448 *A B* Mangent la char que..., *D* mès ne la c. — 2449 *A B* Boivent le s. plus que de vin sor lie, *C* ainsi com vin sor lie. — 2452 *C* riche c., *D* fiere. — 2453 *A B* Ne reverra ch. ne mesnie. — 2456 *D* Se Dex n'en pense. — 2457 *A B* sont a. — 2458 *A B* concorder, *C* as T., *D* Ex a. — 2459 *A B* Une gent est. — 2462 *D* la montaigne e. — 2463 *A B* et si a t. — 2464-5 *omis dans A B*. — 2467 *omis dans A B*. — 2468 *D* une treve ont p. — 2469 *A B* si ne s'a. — 2470 *C* Onc... Turquenie, *D* Orturblie. — 2471 *A B* large la p., *D* gentes les p.

.IIII. eves rades i corent et afilent ;
François herberjent, li chevalier nobile,
Tendent lor trés, paveillons de Sirie,
2475 Bersent les cers et les sanglers ocient,
Prenent les dains que portent a quisine,
Jetent ostoirs et fax de mue prime,
Prenent hairons, si abatent les cines ;
Cil damoisel joent et esbaudissent.
2480 Bien se conroient li chevalier nobile
Et les puceles de terre Femenie
Que François ont sor Sarrazins conquises ;
Iceles sont molt richement servies.
La nuit se gaite quens Aymeris li riches
2485 A .x. mil homes a espées forbies ;
   Car fierement se dote.

LXXXVI

Plest vos oïr com François esploitierent ?
En Ortobrie la nuit se herbergierent ;
A .x. mil homes la nuit eschaugaitierent.
2490 Li Sajetaire de lor plet reperierent ;
Entor lor vile ont la terre cerchiée,
Trovent la rote des nobiles eschieles
Et l'erbe fresche contre terre plesiée,
Et les espices folées et marchiées,

2472 *omis dans* D, A B *ajoutent :* Chieent en mer et s'i portent navie. — 2474 *omis dans* A B. — 2476 A B et p. — 2477-8 *omis dans* A B. — 2479 D fierement s'esbaudissent. — 2481 C dames, D danzeles. — 2483 A B vesties. — 2484 A B Gaitier se fet. — 2485 *omis dans* C. — 2486 A B molt forment se dote, D fierement se dote, C forment se redote.
 LXXXVI. C rime en ié. — 2489 D le suer e. — 2491 B la terre si cerchierent, D Car lor vile ont et la terre carchiée, C le païs c. — 2492 A Truevent la route de la chevalerie, B Les chevaliers la rote troverent, C ou Franc ont chevalchié. — 2493 B si com cil la froissierent, C erbe vert. — 2494 B comment les defolerent.

2495 Dont ont tel duel a po que n'enragierent;
Tordent lor poinz et lor chevex sachierent,
Chetif se claiment que les porz ne gaitierent;
Sonent lor grelles, s'ajostent lor eschieles;
Quant sont ensemble a .vii. mil se prisierent.
2500 Corent plus tost que cerf, ne dain, ne lievre,
Miex s'entrencontrent que blachet ne levriere.
Devant sont homes et cheval par deriere.
Sor Rochebrune est la montaigne fiere :
El coing du pui ot fet une trenchiée
2505 Et el somet fu la roche dreciée
Haute est et grant et en son bataillíée:
Desoz fu crose, dolée et entaillíée;
Chanbres i ot beles et aaisiées :
Fées les firent qui en sont essilliées
2510 Par une guivre qui s'i est herbergiée :
Bien a .v. anz qu'ele i est reperiée
Et trente guivres la sivent et requierent,
Qui alé sont dedenz la roche fiere ;
.IX. testes ot merveilloses et fieres,
2515 Les .v. devant et les .iiii. derriere ;
Et vole tost quant ele est corociée ;
Feu ardant jete et ja n'ert engigniée.
Li Sajetaire l'ont lo jor enchauciée :

2495 *A B* que por peu n'e. — 2496-8 *omis dans A B, A ajoute le petit vers hexasyllabique* : Et la contrée cerchie, *et recommence un autre couplet avec les mêmes assonances* ie *féminines.* — 2498 *D* Sonent .v. g. — 2499 *A B* Li Sajetaires a., *D ajoute* : Trestot le suer nos François rotoierent. — 2500 *omis dans A B.* — 2501 *A B* Il queurent miex que b. — 2502 *A B* brachet par d. — 2503 *D* fu cheue par derriere *(sic)*. — 2504-5 *omis dans A B, C* Sor Rochebrune out un tertre trenchié. | Desoz lo coing out un chastel drecié. — 2505 *A B* Et haute et grans per dessous b., *C* et le mur b. — 2507 *A B* Et desos creuse, *C* a cisel entaillié. — 2508 *C D* La sont les chambres beles. — 2509 *D* F. leffont qui s'en sont e. — 2511 *C* .x. ans. — 2512 *D* .xxx. g., *C* guivrel. — 2516 *C* Com ele vole, *D* Mès ele vole quant ele est iriée. — 2517 *A B* Si jiete feu. — 2518

Ce est la chose qui onques plus lor grieve ;
2520 Ele se drece quant ele oï les pierres,
Par la derube ala en la trenchiée,
En mi la rote s'est en travers cochiée,
Au trespasser lor estera portiere.
Li Sajetaire de rien ne se targierent,
2525 Quant il la voient forment s'en esmaierent ;
Ferue l'ont et devant et derriere :
La pel est dure, onques ne la percierent,
Ele se torne, a feu ardant les grieve,
Lo vis lor art, les cropes et les chieres,
2530 Et cil s'en fuient par puis et par rochiere,
Si guerpissent les rotes.

LXXXVII

Li Sajetaire ont la rote guerpie,
La beste vint a sa herberjerie.
Jusqu'au demain que l'aube est esclarcie,
2535 Quens Aymeris ne se volt targier mie ;
Ainz fist armer sa grant chevalerie
De blans aubers et d'elmes de Pavie,
Et desus ceignent les espées forbies ;
As males corent puceles et meschines,

A B enchergie. — 2519 *D* les g. — 2520 *A B* El se drecha. — 2521 *A B* trenchiere, *D* vindrent a la t. — 2522 *A B* En la r. est de traverse c., *D* En mi la roche, *C* Devant la r. — 2523 *D* lor sera la portiere. — 2525 *A B* Il l'ont veue, *D* ajoute : Li Saytaire il (sic) traient et lancierent. — 2526 *D* Sovant l'asauent, de sajetes la fierent. — 2527 *A B* Mès en la pel onques, *D* Mès tant est dure que la pel ne p.— 2528 *A* trestorne, omis dans *A B*. — 2529 omis dans *A B*. — 2530 *D* charrieres, *A B* Il s'enfuirent. — 2531 *A B* Et si passent les r.

LXXXVII. — 2532 *A B* la roche, *C* Li Sarrazins. — 2533 *D* la h. — 2534 *B C* a d., *D* Tresqu'au d. — 2535 *D* Dant Naim., *A B* ne s'i atarga mie. — 2536 *A B* Il fit a. — 2537 *D* Et des hiaumes de Pavie. — 2538 *A B* Et ceignent sus l. — 2539 *A B* vont p., *C*

2540 S'en traient dras de diverses baillies :
Sor les aubers as François les vestirent ;
Quens Aymeris en vet son cors meïsme,
Et tuit si fil ou durement se fie ;
Estroitement lient lor chiés de guinples ;
2545 Les destriers lessent qui corent de ravine,
Et sont monté es mulez de Sulie ;
A Auquaire ont l'oriflanbe comise
Et à Nerbone ont lor voie acoillie ;
Portent oisiax et moinent cers et biches,
2550 Ors et lions et marmotes et sinjes.
Li emperere remest o les meschines,
En sa compaigne de chevaliers .x. mile.
François chevauchent qui ne s'atarjent mie ;
Devant Nerbone sont venu en droit prime ;
2555 El premier chief fu Aymeris li riches
Et tuit si fil ou durement se fie.
Dame Hermenjarz fu en la tor antive
Et n'ot o li que .III. de ses meschines,
Les autres erent dedenz la tor fenies
2560 Por la vitaille qui lor estoit faillie.
Lor ames soient sauvées et garies !
L'estoire voit, molt est espoorie ;

les dames seignories, *D* danzeles et m. — 2540 *A B* Dras en ont trais, *C* d. parties, *D ajoute*: Tirent pailes bloz et hermin sor lie *(sic)*. — 2542 *D* Dant Naim. s'en v. — 2543 *omis dans D*. — 2544 *A B* Estroitement des guinples lor chiés lient. — 2546 *C* Puis s., *D* I sont m. — 2547 *A B C* baillie. — 2548 *C* A N., *D* Devers N. — 2549 *A* et maint cers et b., *C* Oisiax portent., *D* fieres b. — 2550 *D ajoute*: Turtres et meles et jais qui escharnissent, | Estorniax blans, calandres d'Esgite *(sic)*.— 2551 *C D* Et l'e. — 2553 *A B* ne s'atargerent mie. — 2554 *A B* avant p. — 2555 *D* dans Nai. le riche. — 2556 *A B* O tous ses filz, *C D ajoutent* : Li bons orfrois reluist et reflanbie. — 2559 *A B* Car les autres sont en la t., *C* sont d. — 2561 *C B* sont, *D* erent, *C D ajoutent* : En Paradis coronées flories. — 2562 *A B* si est e., *C* Quant vit ces jenz molt est espoorie, *D* s'est e.

Deu reclama lo fil sainte Marie,
Lo glorios qu'il li tramete aïe
2565   De la nobile jeste.

LXXXVIII

Auquaires broche, li fillex Aymeri,
Qui l'oriflanbe paumoia et brandi.
Mainte viële i oïssiez tentir,
De maint oisiax i oïssiez lo cri,
2570 Chante la melle avueques lo mauviz,
Jais et calandres, chascuns en son latin.
Devant el chief fu li quens Aymeris
Et avuec lui si neveu et si fil.
Dame Hermanjart sus en la tor choisi,
2575 Molt volentiers son conseil li deïst,
Més por paiens ne li ose jeïr.
A l'amiral vienent .M. Sarrazin ;
Il l'en apelent, fierement li ont dit :
« Hé, amiral, vels noveles oïr ?
2580 « Or pues tu dire bien t'est Mahom amis,
« Bien as Pilate et Tervagan servi.
« De Femenie pues l'estoire choisir.
« Dames i a jusqu'a .XIIII. mil,
« Et .XXX. mil de cortois Sarrazins.
2585 « Bien deüssiez encontr'eles issir. »
Dist l'amiral il n'ira mie ainsi :

2564 *A B* qu'il lui soit en aïe.
LXXXVIII. — 2567 *A B* El premier chief l'o. b. — 2569 *C* De maint oisel, *D* tant o. — 2570 *A B* et chante li m., *D* la turtre et la malviz. — 2571 *A B* Et autre oisel. — 2572 *A B* El premier chief. — 2573 *C* si fil et si ami, *D* Ansemble o lui. — 2574 *C* Desor son chief choisi. — 2575 *D* gehist. — 2577 *A B* li Sarr. — 2578 *A B* Il l'apelerent. — 2579 *C* Amiral sire, *D* Droiz a.— 2580 *A B* bien est Mahon de ci, *C* puez vooir. *D* puez dire.— 2581 *omis dans A B.* — 2582 *A B* veïr. — 2585 *A B* Vous d. — 2586 *D* n'ira

« Devant mon tref descendront ja ici;
« Si i verrez .M. encensiers espris
« Qui seront plein d'encens Alixandrin.
2590 « Après ferai drecier toz mes enginz
« .XXX. perrieres et .x. berfroiz garniz,
« Ja nes lerai ançois les avrai pris
« Et de la tor a la terre jus mis ;
« Si i merrai Clarissant au cler vis
2595 « Et ses autres puceles. »

LXXXIX

Seignor, oez un vers bon et seant
De fiere jeste, de la melz conbatant
Qui onques fu en cest siecle vivant ;
Par quel engin quens Aymeris li blans
2600 Reprist Nerbone sa fort cité vaillant
Qu'orent traï Sarrazin mescreant.
Comme puceles muërent lor senblant :
Si ont lessié les bons destriers coranz
Et sont monté sor les mulez anblanz.
2605 Devant Nerbone vindrent esperonant;
L'en lor ovri les portes maintenant ;
Cil i entrerent, que n'i vont arrestant.

neant ainsi. — 2588 *A B* Et s'i v., *C* Si v... de pris. — 2689 *A B* Qui plain seront..., *D* erent p.— 2590 *A B* Iluec f., *D* Puis lor f... lor angins.— 2591 *omis dans A B*, *C* petiz, *D* et des b.— 2592 *A B* que ne les aie pris, *C* Ne finerai, si les avrai toz pris, *D* vos avrai pris. — 2593 *D* jus a la terre mis. — 2594 *A B* S'i meterai, *C* m'amie au c., *D* Puis il (*sic*) metrai. — 2595 *A B* Avec li ses p., *C* Et des autres p., *D* meschines.

LXXXIX. — 2596 *C* Or ferés pès, li petit et li grant, | S'orrez estoire dont li ver sont seant. *D* molt bien s. — 2597 *A B* C'est de la jeste de la plus c.— 2599 *D* dant Naimeri.— 2601 *omis dans A B*, *C* et Persant. — 2602 *A B* ont mué, *D* changierent. — 2603 *omis dans D*, *C* Et ont l.— 2604 *D* les destriers corans.— 2605 *D* Droit a N., *C* A N.— 2606 *A B* Et l'en l. — 2607 *omis dans C D*.

LA MORT AYMERI DE NARBONNE   113

          Auquaires entre trestot premierement;
          Droit a la tor vienent esperonant,
2610 Devant lo tré Corsolt a l'amirant;
          Met pié a terre del destrier auferrant;
          Com il le voit, si li dist maintenant :
          « Biax sire niés, vos soiez bien venant.
          « Ou est m'amie o lo cors avenant?
2615 « C'est Clarissant dont je sui desirant.
          — El vient ci, sire, ne vos ert delaiant. »
          Itel richece n'ot mès nus hom vivanz :
          La veïssiez .m. encensiers ardanz
          Qui furent plain de l'encens d'Oriant.
2620 Atant ez vos conte Aymeri lo blanc
          Cortoisement sor un mulet anblant;
          Encontre vet Corsolz li amiranz,
          Entre ses braz le descent en riant,
          De sa main prist une flor blanchoiant,
2625 Besier le volt, mès la guinple est devant :
          A l'acointier seront d'autre senblant.
          Il tret l'espée qui li pendoit au flanc;
          Par mi lo chief en feri l'amirant,
          Deci es denz a fet coler lo branc,
2630 Estort son cop, mort l'abat a itant:
          « Nerbone, » crie, « baron, ferez avant.
          « C'est Aymeris li chevaliers vaillanz,

2608 *D* i antre tot premierement. — 2609 *C* en est venu atant. — 2610 *C* lo tré C. li amir, *D* Corsuble l'a. — 2611 *D* Mist janbe a t. — 2612 *C* vit. — 2613 *A B* Sire Aq., *C* soiez vos bien venant. — 2614 *D* au gent c. — 2615 *D* molt s., *omis dans C*. — 2616 *A B* Sire ele vient, *C* ne demorra granment, *D* ne vos soit demorant. — 2617 *A B C* Tel r. — 2618 *C D* d'arjent, *C* maint. — 2620 *A B* dant A., *C* errant. — 2621 *C* lo m. — 2622 *A B* vint. — 2623 *C ajoute :* Quida ce fu s'amie Clarissant. — 2625 *A B* et la g. — 2626 *A B* A l'encontrer. — 2627 *omis dans A*, *B* L'espée t., *D* pendi. — 2628 *A B* feri si l'a, *D* fiert Corsolt l'a. — 2629 *C* Qui jusqu'es d., *D* Tresqu'al narines li f. — 2630 *A B* mort l'abati atant, *D* si l'abat. — 2631 *D* escrie... alez avant. — 2632 *A B* li preuz et li

8

« Que vos vossistes jeter el feu ardant.
« Vos li rendrez sa perte ! »

XC

2635 Quant ont veü li fil dant Aymeri,
Lo roi Corsolt contre terre jesir,
Jetent les ginples et les mantiax hermins
Et descendirent des mulez arrabis ;
Espées tretes vont les ostex sesir.
2640 Bien se defendent Paien et Sarrazin ;
Mès li François furent li plus hardi
Qui les ont morz, detrenchiez et ocis.
As premiers cox menbra dant Aymeri
De dant Guibert, lo menor de ses fiz :
2645 Par .IIII. enpointes fist l'olifant bondir ;
De Florimont l'entendi Guibelins,
Vint a ses homes, fierement lor a dit :
« Seignor baron, » dist li quens Guibelins,
« Dedenz Nerbone oi corner Aymeri.
2650 « Secorons le, por Deu qui ne menti. »
Et il ont dit : « Ja n'en serez desdiz. »
La veïssiez tant bon auberc vestir,
Lacier tant elmes, ceindre tant branz forbi,

v., *C* a l'aduré talent. — 2634 *C D* Ja n'en irez sanz p.
XC. — *C D rimes en i et is.* — 2635 *A B* Quant veü ont, *C* conte A. — 2637 *A B* Lor ginples getent et lor m. — 2638 *omis dans C.* — 2639 *D* Espées ceintes. — 2641 *D* noz F., *C* Et li F... preu et h. — 2642 *D* Toz les ont, *C* Qui toz les ont decopez et ocis. — 2643 *C* menbra a A., *D* Al premier c.— 2644 *C* De Guibelin. — 2645 *A* L'olif. fist par .IIII. e., *B* L'olif. .IIII. emp. bondir fist, *D* .XIIII. empointes f. — 2646 *C* la forest G. l'entendi. — 2647 *omis dans A B.* — 2648 *A B* ce dist li rois de pris, *D* mes homes. — 2649 *D ajoute* : Le preu, le sage, le cortois, le hardi. — 2650 *D* seignor, les vos merciz. — 2651 *A B* nos ferons vo plesir, *C* Et il dient, *D* Cil respondent. — 2652 *D* blanc hauberc. — 2653 *A B* Elmes lacier et ceindre brans forbiz.

Tant chevaliers sor les destriers saillir ;
2655 Jusqu'a Nerbone ne pristrent onques fin.
Lor conpaignon furent li Sarrazin
As blans aubers endocer et vestir
Et a l'avoir doner et departir.
Molt s'i pena Guibelins li marchis :
2660 Parmi les tentes vet querant Sarrazins,
A .xxx. mil de chevaliers hardiz
Qui lor detrenchent les costez et les piz.
Puis icele ore que vos avez oï,
Que Rollanz fu en Roncevax traïz,
2665 Li .xii. per i parfurent ocis,
Ainz si fet glaive ne fu de Sarrazins
Com en Nerbone ot le jor establi.
Li quens Guiberz les a bien envaïz
Et sa fiere conpaigne.

XCI

2670 Forz fu l'estor, merveillos et pesanz.
Li quens Guiberz i ot ce jor ahan ;
Par mi les tentes vet Sarrazins querant
A .xxx. mil de François conqueranz
Qui lor decopent les costez et les flans :

2654 *D* Maint ch. desus destriers.— 2655 *D* Tresqu'a N. onques ne p. f. — 2657-8 *omis dans C.* — 2659 *A B* Guill., *C* se força, *D* Forment se painne dand Guib. le merchif. — 2661 *A B* de pris.— 2662 *A B* Et lor detranche les c., *C* Qui lor copent, *D* Si lor d.— 2663 *A B* Ainz puis cele o., *C* Puis cele... que Jhu. Criz nasqui. — 2664 *C* ocis. — 2665 *omis dans C*, *D* i refurent traïz. — 2666 *A B* Itele perte, *D* Ainz itel g. — 2667 *B* ce j., *C* font li oir Ay., *D* fu le jor e.— 2668 *A B* rois. — 2669 *A B* O tot sa conpaignie, *D* A ses fieres conpangnes.

XCI. — 2670 *A B* et cruel et p.— 2671 *A B* Li rois, *D* ot le j. grant a. — 2672 *A B* trés. — 2673-7 *omis dans C.* — 2673 *A B* conbatans, *D* Saradins c. — 2674 *D* Si lor destranchent l.

2675 La veïssiez tant paveillon volant
De Sarrazins, de Turs et de Persanz.
Après lor vint un essoine trop grant;
A tant ez vos Salatré, un Persant,
Par la bataille sor un chamelin blanc :
2680 Car il n'a cure de destrier auferrant,
Nel puet porter tant par ot lo cors grant
Et le bu gros et le ventre pesant.
D'une plomée va crestiens tuant,
Ça .ii., ça .iii. les ala cravantant.
2685 Et il s'escrient : « Aïde, Guiberz frans.
« Sainte Marie! ja serons recreant. »
Guiberz l'oï, cele part vint corant,
Et li paiens s'adrece vers l'enfant ;
De sa plomée va la verje hauçant
2690 Que la mace ert par terre traïnant,
Va la corroie larjement estendant
Et de ferir s'ala apareillant ;
Se il l'atent ja avra un cop grant,
Et li frans hom n'a de foïr talent.
2695 Un cop li jete li gloz en retraiant ;
Nel toche mie, car Deu ot a garant :
Il s'abessa sor son arçon devant ;

2675 *D* maint p... vidant. — 2677 *A* Après orent, *B* Après ce orent, *D* molt grant. — 2678 *A* espant, *D* paien.— 2679 *A B* Par mi l'estor est venuz acorant.— 2680 *C* Qui n'a cure.— 2680-1 *omis dans A B*.— 2682 *A B* Le piz ot gros et le ventre devant. — 2683 *A B* De sa plomée va.— 2684 *omis dans A B*, *D* A grant terrées les an vet atraiant. — 2685 *A B* Et il crioient : Aïde, bons rois f., *C* Il escrient. — 2687 *C* va, *D* pongnant. — 2688 *A B* se drece, *C* s'adreça a l'e.— 2689 *omis dans A B*, *D* le tort h.— 2690 *A B* La mace tint et puis ala avant, *D* Tote la mace. — 2691 *omis dans A B*, *D* Et la. — 2692 *D* De bien f. se va eslargisant. — 2693 *D* Se or, *C* ataint, ja prendra .i. c. — 2694 *A B* Et Guib. n'a de fuir nul t., *D* Mès. — 2695 *B* jeta, *C* Li gloz li jete un cop en traversant, *D* estraiant. — 2696 *A B* Mès nel tocha. *C* que D., *D* N'an toche mie car Dex en ot g. — 2697 *A B* desus son auferrant, *C* Il se bessa.

Detriés lui fiert Joifroi de Bonivant,
Un chevalier hardi et conbatant ;
2700 Tot l'abat mort et lui et l'auferrant.
Guiberz le voit, a po ne pert lo sens ;
A tot l'espée dont li ponz fu d'arjent
Le va ferir si acesmeement,
Par sor les costes andox les braz en prent.
2705 Li Sarrazins escrie hautement :
« Que fetes vos, Mahom et Tervagan?
« Pilate sire, serez me vos garant? »
Guiberz le fiert un cop par maltalent,
La teste o l'elme li fet voler el champ.
2710 Li cors chaï delez un desrubant,
Sore lui passent maint destrier auferrant
Qui li froissierent les costez et les flans.
Adont saillirent li Tur et li Persant,
Li Amaraive et li Popeliquant,
2715 Et Bedoïn et Acopart saillant
Qui lor seignor alerent regretant :
« Hé, riche ber, nobiles conbatanz,
« Larjes donerre et mieudre conqueranz
« Qui onques fu en cest siecle vivant !
2720 « Morz est l'orgoil Corsolt a l'amirant
« Qui li soloit afiner toz ses chans
« Et les batailles, ja ne fuissent si grant !

2698 *C* Delez lui, *D* Detrés le fiert J. — 2700 *A B* Tot abati et lui et l'a., *C* Qu'il abat mort.— 2701 *C* vit.— 2702 *A B C* A l'espée, *D* A Esgredure. — 2703 *A B* tant afaitieement, *C* par si fier maltalent, *D* Tant l'a feru.— 2704 *A B* Par son.— 2705 *C* escrient, *D* a crié.— 2707 *omis dans A B*.— 2709 *D* li fist jesir o chant. — 2710 *D* travers un d. — 2711 *B* li d., *C* tant d., *D* Desus li p. mil d. — 2712 *B* li froissa, *C* Qui l'esqachent contre terre en jesant, *D* Qui li debrisent. — 2713 *C D* Dont saillirent. — 2714-5 *omis dans A B*.— 2715 *D* Li B. et li A.— 2716 *A B* Qui lor enseigne alerent escriant.— 2717 *A B* hardiz et c.— 2718 *C* debonaire et frans., *D* hardiz c.—2719 *C* Qui ne fu tex en c.— 2720 *B* de Cors. l'a, *D* Cors. li amir.— 2720-22 *omis dans A*.— 2722 *B* Et ses estours.

«·Morz, car nos pren ! que vas tu delaiant ? »
Dedenz Nerbone fu Aymeris li frans
2725 Qui sa cité ot pris a son talent.
Tant i ot morz de Turs et de Persanz
Que par les rues en coroit li clers sans.
A eve froide lavent lo marbre blanc ;
Les cors enportent contremont as auvanz,
2730 Si les lessierent aval les desrubanz,
Defors Nerbone les ardent par les chans :
C'estoit costume de l'ancienor tens :
Poez savoir la puor estoit granz.
Dame Hermanjarz au jent cors avenant
2735 Reclama Deu lo pere omnipotent
Qu'il li envoie secors prochienement
Et si li rende lo preu conte vaillant.
Si fera il ainz lo soleil cochant,
En la sale a Nerbone.

XCII

2740 Quant Looys ot Aymeri corner,
Adont sot il par droite verité
Que il estoit dedenz Nerbone entrez ;
Li emperere en est brochant alez
A .xx. mil homes a armes conreez.
2745 Nostre emperere fu molt jentils et ber :

2723 *D* car nos vas or tardant. — 2725 *C* la c. — 2726 *C* Sarr. et P. — 2727 *C* ot grant ruel de s., *D* an cort le bruit de sanc. — 2728 *C* En plusors lex fu li marbres sanglanz. — 2729 *omis dans A B*. — 2730 *A B* Les cors jetent aval les desrubans. | Defors Nerb. lez lesserent atant, *A* es chans. — 2732 *D* de l'anciane t., *C* Ce ert .c. ja ancienement.— 2733 *omis dans A B,D* i fu g.— 2734 *A B* o le cors a,, *C* Et H . — 2735 *A B* tout puissant.— 2737 *C D* Et li rende, *A B* Ay. lo vaillant. — 2739 *C* En la soe N.

XCII. — 2741 *D* Dont sot il bien. — 2743 *C* i est corant a., *D* s'en est c. torné. — 2744 *A B* as a., *C* garniz et c.— 2745 *omis dans A B, C* Li e. estoit j.

Totes les dames a fetes arrester,
Que nes lessa del bois au plain aler,
Ançois descendent por lo chaut qui granz ert ;
A .c. François les conmande a garder.
2750 La veïssiez grant joie demener,
Et ces puceles treschier et quaroler.
Li emperere en est brochant tornez
A .xx. mil homes a armes conreez ;
Ne mès que .c. as dames sont remés.
2755 Ez Clabarin l'aumaçor d'otre mer,
A .x. mil homes en est fuiant tornez,
Fuiant s'en va trestot desbaretez ;
Il et li rois se sont entr'encontré,
De lor jent sont a tanz quanz per a per.
2760 Sarrazin voient que ne garront par el,
Sanz la bataille ne puent eschaper
Et plus redotent Guibert a encontrer
Que l'aloete ne fet lo fauc mué,
Quant el le voit de bas randon voler.
2765 Bessent les lances et sont alé joster,
Et li François nes ont pas refusez :
Fierent et chaplent des espées del lé
Et des espiez trenchanz et afilez.
La veïssiez un estor communel,
2770 Tant pié, tant poig, tante teste coper,

2746-7 *omis dans C.* — 2747 *A B* nel, *D* Et les lessa do bois a
plain aler. — 2748 *D* Es descendirent. — 2749 *A B* A .м. F., *C* les
commanda g. — 2751 *C* les puceles. — 2752 *D* en est do chanp t. —
2753 *A B* as a. — 2754-6 *omis dans D B*. — 2754 *A* qu'as d. —
2755 *C* Et Clab. — 2756 *C* A .xxм. h. en est de l'ost alez. — 2757
A B De l'ost en va t. — 2758 *C* Cels a li rois Looys encontrez. —
2759 *C* Or furent il. — 2760 *D* ne la garront. — 2761 *C* Sans b.,
A B De la b. — 2765 *D* lor lances, si sont a. — 2766 *D* Mès nos
Fr. — 2767 *A B* Ançois les f. de l'espée du l., *C* Durement f. as
espées dès lez. — 2769 *C (de même que D avec quelques variantes)
ajoute :* Tant hanste fraindre et tant escu quaser | Et tant auberc
deronpre et despaner

Sanc et cervele encontremont voler,
L'un mort sor autre trebuchier et verser.
Li Sarrazin se sont forment hasté,
Fierent et chaplent, otre s'en sont passé;
2775 L'une moitié des lor i sont remé,
Et de nos Frans jurent .m. par les prez
   Qui puis ne redrecierent.

XCIII

La ou François et Paien s'entr'encontrent,
Molt durement fierent et esperonent,
2780 Piz et corailles et costez s'i enfondrent.
Tant i ferirent Paien qu'il passent otre;
L'une moitié i remaint de lor homes
Et de nos Frans i jut .m. par la conbe,
Et qui d'ilueques ne releverent onques :
2785   Ce fu domaje et perte.

XCIV

Quant Sarrazin sont des nos departi,
De .xx. mil homes ne remestrent que .x.;
L'une moitié i sont des lor ocis.

2771 *A* contre lo ciel, *B* contre terre, *C* i veïssiez v. — 2773 *A B* Forment se sont li S. hasté. — 2774 *A B* si sont otre passé.— 2775 *A B* i est des lor remés, *B* Une m. — 2776 *D* De noz Franç., *C* Et des Franç. — 2777 *D* n'an r., *C* Et puis n'en r.

XCIII. — *Tout ce couplet est omis dans C.* — 2779 *D* Les .ii. estoires brochent et esp.— 2780 *D* Piez et c... s'antr'esfondrent. — 2781 *B* paien passerent o., *D* Fierent et chaplent p. s'an pasent ostre. — 2782 *omis dans A B*. — 2783 *A B* le comble. — 2784 *A* Qui d'i., *omis dans D*. — 2785 *A B* Des quels ce fu domages.

XCIV. — *C D refont beaucoup de rimes en i, is.* — 2786 *A B* furent des nos partis. — 2787 *A B* n'en ramoinent que .xm., *C* n'en i remest que. — 2788 *C* Li autre tuit, *D* en i remest d'ocis.

LA MORT AYMERI DE NARBONNE

   Fuiant s'en va l'aumaçor Clarabins;
2790 Si l'enchauça li bons rois Looys.
   Il li escrie : « Retorne, Sarrazin;
   « Aumaçor es et rois poesteïs,
   « Rois sui de France, si ai non Looys :
   « La moie foi loiaument te plevis,
2795 « Onques encor par home ne chaï ;
   « Se tu m'abas grant los i avras pris.
   « Ja n'i seras engigniez ne traïz,
   « Se je meïmes par mon cors ne t'ocis. »
   Dont s'arrestut l'aumaçor Clarabins.
2800 Dist a ses jenz : « Seignor, estez ici ;
   « S'irai joster au fort roi Looys.
   « Por une joste ne sera or eschis ;
   « Se une en volt, je l'en livrerai .vi. »
   Dient si home : « Mahom vos en aïst ! »
2805 Tornent les resnes et si mostrent lor vis ;
   Plus tost les portent li destrier arrabis
   Que fax ne vole quant il chace perdriz ;
   Granz cox se fierent sor les escuz votis,
   Trenchent les cuirs et lo fust de sapin,
2810 Plient li fer de l'acier pointevin ;
   Otre s'en passent que nus d'ax n'i chaï.

  2789 *A B* en va *C* Corabis, *D* Claraby. — 2790 *A* Et l'e., *B* Et bien l'e., *C* li forz r., *D* Au dox l'anchauce. — 2791 Qui li crie, *B* Et li escrie, *D* L'aumaçor torne a mi. — 2792 *omis dans A B*, *D* Almançor ies fort roi pooteys. — 2793 *B* si a non, *C* Et je sui rois si ai n. — 2796 *D* grant los as aceilly, *C* monté sera tes pris. — 2797 *A B* Ja n'en s. — 2798 *C* Se par mon cors tot sol n'i es ocis. — 2800 *D* ses homes : S. estez vos ci, *C* Baron, e. — 2801 *A B* Si josterai, *C* Joster irai. — 2802 *D* ja e. — 2803 *A B* .x. *D* S'il en veult une, *C* li livrerai. — 2804 *C* Dient li sien, *D* Mahomet vos aïst. — 2805 *A B* Prennent les resnes, *D* Vire la r. et si monstre son vis. — 2806 *C* li bons destrier de pris. — 2807 *C* com il voit la p. — 2808 *B* elmes v. — 2809 *A B* Brisent les ais, *C* Copent les c., *D* Cope le cuir. — 2811 *A B* O. passerent, *D* c'onques nul ne c.

Et li paiens fu merveilles hardiz :
Vire la resne del destrier arrabi,
Il tret l'espée dont li pons fu d'or fin ;
2815 Desus son elme l'empereor fiert si,
Lo mestre coïg li trencha et ronpi ;
Par un petit del destrier ne chaï.
Li emperere estoit fiers et hardiz ;
As crins se tint del destrier arrabi ;
2820 Et li paiens si s'est de lui partiz ;
Fuiant s'en va par delez un larriz ;
Au dos l'enchauce li forz rois Looys
Sor lo destrier que fu a l'aupatris,
L'espée tret qui fu au roi Pepin :
2825 Chieres reliques i ot de saint Martin ;
Hom qui la porte ne puet estre traïz,
Ne en bataille ne vaincuz ne honiz,
Ne ses destriers n'iert desoz lui ocis.
Voit lo paien qui s'en fuit ademis :
2830 Si li escrie : « N'en irez mie ainsi,
« Ançois lerez ostajes au partir. »
A ces paroles consuï l'arrabi,
Par desor l'elme le fiert del branc forbi.

2812 *D* Mès. — 2813 *C* Tire, *D* o il sist. — 2814 *A B* L'espée
t., *D* dont li branz fu forbiz. — 2815 *C* Sor son eaume l'e. feri,
omis dans *D*. — 2816 *A B* cercle, *C* li copa et, *D* l'an trancha.
2817 *A B* Tot l'estona a po que ne c. — 2818 omis dans *A B*, *D*
Mès l'e. fu molt fiers. — 2819 *A B* Li emperere as estriers se retint. — 2820 *A B* s'en est de l., *D* s'est de lui departiz. — 2822
A B li bons r., *C* Si l'enchauce. — 2823 *C D* estoit de grant pris.
— 2824 *C D* dont li branz fu forbis. — 2825 *C D* Bones reliques
i avoit el pont mis. *D ajoute* : De S. Morant et del cors S. Meri,
C : De S. Lorenz et del cors S. Moris. — 2826 *A* Qui la porte, *B*
Cil qui la p., *A B* honnis. — 2827 *A B* encombrés ne traïs. —
2828 *C* n'encombrez ne malmis, *D* ne bleciez ne malmis. — 2829
A B qui fui tout a. — 2830 *A B* pas ainsi, *C* Si li cria, *D* A non
escrie. — 2831 *A B* Ainz nos lairez ostage en cest païs, *D* ce m'est
vis. — 2832 omis dans *A B*. — 2833 *A B* Loeys hauche lo brant
d'acier forbi, *C* un grant cop le feri.

La teste trenche au paien Clarabin,
2835 Monjoie escrie, l'enseigne S. Denis,
« La bataille ai vaincue. »

XCV

Quant veü ont Sarrazin et Escler,
Lor seignor mort, ocis et afolé,
Que Looys li ot lo chief copé,
2840 .M. s'en asenblent des plus riches chasez ;
A Looys en vont merci crier,
Si li besierent la chauce et lo soler :
« Sire, merci, por lo tuen Damedé :
.« Lesse nos en nostre seignor porter ;
2845 « A nostre loi le ferons conreer. »
Looys l'ot, si a lo chief crollé :
« Certes, » fet il, « je l'otroi et le gré,
« Et tuit franc hom vos en doivent amer :
« Car son seignor doit l'en bien enorer ;
2850 « Quex hom qu'il soit, foi li doit on porter. »
Lors descendirent Sarrazin et Escler :
En biere l'ont sor .II. chevax mené ;
Li emperere lor a conduit livré
A .c. Francois toz d'armes conreez.
2855 .IIII. liuées et plus les ont menez.
Et l'emperere en est brochant alez

2834 *C D* Tot le porfant deci jusqu'aï cervis. — 2836 *A B* est v.
XCV. — *C D refont beaucoup de rimes en é.* — 2838 *C* L'au-
maçor m.— 2839 *omis dans A B,* *D* Que l'en li a le c.— 2841 *C D*
A l'enperere, *C D ajoutent :* Descendu sont del destrier abrivé. —
2843 *A B* le roi D. — 2844 *C D* porter notre avoé. — 2846 *D* Li
rois l'antent, s'en a l.— 2847 *C D* Di va, fet il, a vostre volenté.—
2848 *A B* Et toutes gens vos. — 2849 *C D* doit on molt e. —
2850 *A B* et grant honor p. — 2851 *omis dans A B,* *C* Dont d. —
2853 *D* Nostre e. — 2854 *A B* a armes c., *D* adobez. — 2855 *D*
Grant un estache. — 2856 *C* poignant a, *D* b. torné.

A tant de jent çom il li fu remés.
Ainz que venist as lojes et as trés,
Ot ja Guiberz tot l'estor afiné
2860 Et les Paiens ocis et decopez
Que un sol vif n'en peüst en trover.
Li emperere entra en la cité,
Et après lui en i a tant entré
Que il n'i porent ne chevir ne aler,
2865 Ainz s'en retornent molt grant partie as trés.
Prenent l'eschec ilueques par les prez,
Que il avoient sor paiens conquesté ;
Si l'ont entr'ax parti et devisé,
Tot li plus povres en fu riches clamez.
2870 Quens Aymeris ot prise sa cité,
Aconpli ot son voloir et son gré ;
Mès po menbra lo conte naturel
Du cruel sonje que il avoit sonjé
Que il morroit ainz que l'ans fust passez ;
2875 Se fera il, tot est aterminez ;
Dedenz un mois ert li quens afinez.
De lui sera grant perte.

2857 *D* ert r. — 2859 *C* Avoit G. — 2860 *A B* Et Sarr. o. — 2861 *A B* Que neis .I. seul n'en peüssiez t. — 2862 *D* Nostre e. — 2863 *A B* Et avec aus en a ja t., *D* alez. — 2864 *A B* ne venir ne a., *C* Que n'i porent, *D* pueent ne c. ne antrer. — 2865 *A B* Si s'en tornent as loges et as t., *B* tornerent, *C* en revint. — 2866 *C D* l'avoir et quierent p. — 2867 *A B* Que il orent, *C* Que conquis ont sor pai. desfaez, *D* Qu'il ont conquis sor pai. desfaez. — 2868 *A B* departi et donné, *D* Bien l'o. — 2869 *A B C* Li plus p. — 2870 *C D* Et Ay,.. la c. — 2871 *A B* Et aconpli son v., *C* son talent, *D* tote sa volentez. — 2873 *A* Du grant songe. — 2875 *A B* qu'il est a. — 2876 *A B* iert li quens devié, *D*Ançois .I. m. — 2877 *C* Et ce sera domages, *D* Ce fu diex et domages.

XCVI

  Oez, seignor, que Dex vos beneïe,
  Li glorios, li filz sainte Marie.
2880 Granz fu la joie a Nerbone la riche
  Por Aymeri qui ot sa cité prise.
  Dame Hermanjart a en la tor choisie ;
  A haute voiz li jentils quens li crie :
  « Franche contesse, ne vos esmaiez mie :
2885 « Encor serez dame de ceste vile.
  « Tote la terre nos est remese quite
  « Deci as porz desoz Esclabarie,
  « La cité frete qui est el pui assise.
  « Ne sai quel jent l'ont de novel reprise ;
2890 « De vieilles tors i ont dreciées .xv.
  « Veüz les ai, moi et ma conpaignie.
  « Mès, se Deu plest lo fil sainte Marie,
  « Je lor ferai muer herberjerie. »
  Dame Hermanjarz a la parole oïe,
2895 Ele devale, mès ne parole mie ;
  Si n'ot o li que .iii. de ses meschines :
  Les autres sont dedenz la tor fenies
  Por la vitaille qui lor estoit faillie ;
  Lor ames sont sauvées et garies,
2900 En Paradis coronées flories.
  Atant ez vos Hermanjart de Pavie ;

XCVI. — *C D refont beaucoup de rimes en ie.* — 2882 *C D* Quens Ay. a la barbe florie, | A la contesse en la grant tor choisie. — 2883 *A B* li prie, *C D* escrie, *C* Aym. li e., *D* li bons q. li e. — 2884 *C* Jentil c. — 2887 *D* Aclabarie. — 2891 *C D* Ier les veïsmes de la lande enhermie, | Desoz estoit ma fiere compaignie. — 2892 *A B* S'il plest a D., *et placent ce vers après le suivant.* — 2895 *C* El devala, *D* s'en d. — 2897 *D* furent d. — 2899 *D* Les ames furent. — 2901 *omis dans C D.*

Quens Aymeris en sa chanbre l'en guie,
Et tuit si fil ou durement se fie.
Si li aportent gastiax et tendres sines,
2905 Braons de cers et char de maintes guises,
Vin et piument, chastaignes et olives,
Resins et pesches, menues volatilles :
Dès or seront molt richement servies.
Mès po, menbra as François des meschines
2910 Qui sont remeses dedenz les bois logies
A .c. François, que plus n'en i ot mie.
Li Sajetaire issent d'Esclabarie,
Après François ont lor voie acoillie :
Bien sont armé que ne dotent la guivre,
2915 Ne ne finerent deci en Ortobrie
Ou li rois jut o sa grant baronie ;
Otre passerent que nel perçurent mie.
Tant ont coru, Jhesus Criz les maudie !
Que lo bruit oent et lo chant des meschines.
2920 Tant s'aprochierent que nos François choisirent ;
François les voient, forment s'en esbahirent,
Lor armes prenent et es destriers saillirent.
Li Sajetaire tréent fort et afichent,
Les escuz percent et ces aubers descirent,
2925 Les connoissances et les broines treillies ;
Mès no François sont po de conpaignie :
Ne sont que .c. et cil sont .IIII. mile.
A lor espées en ont la teste prise,

2902 *C D* les g. — 2904 *A* Si li portent g. — 2910 *A B* Qui remestrent, *C D* Qui venues furent de Femenie. — 2911 *A B* A mil F. que plus n'en sont il mie. — 2915 *A C* Ne finerent, *D* Ainz ne f. de ci que an Cubie. — 2916 *C* fu, *C D* o sa chevalerie. — 2917 *A B* que n'en trouverent mie, *C* O. passent que, *D* O. s'en passent. — 2918 *A B* Jhesus les maleïe, *D* Damedex. — 2920 *C* T. aproch., *C D* que la rote choisirent. — 2921 *omis dans B*. — 2926 *C* Que li Fr., *D* Car F. sont pou en c. — 2927 *A B* mil et cil. — 2928 *A* A espées en.

Et les puceles en plorent et sospirent;
2930 Tordent lor poinz et lor chevex detirent.
Li Sajetaire les ont a force prises,
En lor coler les portent et traïnent
Par mi les landes dures et enhermies;
Adez i a esglentier et espine.
2935 Nule pitié ne lor prent des meschines,
Qu'a nule feme ne prenent druerie.
Onc ne finerent deci Esclabarie,
Et les puceles i ont en prison mises
En une chartre dolerose, soullie ;
2940 Qui leenz est po puet prisier sa vie.
Or recommence bone chançon nobile,
Si com barnaje se amonte et decline
Et d'autre part essauce et puis avile.
Ainsi reprist danz Aymeris sa vile
2945 Que Sarrazin li avoient traïe,
Ce raconte l'estoire.

XCVII

Li Sajetaire furent en lor cité ;
Devant els font les dames amener
Enchaaînées et en charchans ferrez,
2950 Et en tex bruies que nes porent oster;
Enz en la chartre les ont fetes jeter :
Qui iluec est molt a mauvès ostel.
Boz et colovres i avoit il asez.
Quant li floz monte, si enple lo fossé,
2955 Par .ii. chanax lor en i entre asez,
Dont les convient totes droites ester,

2929 *A* Les p.— 2937 *C* en Clabarie.— 2940 *A B* Qui iluec est.
— 2941 *D* Hui mès c.
XCVII. — *C D refont beaucoup de rimes en é, er.* — 2952 *omis
dans A.* — 2954-5 *omis dans B.* — 2956 *D* Lors les c.

Jusqu'as mameles les i convient floter.
Quant floz retret, si voide lor ostel ;
Li pavement lor remaint tot curez,
2960 Ne mès des vers qu'i suelent converser.
.C. crestiens ont la dedenz trovez :
Marcheant sont de France lo regné
Qui alé furent a une foire anvel
Qui en Espaigne avoit .v. mois duré ;
2965 Si grant avoir en orent aporté,
.XXV. somiers d'or et d'arjent trossez ;
Et quant il durent en France retorner,
Li Sajetaire en oïrent parler ;
Si les gaitierent a un destroit de mer :
2970 Tuit furent pris, n'en pot un eschaper.
L'avoir en firent en une tor porter,
Les François firent en lor chartre jeter ;
Et les puceles les en ont apelez
Et lor demandent de quel terre sont nez,
2975 Et cil lor dient tote la verité
Des max qu'il ont soferz et endurez,
De la puor qui lor vient de la mer.
Li Sajetaire furent tuit asenblé ;
En droit midi firent l'eve corner,
2980 Desor les tables font lo mangier porter ;

2957 *D* estoit f. — 2958 *A B* revet. — 2959 *A* li r., *B* i r. — 2960 *A B* Fors que. — 2961 *A B* Crestiens ont la dedenz .c. t. — 2962 *D* furent. — 2963 *A* Alé furent, *B* Alé en furent... feste a. — 2964 *A B* un an d., *C* dura .i. mois passé. — 2965 *C D* Itel avoir i orent conquesté. — 2966 *C D* D'or et d'argent .xv. somiers trossez. — 2967 *C D* Et quant quidierent en doce France aler. — 2969 *A B* a un des porz de mer, *D* destroit passer. — 2970 *C* La les pristrent, *D* Trestoz les pristrent. — 2971 *A B* Tout l'avoir firent... mener. — 2973 *D* Les damoiseles. — 2974 *omis dans A B*, *C* Et demandent de. — 2975 *A B* Et il lor d. — 2977 *C D ajoutent*: Des nuiz veiller et des jors jeüner. — 2978 *C* estoient ajosté. — 2979 *C* a droit m. — 2980 *A* Sor les t., *C* Sus l... s'ont l. m. posé.

Mès il n'i ot ne pain ne vin ne sel,
Poivre molu ne comin destenpré,
Mès la char crue qui bien lor vint a gré :
Cele manjuent, que il ne vivent d'el.
2985 As damoiseles font a mangier porter,
Char tote crue de cerf et de sengler :
François i corent qui furent afamé,
Crue la trovent, si n'en porent goster.
A une part la corurent jeter,
2990 Adont saillirent serpent a grant plenté,
Box et colovres dont il i ot asez ;
En petit d'ore les en ont delivrez,
Mès une mie n'en peüst en trover.
Qui donc veïst ces tortues aler
2995 Et ces serpenz rechiner et sifler,
Soz ciel n'est hom n'en fust espoanté ;
Et les puceles commencent a plorer,
Les poinz a tordre, lor chevex a tirer.
Jhesus de gloire qui se lessa pener
3000 En sainte croiz por son pople sauver
Lor doinst secors por lor cors delivrer !
Se fera ilançois un mois passé.
Li empererc se fu fet desarmer,
A lui ala Guiberz li adurez ;
3005 Cortoisement l'en prist a apeler :

2981 *C D* pain ne vin ne claré. — 2983 *A B* molt lor v., *C* Que la ch. c. qui lor estoit, *D* Fors. — 2984 *A B* Tot ce m. quar il ne veulent el. — 2985 *B* Et as puceles, *A C* As p. — 2986 *A B* Tos les braons de c., *C* La char c. — 2987 *A B* i ot qui furent. — 2988 *A B* ne la porent, *C* Crue la voient. — 2990 *B* A tant s , *C* La s., *D* Dont s., *C* et boz coez, *D* s. et vers coez. — 2991 *C D* Et baalais treciez et escoez. — 2992 *omis dans A B*, *C* En po d'ore. — 2993 *C* n'en i pot en trover. — 2994 *omis dans B*. — 2995 *A* braire et puis s., *D* crier. — 2996 *C* n'a ome. — 2997 *C* Les puceles, *D* Les damoiseles. — 2998 *C* Les p. tordre et les chev. tirer. — 3001 *A B* aïde, *D* les c. — 3002 *A* j'en dirai verité, *B* ne les covient doter. — 3004 *A B* Li rois G. li corut ajuer. — 3005 *C* le p.

.« Droiz emperere, .v.c. merciz de Dé ;
« Por nos vos estes traveilliez et penez. »
Auquaires a Aymeri apelé :
« Sire parrainz, un petit m'entendez :
3010 « Prise est Nerbone, la merci Damedé;
« A mon pooir m'en sui je molt pené ;
« Lo guerredon vos en vueil demander;
« Feme prendrai se vos la me donez. »
Aymeris l'ot, si respont come ber :
3015 « Sire fillex, un petit vos cessez :
« Mollier avrez, quant vos la demandez ;
« En doce France la convient a garder,
« Bele et cortoise et de haut parenté
« Ou vos soiez richement mariez,
3020 « Et si prendrez et chastiax et citez.
— Sire, » fet il, « tot ce lessiez ester.
« N'ai soig de France, ne ja n'i quier entrer ;
« Devers Espaigne me lessiez converser :
« Que molt me héent Sarrazin et Escler
3025 « Por ce que sui a vostre loi tornez ;
« Ne lor falt gerre en trestot mon aé.
« De vostre terre un petit esgardez
« Ou je poïsse un sol recet trover.
« La cité gaste, se vos plest, me donez
3030 « Que hier veïsmes el sauvaje regné ;
« Esclabarie ainsi l'oï nomer.

3006 *B* Sire emp. *A C* Emperere, *D* et grez. — 3007 *A* nos i
estes, *C* Por nos estes. — 3009 *C* escotez. — 3010 *A B* Crestiens sui. — 3011 *A B* vos ai servi a gré. — 3014 *C* si commence a parler. — 3015 *C D* m'entendez. — 3016 *C* la requerez.
— 3017 *C* esgarder, *D* la convendra g. — 3018 *C D* de grant p.
— 3019 *omis dans A B, D* serez. — 3020 *A B* Ou vos pregniés,
C Et si avrez et c., *C D ajoutent :* Bors et viles et riches fermetez.
— 3021 *A B* dist il, *C* ice l. — 3022 *C* aler. — 3023 *C* En Esp.,
D convient converser. — 3024 *C* Molt me h., *D* Forment me h. —
3025 *A B* a vo loi atornez. — 3026 *C D* lor aé. — 3028 *C* fermer.
— 3030 *C* soz la roche de mer, *D* lez la roche de mer. — 3031 *C* issi.

« El fu mon pere l'amiral Salatré ;
« Mès Charlemaine li fist lo chief coper
« Quant il conquist Nerbone la cité ;
3035 « Or la tient quite li forz rois Codroez ;
« Mès mar la vit, se vos la me donez ;
« Iceste guerre vueil je renoveler,
« Et Clarissant, se vos plest, me donez ;
« Totes les dames ferons crestiener,
3040 « Si en ferons pueploier la cité ;
« Dex i sera serviz et enorez. »
Li rois s'en rit et Guillaume au cort nés ;
Et dist Bernarz de Brubant la cité :
« Biax sire pere, molt l'a bien esgardé ;
3045 « Donez li tot ce qu'il a demandé. »
Aymeris l'ot, si respont comme ber :
« Sire fillex, ice trestot avrez,
« La cité gaste del sauvaje regné.
« Ne sai quel jent sont dedenz ostelé ;
3050 « Ainz n'en deignierent a moi congié rover.
« Or vos irai la terre delivrer
« Et aquiter la marche. »

XCVIII

Oez, seignor, que Dex vos beneïe,
Li glorios, li filz sainte Marie !

3034 *A B* ot prise N. — 3035 *A B* l'amiral C. — 3037 *omis dans C D.* — 3037 *omis dans C.* — 3039 *A B* ferai. — 3040 *A B* ferai p. — 3041 *A B* Deu i ferai servir et enorer. — 3042 *A B* en r. — 3045 *D* quanquill a demandé. — 3049 *C D* en sont d. entrez. — 3050 *omis dans A B.* — 3051 *A B* Ja v.

XCVIII. — 3854 *A partir de ce vers jusqu'au vers 3086, C D ont une rédaction entièrement différente en un seul couplet que nous donnons d'après C ; D offre quelques variantes sans importance :* Ceste chançon est de grant seignorie, | De bone estoire et de grant baronie : | C'est del paraje de la jeste enforcie, | Et del plus fier qui

3055 Nus hom ne puet chançon de jeste dire
Que il ne mente la ou li vers define,
As mos drecier et a tailler la rime.
Ce est bien voirs, gramaire le devise,
Uns hom la fist de l'anciene vie,
3060 Hues ot non, si la mist un livre
Et seela el mostier Saint Denise
La ou les jestes de France sont escrites,
Or est bien droiz que verité vos die
Que eles furent et de quel baronie :
3065 Charles li rois a la barbe florie
De Jersalem aporta les reliques
De cel saint fust ou il sofri martire
Et la corone qu'il ot el chief d'espines
E les sainz clox et la sainte chemise
3070 Qu'enprès sa char avoit sainte Marie
Quant ele fu de son chier fil delivre ;
Ce aporta en France la garnie.
Ce fu une des jestes.

XCXIX

L'autre si fu du fort roi Charlemaine,
3075 Cel qui conquist Baviere et Alemaigne,
Bascle, Navarre et Poitou et Bretaigne,
Et Normendie et Anjou et le Maine,
Oncle Rollant qui fu morz en Espaigne
En la bataille fiere.

onques fust en vie, | Com Aymeri a la barbe florie, | Si fu ocis desoz Esclabarie; | La l'ocistrent la pute jent haïe. | Ainz tex domajes en France la garnie | Ne fu por home qui onques perdist vie, | Puis lo tens K. a la barbe florie | Et puis Rollant a la chiere hardie. | La soe jeste fu toz jorz esbaudie; | Crestienté fu par lui essaucie. | Molt l'ama Dex li filz sainte Marie... | S en fu...

C

3080 La tierce fu dant Aymeri lo riche.
La soe jeste fu la plus seignorie :
Il ot .vii. filz, bons chevaliers nobiles ;
Crestienté essaucierent et tindrent.
Li bons rois Otes, li sire d'Yspolite,
3085 Icil fu oncle as chevaliers nobiles :
Moines devint dedenz sa sainte vie,
Si en fu s'ame et sauvée et garie,
En paradis coronée et florie.
Hui mès commence bone chançon nobile,
3090 Si com les dames de terre Femenie
Sont en prison dedenz Esclabarie,
Enz en la chartre tenebrose et sotive ;
Par moi orrez com il orent aïde.
En la cité avoit une chetive ;
3095 De Nerbonois fu praée et ravie ;
Li Sajetaire du port de mer la pristrent ;
Ensenble o li Joifroi de S. Denise
Qui de soudées venoit d'Esclavonie.
Joifroi jeterent en la chartre perrine,
3100 Et la danzele n'i vodrent metre mie,
Ançois l'amoient por ce qu'el les fet rire,
Qui chante et note, nus ne la puet desdire,
Lais et biax sons et harpes d'armonie.
Li Sajetaire furent as desertines,
3105 Et la pucele ne se volt targier mie,

C. — *C D* riment en *ie*. — 3883-6 *omis dans B*. — 3084 *A* Li rois O. — 3089 *A B* Dès or. — 3092 *C* En la ch., *D* En une ch., *A B* dolerouse et s., *C D ajoutent* : Qui ileuc est po puet priser sa vie. — 3093 *A B* Par tans, *C* comment o. — 3095 *A B* fu getée. — 3096 *omis dans C D*. — 3097 *C D* Et avuec li... Pontellie. — 3099 *C* jetent, *A B* sale p. — 3100 *A B* metre n'i vodrent mie, *C* La pucele, *D* La damoisele. — 3102 *A* Chante et n. — 3105 *C* La p., *D* La damoisele.

Sor une mule afeutrée petite,
Par mi la lande a sa voie acoillie.
Tant a erré l'anbleüre serie,
Nerbone vit la fort cité garnie.
3110 Par mi la porte s'est en la cité mise,
Si descendi au perron, soz l'olive,
Et aresna sa mulete petite.
Dedenz la sale fu Looys li riches,
Et Aymeris et sa grant conpaignie ;
3115 Li emperere l'a premerains choisie :
« E! Dex, » fet il, « dame sainte Marie,
« Tant bele dame qui vient ici sotive !
« Ja mar crerez nule rien que vos die
« Se ne nos dist ja novele effreïe. »
3120 Cele parole, que ne s'atarja mie :
« Cil Damedex qui fu nez de Marie
« Et en la croiz lessa son cors ocire
« Et d'aubespine coroner son chief digne,
« Saut Aymeri et sa grant conpaignie :
3125 « Bien le conois a la barbe florie. »
Li rois respont qui des autres fu sire ;
Si li a dit : « Dex te gart, bele amie.
« Qui vos conduit ? Ne le nos celez mie.
— Par ma foi, sire, n'i ai plus conpaignie
3130 « Que Damedeu, lo fil sainte Marie.
« Aymeri sire, sés que je te vueil dire ?
« Par moi te mandent les puceles nobiles
« Que l'autre soir sor Paiens conquesistes,

3107 *A B* Qui par la l., *C D* les landes. — 3108 *A B* Jhesus la beneïe. — 3109 *C D* antie, *D* Que N. v. — 3111 *C D* Et descendi. — 3113 *B* Devant l. — 3114 *omis dans B, C D* baronie. — 3115 *C D* l'a veüe et choisie, *A B* Nostre e. — 3116 *A B* dist il. — 3118 *D* rien nule q. — 3120 *C* se tarde mie. — 3121 *C* qui sor toz a baillie, *D* qui tot a en b. — 3122-3 *omis dans C D.* — 3128 *A B* ne le celez vos mie. — 3129 *A* Par foi, sire, *C D* Biau sire rois, n'i ai. — 3130 *A B* Fors seulement du f.

« Que fet avez estranje vilanie,
3135 « Que les avez vendues et traïes
« As Sajetaires ques ont en prison mises,
« En une chartre, dedenz Esclabarie. »
Aymeris l'ot, n'a talent que il rie.
Li quens Auquaires a la parole oïe
3140 Que Sajetaire ont la cité sesie,
Et Clarissant et sa grant conpaignie
Est en la chartre dolerose et sotive ;
Detort ses poinz voiant la conpaignie,
Et vient au roi, envers lui s'umilie,
3145 Et docement por Deu merci li crie :
« Droiz emperere, qui France as en baillie,
« Quens Aymeris a la barbe florie
« M'avoit doné cele cité antive
« Que Sajetaire ont par force sesie,
3150 « Et en la chartre est Clarissant m'amie ;
« Por vostre amor ai je ma loi guerpie
« Et croi en Deu, lo fil sainte Marie.
« Se par vos n'est, ne li puis fere aïe. »
Li rois respont : « Ne vos esmaiez mie.
3155 « Se Dex m'aït, li filz sainte Marie,
« Molt volentiers vos i ferai aïe
« A la cité reprendre. »

3134 *A B* Que tu as fet. — 3135 *A B* Car tu les as. — 3137 *A B* Enz en lor ch. — 3138 *A B* qu'il en rie, *C* si n'a t. qu'il r. — 3139 *A B* Li bons Auq., *C* Et Auq. — 3141 *C D* la bele et l'eschevie. — 3142 *omis dans C*, *D* Est en prison, en la chartre enhermie. — 3144 *C D* durement s'u. — 3145 *D* Molt jentement. — 3147 *A B* Danz A. — 3148 *A B* une cité antie. — 3149 *A B* Li S. l'ont.— 3150 *A B* Et en prison est C.— 3151 *A B* Pour l'amour D., *C* a sa loi relenquie.— 3153 *A B* Se par vos non, *C D* ne lor p. — 3155 *A B* Se m'aït D.

CI

Li ber Auquaires dant Aymeri apele :
« Sire parrains, com je puis dolanz estre.
3160 « Mon premier don voirement quit je perdre,
« Li Sajetaire i menent et conversent ;
« Se par vos non, ne lor puis anui fere. »
Dist Aymeris ; « Nos lor ferons si pesme
« Qu'il en perdront les vies et les testes.
3165 « Par en son l'aube sera mise ma sele,
« Par fine force les irai la requerre
« A .xxx. mil de chevaliers a elmes.
« Mar i sesirent sanz mon congié la terre !
« Nes garira ne puis ne vax ne tertre,
3170 « Forez oscure, ne tors qui ne soit frete,
« Si soit forte ne haute ! »

CII

Li quens Auquaires ne l'a mis en obli ;
Il en apele Guillaume lo marchis :
« Sire, » fet il, « por amor Deu merci ;
3175 « Doné m'avoit mes parrains Aymeris
« Cele cité delez ce pui antif :
« Li Sajetaire s'i sont a force mis,
« Et Clarissant m'amie o lo cler vis
« Est en la chartre, dont ai lo cuer grami.
3180 « Por vostre amor ai jo ma loi guerpi :

CI. — *C D riment en é.* — 3165 *A* Par son l'a. — 3171 *A B* Ja ne sera si haute, *D* Tant s.

CII. — *C D refont beaucoup de rimes en i, is.* — 3172 *omis dans A B.* — 3173 *A B* Auquaire apele G., *D* rapele. — 3174 *A B* dist, *C* par les sainz Deu m. — 3176 *A B* Une cité desoz un p. — 3177 *A B* se sont a force ens mis, *D* par f. — 3178 *A B* la bele o le c., *C* au c. — 3179 *C* dont je sui si pensis, *D* dont issui mot p. — 3180 *A B*

« Et molt m'en héent Paien et Sarrazin.
— Voir, » dist Guillaumes, « nos te serons aidis :
« Ja Sajetaire ne seront si hardi
« Que il atendent mon seignor Aymeri :
3185 « Demain a l'aube les irons assaillir
« A .xxx. mil de chevaliers esliz.
« Ne les garront li mur ne li paliz ;
« Tuit seront mort, detrenchié et ocis.
« Puis ferons bien la cité revestir
3190 « Des chevaliers de cest nostre païs. »
Et dist Auquaires : « Sire, vostre merci. »
Quant la pucele a des François oï
Que il iront la cité envaïr,
Tel joie en a que toz li cuers li rit.
3195 El' apela lo preu conte Aymeri :
« Sire, » dist ele, « entendez un petit :
« Je m'en irai, que trop ai esté ci.
— Non ferez, bele, » ce li dist Looys,
«Ançois irez avuec nos lo matin
3200 « Quant nos irons la cité assaillir ;
« Adont savrons se vos avez menti.
« Mès par l'apostre que quierent pelerin,
« Je vos ferai toz les menbres tolir. »
— Sire, » dist ele, » por noient l'avez dit.
3205 « Par icel Deu qui onques ne menti,
« Onques n'i ving por vostre cors traïr,
« Ainz ving parler au preu conte Aymeri.
« Se me donez seignor a mon plesir,

Por a. Dieu, *C* ai mes dex relenquis, *D* ai mes jent relenquis. —
3181 *C* Molt m'en h., *D* Forment m'en h.— 3182 *A B* Et dist Guill.:
Nous t'i serons, *C D* ami.— 3183 *A B* Li Sajetaire.— 3184 *A B* Que
ja a., *C D* mon chier pere Ay.— 3186 *C D* hardiz.— 3187 *D* garra
li murs ne li p., *C* ja mur ne plesseïz.— 3188 *C* decopé.— 3191 *D*
Respont A.— 3195 *A B* Lors apela, *D* El en apele, *C D* bon c.— 3197
A B trop ai esté ici. — 3198 *C D* dit li rois L. — 3205 *C D* Se
m'aït Dex.

« Je li rendrai la cité le matin
3210 « Par tel engin com vos porrez oïr :
« Li Sajetaire s'en seront tuit issi,
« Clorrai les portes et lo pont torneïz,
« Et de la chartre jeterai .c. chetis :
« De doce France furent né de Paris,
3215 « Et avuec ax Joifroi de Saint Denis :
« Chevaliers est corajos et hardiz,
« Ainz de mes euz si bel home ne vi.
« Celui aim plus que home qui soit vis :
« Se lui avoie, tot avroie acompli. »
3220 Ot la li rois, volentiers s'en est ri :
« Et vos l'avrez, bele, » dist Looys,
« Quant la cité ert prise. »

CIII

« Par ma foi, sire, » ce dist la messagiere,
« Ja la cité n'ert par force bailliée ;
3225 « Haut sont li mur de mortier et de pierre
« Encontremont .v. lances penonières;
« El coig del mont ot fet une tranchiée
« .II. eves rades i descendent et vienent
« Qui des montaignes vienent par la tranchiée :
3230 « Quant eles hurtent, si menent tel bruiée
« Que l'en les ot molt bien de trois luiées.
« N'a que .II. portes en la cité prisiée
« Totes d'airain a cristal entailliées;

3214 *A B* De doce France nés furent., *C D* del païs. — 3215 *D* Ensenble o aux. — 3217 *A B* Ne de mes iex — 3220 *omis dans A B*, *C* Looys l'ot, si a jeté un ris. — 3221 *A B* dist li rois L. — CIII. — *C D* riment en iée, ie. — 3223 *A* Par foi. — 3226 *C* Et contremont si est halte une archie, *D* de haut une traitiée. — 3227 *omis dans A B*, *C* a fet une, *D* O chief do mont ont fet une t.— 3228 *A B* Et .II. eves i. — 3229 *A B* i descendent et filent. — 3231 *C D* La noise en ot bien près d'une luiée. — 3233 *C D* Chascune fu a

  « El chief devant a une arche fichiée
3235 « Et el sommet a une tor dreciée ;
  « Haute est et fort et en son batailliée.
  « Et quant les portes sont par nuit veroilliées,
  « Ja plus la vile n'en ert la nuit gaitiée.
  « Li Sajetaire l'ont si fort redreciée,
3240 « De .xv. tors bones l'ont enforciée,
  « Qui erent arses et fondues et brisiées,
  « El chief de la montaigne. »

CIV.

  Dist la pucele : « Sire droiz enperere,
  « Esclabarie est en un pui fermée.
3245 « El coig del tertre devers la mer salée
  « Ont Sajetaire une tor conpassée,
  « Une luiée est contremont levée,
  « Jusqu'as querneax enplie et arasée
  « D'or et d'arjent et de porpre fresée ;
3250 « N'a .x. citez ou ait tant bone espée
  « Et ars d'aubor et sajetes barbées.
  « N'a que .ii. portes en la cité loée
  « Quant eles sont en la nuit seelées,
  « Li ponz se torne soz les arches fermées
3255 « Et de chaenes laiciées et colées ;
  « Ja plus par nuit n'ert la vile gardée ;
  « Ja n'ert par force prise. »

---

c. entailliée. — 3234 *A B* drecie. — 3235 *A B* antie, *C D* Et par dessus a une t. d. — 3236 *A B* et grant, en son est b., *C* Haute et forte et desus b. — 3238 *C* Ja la vile n'i ert la nuit g., *A B* Ja par nuit n'ert la vile plus g. — 3239 *Jusqu'à la fin du couplet,* C D *ont une rédaction plus développée, totalement différente.*

CIV. — 3245 *A B* du pui, *D* d'un t. — 3247 *B* .xl. toises est c. — 3248 *C B* est e. et rasée. — 3249 *A B* jusqu'a la mer betée. — 3252 *C D* Et d'ars turquois, de fleches barbelées.— 3253 *A B* la vile enorée.

CV

Dist Aymeris : « Entendez, bele amie :
« Je vos plevis par foi sanz tricherie,
3260 « Se je la preig par si faite devise,
« Com je vos oi ici conter et dire,
« Seignor avrez, n'i poez faillir mie
« Preu et hardi de grant chevalerie. »
La main li tent, mès la foi n'en prist mie,
3265 De ce fist ele comme bien enseignie.
Congié demande a la chevalerie.
Looys monte a la chiere hardie
Et Aymeris a la barbe florie,
Li quens Hernauz que Jhesus beneïe
3270 Et avuec ax la bele conpaignie.
Par mi les landes ont lor voie acueillie ;
Devant s'en va la pucele une liue,
Onc ne fina jusqu'en Esclabarie,
Enz en entra par mi la porte antive ;
3275 Si descendi au perron soz l'olive,
En une estable a sa mulete mise.
Li Sajetaire ne s'en gardoient mie :
Ele lor a tel parole bastie
Dont il perdront dedenz .ii. jors la vie
3280 A l'assaut de la porte.

CV. — 3262 *A B* f. n'i poez mie. — 3263 *A B* P. et courtois. — 3264 *B* rent. *A* tient. — 3266 *D* a la grant baronie. — 3267 *C D* A Looys a. — 3269 *omis dans C D*. — 3270 *C D* A fet monter sa grant chevalerie. — 3271 *C D* a sa v. — 3272 *omis dans C, D* Conduit li livrent jusqu'a liuee et demie. — 3273 *C* Ainz ne f., *D* El ne fina. — 3274 *D* s'en e., *C* Dedenz e., *A* Enz entra, *A B* par une p. a. — 3277 *C* s'i g. — 3279 *A B* les testes et les vies, *D*ançois tier jor la vie.

CVI

Quant Aymeris entra en la cité,
S'aloient ja li François adober
Dedenz la vile et defors par les trés.
Quens Aymeris fu molt jentils et ber;
3285 .M. cors d'ivoire fist ensenble soner,
François l'oïrent, si se vont adober
      As lojes et as tentes.

CVII

Quant François ont la parole creante
Dont Looys et Aymeris se vante,
3290 A la cité en iront en la lande,
.X. mil François en brandirent les hanstes.
Auquaires s'arme cui forment atalente.
Quens Aymeris li bailla l'oriflanbe;
Fist un eslais devant lo roi de France
3295 Et prie Deu qui fist et ciel et angle
      Que sa terre li rende.

CVIII

Guibelins s'arme desoz l'onbre d'un lor
Et vest l'auberc qui fu Sanson lo fort :
Qui l'a vestu il n'a dote de mort,
3300 Ne ne craint lance, espié ne javelot,
Qu'en li atraie gote de sanc del cors,

CVI. — *Ce couplet est omis dans B et est réuni au suivant dans C D qui refont les rimes en é.*
CVII. — *C D riment en é.* — 3296 *C D* Que la cité li rende.
CVIII. — *C D ont une rédaction entièrement différente.*

Si a dure la maille.

CIX

  Guibelins ceint Aigredure s'espée,
  Toise ot de lonc, plaine palme fu lée,
3305 Donné en ot tant pesante colée,
  Tant pié, tant poig, tante teste copée,
  Dont tante dame en est veve apelée,
  Tante pucele, orfeline clamée.
  Si laça l'elme Constantin l'enperere ;
3310 .XIV. pierres ot el cercle fondées,
  En or d'Espaigne mises et seelées,
  .II. lunes ot en son lo coig plantées
  Ja n'ert la nuit si oscure mellée,
  Que l'en en voie entor une ruée ;
3315 Li rois Judas en ot la teste armée
  Quant Floevent li copa a s'espée.
  A son col pent une tarje roée ;
  Onques ne fu planée ne dolée,
  N'i ot cuir mis ne pointure sodée,
3320 Ainz fu par tot de colors desguisée
  Si fetement com el fu primes née :
  Ce fu l'eschale d'une ançoine barbée,

CIX. — 3303 *C D* Quant G. ot ceinte sa bone espée. — 3304 *A* et demi pié, *B* et demi palme l., *C* et plaine paumelée. — 3305 *C D* mainte riche c. — 3306 *C D* Maint p., maint p., mainte t.— 3307 *A B* Et tante d., *C D* mainte dame en fu veve clamée.— 3308 *C D* Mainte p., *C* nomée, *D* apelée. — 3309 *C* L'eaume laça, *D* Il lace l'e. — 3310 *A* .xv. pasmes, *C D* Une pierre, *C* seelée et f., *D* el cercle sodée. — 3311 *A B* En l'or... jointe et s., *C* assises.— 3312 *C D* Et une lune, *C* dedenz le coig p., *D* ot anz o coig p.— 3313 *A B* Ne nuit n'iert ja si oscure ne m.— 3314 *A B* liuée. — 3318 *A B* polie ne soudée. — 3319 *A B* Ne cuirie ne fu ne painturée. — 3320 *C D* Et si fu tote, *D* devisée. — 3321 *A B* premiers née, *C* freschement. — 3322 *A B ajoutent :* D'un fier poisson de

Qui plus tost noe par mi la mer salée
Que fax gruiers ne vole a recelée
3325 Quant la conpaigne des perdriz a trovée ;
Mès tant est dure et chauciée et serrée
Que ne crient cop de lance ne d'espée ;
Trop sont les armes riches.

CX

Or ot Guiberz ses garnemenz plus chiers ;
3330 L'en li ferma ses esperons es piez ;
Fées les firent en une cité viez ;
Il n'est nus hom por qu'il les ait chauciez
Que desoz lui recroie son destrier.
Puis que il est des esperons tochiez,
3335 Ainsi ravine com fet li esperviers
Quant l'oiselet a parti del vergier,
Tot autresi ravine li destriers ;
Toz jorz desire a corre.

CXI

Hanste ot Guiberz au roje confanon.
3340 En mi la place li traient Pliemont ;
Il i monta com hom de grant valor,
Puis s'en issi a qoite d'esperon

haute mer betée. — 3323 *A B* vole par ces ondes mellées. — 3325 omis dans *A B*. — 3327 *A B* Ne dote cop. — 3328 *C* Molt, *D* Tant.

CX. — *C D* riment en iez. — 3331 *C D* ajoutent : Si les faerent ce tesmoigne li briés.— 3332 *C D* Dex ne fist hom se il les a ch.— 3333 *C D* Ja ses destriers soit soz lui estanchiez. — 3338 *A B* Que touz jours veult il corre.

CXI. — *C D* riment en on. — 3339 *A* L'h., *C D* vert c. — 3340 *C* En la place, *D* envoie P.; *C D* ajoutent : Un vert destrier qui fu roi Justamon. — 3342 *A B* brochant a e., *C* Et s'en issi.

Par mi la porte devant S. Simeon ;
Devant la vile avoit un pin roont
3345 Qui fu plantez del tens ancienor.
Il prent un cor, sel sone par vigor ;
François s'en issent qui oient la rumor
Des lojes et des tentes.

CXII

Premiers s'en ist li bons rois Looys,
3350 Hernauz et Bueves et Bernarz et Garins.
« Droiz emperere », li quens Guillaumes dist,
« Nos en irons la cité assaillir,
« Esclabarie qui est el pui antif ;
« Icil la tienent qui ne nos sont amis ;
3355 « Ce ne sont pas Paien ne Sarrazin,
« Mès Sajetaire a qui ja Dex n'aït ;
« Des ars turquois tréent par tel aïr,
« Les granz quarriax entoschiez de venin.
« Qui a lor cox ne puet arme garir,
3360 « Aubers, elme ne broigne. »

CXIII

Aymeris fet soner .xxx. olifanz,
Bondir en fet Nerbone la plus grant,
La mestre tor et lo dur aymant.
Li quens Guillaumes porte lo roial brant,

3343 *A B* Par la poterne, *C* Par la porte. — 3344-5 *omis dans C D*. — 3346 *omis dans C*.
CXII. — *C D riment én is.* — 3349 *C* li forz. — 3354 *C* Cil qui la tient si n'est pas nostre amis, *D* Cil qui la tienent ne sont pas noz a. — 3355 *C* mie p., *A B ajoutent* : Mès Turs felons du regne d'Orquanie. — 3356 *A B* Et Sagitaire. — 3360 *C* ne vielle b., *D* Ne nule vielle b.

CXIII. — *C D riment en ant.* — 3361 *A B* Aquaires, *B* .iii. o., *C D* un olifant. — 3362 *C D* la fort cité vaillant.

3365 Auquaires tient cel Aymeri lo blanc;
Et icil .ii. chevauchierent avant
Et trespasserent les porz de Montirant,
Une cité que bastirent Jaiant;
.C. tors i ot totes de marbre blanc,
3370 Et de vermeilles en i ot autretant.
Charles li rois sist au prendre .x. ans,
S'en abati les murs et les auvanz,
Et en jeta les Sarrazins dedenz
Que puis ce jor n'i ot herberjement;
3375 Mès sauvagines et senglers i ot tant,
Ors et lions et granz serpenz volant,
Nus nel set dire ne jouglere qui chant.
Tote la jent dant Aymeri lo blanc
Et Looys en passerent avant;
3380 A lor forfet vindrent a l'anuitant.
En son un tertre la ou il fu plus grant
Se herberja l'enperere des Frans
Et la soe conpaigne.

CXIV

Quens Aymeris et la soe mesniée
3385 Soz la cité iluec se herberjierent;
Et li rois fu desus en la costiere,

3365 *B* Et Aquaires tient l'Aymeri le b. — 3366 *C D* Icil baron.
— 3367 *A B* Et si passerent, *C* trespassent. — 3368 *A B* que firent
li J., *D* tirant. — 3370 *C D* Et de liois en i ot. — 3371 *A B* fu au p.
.iii. a., *D* .ii. a. — 3372 *A B* Si en brisa, *C D* ajoutent: Et les bre-
tesches et les entablemenz. — 3373 *C* Si en j., *D* En j. toz les S.
— 3374 *C D* Ainz p. — 3376 omis, dans B, *D* mordant. — 3377
C D Ne le diroit nus hom qui soit vivant. — 3378 *C D* Aymeri lo
vaillant. — 3379 *C* Si L., *D* s'en p. — 3380 *C D* A la forest v...
l'avesprant. — 3381 *C* Sus le t., *C D* le tertre. — 3382 *C D* La h.
CXIV. — *C D ne distinguent pas ce couplet du précédent.* — 3385
A B Sus une eve.

Desor une eve rade, bruiant et fiere.
Totes ses jenz furent apareilliées;
Li rois se dort et li autre veillierent,
3390 Car durement se dotent.

CXV

Seignor, oez chançon de verité,
Bone et bien fete, nus ne la doit blasmer;
Il est escrit el rolle et seelé,
Ce fu li hom de la crestienté
3395 Qui toz jorz pot plus barnaje mener,
Et qui plus pot chevalerie amer,
Petit prometre et larjement doner,
Que Aymeris de Nerbone li ber :
Car ne fina en trestot son aé
3400 De guerre fere, de cenbiax afermer,
De terres prendre, de chastiax conquester;
Mès icil sieje, se seüst deviner,
Ne fust il fez, ainz le lessast ester,
Car ainz son terme l'en convint devier :
3405 De .IIII. espiez fu feruz et navrez
Et d'une autre arme dont fu evenimez,
Que il ne pot garir ne respasser.
Les nuiz sont cortes, que il estoit estez;
Quens Aymeris fu molt jentils et ber,
3410 Au matinet com il vit ajorner,

3390 *A B* forment se doterent.
CXV. — 3391 *C D* grant bonté. — 3395 *A B* Qui onc plus pot b. demener. — 3398 *A B* sor mer. — 3400 *A B* et de c. mener. — 3401 *A B* De viles p. — 3402 *A B* Mès en cest siege. — 3403 *A B* Ne fust il ja ainz... aler. — 3404 *D* Ançois, *C* Ainz s. — 3405 *C D* Que il en fu par mi lo cors navrez | De .III. espiez trenchenz et afilez. — 3406 *A B* Et d'autres armes fu il enpoisonnez. — 3407 *A B* Dont il. — 3408 *omis dans A B*. — 3409 *A B* Li gentis quens dans Ay. li ber. — 3410 *omis dans A B*, *D* dut a.

Des chevaliers a fet .M. adober
Que lo cenbel portent a la cité;
Dedenz un brueil les a fait arrester :
La s'enbuschierent quoiement a celé.
3415 Li Sajetaire sont le matin levé,
En chevauchiée en devoient aler
Sor l'aumaçor de Cordres la cité.
Sore li metent ques a deseritez
De Babiloine, lo fié a l'amiré :
3420 Jaiant la firent ce dient par verté
Et Sajetaire furent au conpasser :
S'il ne lor rent, guerre li feront tel
Ne li faudra en trestot son aé.
Mès por neant ont il or tel pensé
3425 Que plus près d'ax porront guerre trover.
Quens Aymeris ne volt plus demorer :
.IIII. olifanz fet ensenble soner,
Tuit en tentissent li mont jusqu'a la mer,
Les hautes tors de la bone cité.
3430 Li Sajetaire en furent esfreé,
Isnelement se corent adober,
Puis issent fors et rengié et serré,
Ne mès que .C. qui leenz sont remés,
Qui remés sont por la cité garder.
3435 Tant ont coru li gloton desfaé

3411 *A B* De ses François fit .vc. a., *C* deviser. — 3413-4 *omis dans A B.* — 3415 *A B* par matin. — 3416 *D* doivent ce jor aler. — 3418 *A B* Car seur li m. — 3419 *A B* du siege a l'am., *D* les fist a l'a. — 3420 *A B* ce fu la verité. — 3421 *D* a c. — 3422 *C* Se ne. — 3423 *C* lor a. — 3424 *C D* ice en pensé. — 3425 *A B* la pueent il t. — 3426 *A B* Dans A. fu molt gentis et ber. — 3427 *A B* Mil cors d'araine i avoit fet soner. — 3428 *A B* Qu'en retentirent li val jusqu'a la mer. — 3429 *C* Toutes les tors, *D* Et les tor hautes d. — 3430 *D* en sont tuit e. — 3431-7 *omis dans C, D* Pranent les armes. — 3432 *D* Fors s'en issent. — 3433 *A B* por la vile garder. — 3434-5 *omis par A B.*

De nos François ont les aguaiz passez ;
Franc les corurent et tot sans escrier.
Li Sajetaire en furent esfreé :
A une part del chanp se sont torné.
3440 Ez vos l'estor commencié et levé
El chief de la montaigne.

CXVI

Li Sajetaire ont lor estal porpris
Et li François les alerent ferir.
La veïssiez un estor esbaudir,
3445 Un mort sor autre trebuchier et chaïr.
A nos François en est il ja mal pris :
De .M. qu'il erent n'en eschapa que .XX.
Fuiant en vont tot par mi un larriz.
Cil les enchaucent que nes vodrent guerpir,
3450 Tant qu'en l'agait des François se sont mis ;
Cil les corurent de totes parz ferir ;
Li Sajetaire, en furent esbahi,
Car il n'avoient pas tel estor apris,
Ansus se traient tuit rengié de ferir
3455 D'espiez et de sajetes.

CXVII

Li Sajetaire se sont tuit arresté,
El coig del mont et rengié et serré.

3436 *A B* les coars p. — 3437 *A B* François lor courent, *D* de toz sans e. — 3439 *A B* se sont el chanp t., *C* se furent del c. — 3441 *C* en la m.

CXVI. — *C D* riment en ir. — 3444 *C D* fier estor e. — 3445 *A B* l'autre. — 3446 omis dans *A*. — 3453 *A* Que il n'avoient. — 3452 *D* en sont toz esbahi. — 3454 *C* Ainz, *D* Avant, *A B* et reng. de f. — 3455 *A B* Et d'espiés et de lances.

CXVII. — 3456 *A B* se furent a. — 3457 *A B* El chief du pui.

Quens Aymeris fist sa jent conreer,
El premier chief les a fet atorner,
3460 .XIIII. eschieles a fetes ordener.
Blancheflor fu en la bone cité ;
Si ot Joifroi de Saint Denis amé
Que tot en a lo dormir oblié,
Boivre et mengier quant venoit au disner.
3465 Amors la tient, ne la lesse durer
Qui a maint saje fet folie penser.
Ele fu blanche come flors en esté,
Les euz ot vairs come faucon mué.
Jusqu'a la chartre ne se volt arrester ;
3470 Joifroi apele : « Biax amis, ça venez. »
Quant cil l'a vi, si fu desesperez,
Deu reclama, lo roi de majesté :
« Glorios Dex, qui me feïstes né !
« Si bele feme ou porroit on trover?
3475 « Car fusse je par mi lo cors navrez,
« Mès que peüsse garir et respasser,
« Que une nuit l'eüsse a mon costé
« Desoz cortine, en un vergier planté,
« Si qu'en feïsse tote ma volenté.
3480 « Mès vilenie me fet tant endurer,
« Que je ne vois avuecques li parler. »
Il se dreça, si la prist au baudré :
« Ma doce amie, dites que vos volez. »
Cele respont : « Ja orrez verité :

3459 *omis dans* C D. — 3460 A B fist vestir et armer. — 3461 C D *ajoutent* : Cele qui ot lo messaje aporté. — 3462 A B Tant ot Joifroi, D de Paris aamé. — 3464 *omis dans* C D. — 3466 C Qui maint home, D Qui maint saje home. — 3467-8 *omis dans* C D. — 3469 *omis dans* B. — 3470 A dist ele. — 3471 C D Quant cil l'oï toz en fu esfreez. — 3472 A B qui en croiz fu penez. — 3473-82 C D *ont une rédaction entièrement différente.* — 3480 A Vilenie me f. — 3482-7 *omis dans* D. — 3482 C Ma demoisele. — 3483 A B Ele respont.

3485 « S'ert une feme qui vos vossist amer,
« Et vos poïst de la chartre jeter,
« Vos conpaignons feïst toz delivrer,
« La vodriez vos de cuer loial amer?
— Dame, » fet il, « merveilles oi conter.
3490 « Il n'est or feme en la crestienté,
« Se me pooit de la chartre jeter,
« Que ne preïsse a moiller et a per.
— Sire, » fet ele, « or avez dit que ber.
« Plevissiez m'en la vostre loiauté. »
3495 Cil li afie, et li recroit sor Dé.
Fors de la chartre en a Joifroi jeté
Et toz les autres en a o lui menez,
En une tor les a fet toz entrer ;
Maint garnement i ont riche trové.
3500 François s'adobent qui l'orent desiré,
Vestent aubers, lacent elmes jemez,
Ceignent espées as senestres costez
A lor cox pendent les forz escuz bendez,
En lor poinz prendent les espiez noielez
3505 Et la pucele les en a apelez :
« Seignor, » dist ele, « un petit m'entendez :
« De fors la porte a un estor chanpel
« Que Looys de France i a levé

3485 *A* S'il ert feme. *B* S'il estoit f. — 3486 *A B* Et vos voussist... oster, *C* Et vos pooit. — 3487 *A B* adober. — 3488 *C D* Prendriez la a moiller et a per. — 3490 *C* Il n'est feme. *D* Soz ciel n'est ; *C D ajoutent :* De foire en autre eüst son gant porté | Et a toz homes eüst son cors livré. — 3491 *A B* Qui me vossist d. — 3492 *C* Se la prendroie, *D* Prendroie la a m. — 3493 *A B* Cele respont. — 3494 *D* moi. — 3495 *C D* Et cil li a plevi et afié. — 3496 *C D* La pucele l'a de leenz jeté. — 3497 *C* Et les autres avueques li mené. — 3499 *C* Tant g. — 3500 *A B* Et cil s'a, *D* n'i a plus demoré. — 3502 *omis dans A B.* — 3503 *C* bouclez, *D* lor forz e. — 3504 *C D* Hanstes ont roides et e. — 3505 *C* La pucele les en a a., *D* La demoisele. — 3506 *C* Et lor a dit : Seignor, un p. — 3507 *A B* Fors de la p. — 3508 *C* la loée.

« Et Aymeris li vielz chanuz barbez ;
3510 « Li Sajetaire i sont a els mellé,
« Ne mès que .c. qui sont ceenz remé
« Que i lessierent por garder la cité ;
« Alez, seignor, les testes en prenez.
— Franche pucele, la porte nos ovrez.
3515 — Seignor, » fet ele, « a vostre volenté »
Droit a la porte les a trestoz guiez ;
Li Sajetaire ne s'i sorent garder,
Tant qu'il les ont par derriere escriez.
A brans d'acier lor ont assaut livré,
3520 Toz les ont morz, ocis et afolez,
Et après sont dedenz l'estor entré.
A haute voiz conmencent a crier :
« Rois Looys, ou estes voz alez
« Et Aymeris, li vielz chanuz barbez ?
3525 « Nos somes ci a vostre feauté. »
Quens Aymeris garda vers la cité,
Des elmes vit lo brun et la clarté,
Et l'or reluire ; si a Deu reclamé :
« Glorios pere qui me feïstes né,
3530 « Donez nos prendre cele bone cité,
« Une abaïe i ferai estorer,
« Plus de .c. moines i metrai coronez

3509 *A B* li chanus li b. — 3510 *A B* trestuit alé. — 3511 *A B* qui ceenz sont remés. — 3512 *omis dans A B*, *C* Que l. — 3513 *C D* Alez baron. — 3514 *C D* .vc. merci de Dé, | Vostre merci la porte nos ovrez. — 3515 *A B* Cele respont. — 3516 *A B* Et a la porte les a tantost menez, *C* A la porte. — 3519 *A B* As branz lor ont itel estor livré. — 3520 *A B* Que tuit sont mort ocis et decopé, *D* decopé; *C D ajoutent* : Les cors en gietent contreval les fossez. — 3521 *C D* Puis sont alé desoz les murs ester. — 3524 *D* li franc quens aduré, *C* li jentils enorez. — 3525 *C D* en v. — 3527 *C D* Des armes vit lo bruit. — 3528 *C D* L'or qui reluist contre soleil levé. | Parfitement reclama Damedé. — 3530 *C D* Lessiez nos prendre icele fermeté. — 3532 *C* .VC. moines, *A B* Si i metrai .c. m.

« Qui i feront tot lo service Dé
« Jusqu'au jor del joïse. »

CXVIII

3535 La damoisele si fu durement liée
Quant de l'amor Joifroi fu apoiée;
Vint a la chartre si l'a desveroilliée :
S'en a jeté les puceles prisiées,
En une tor en sont o li poiées.
3540 Li Sajetaire par lo pui se rengierent,
A nos François la bataille requierent,
Quens Aymeris sa mesnie a rengiée,
El chief devant ala .L. eschieles.
La veïssiez tante pointe eslessiée,
3545 Des abatuz fu la terre jonchiée.
Li Sajetaire de rien ne s'esmaierent,
De lor sajetes nos François abatiérent
Qui onques puis sor piez ne redrecierent.
Ce fu domaje et perte.

CXIX

3550 Quant Aymeris vit ses homes morir,
Molt li en poise, ne vos en quier mentir.
Lo destrier point por les suens garantir,
Et li François le sivent par aïr :
Les Sajetaires vont ensemble ferir,
3555 De totes parz les revont envaïr;
Adont conmence l'estor a esbaudir;

CXVIII. — 3535 *A B* La pucele, *C D* se fesoit forment l. — 3536 *A* Qui d., *C* aprochiée, *D* aprimiée. — 3538 *C* Si en jeta, *D* Fors en jeta. — 3539 *A B* les a celle p. — 3541 *omis dans B*. — 3542 *C D* Et Ay. si a sa jent. — 3549 *A B* Dont ce fu grans domage.
CXIX. — 3550 *A B* Quens Ay. — 3551 *C* Il li en pese, *D* Forment l'en poise. — 3554 *A B* alerent assaillir.

A ceste pointe font .M. païens chaïr.
François i fierent par merveillos aïr,
Sanc et cervele font contremont bolir,
3560 Les Sajetaires trebuschier et morir;
Des abatuz font la terre covrir.
A la cité quidierent revertir
Deci au pont ne finent de foïr,
Et la porte fu close.

CXX

3565 Vers la cité s'en vont li glot fuiant;
Deci au pont sont alé a itant,
Mès close fu la porte par devant.
Quant il le voient, molt en furent dolant;
Il s'escrierent par un fier maltalent :
3570 « Ovrez la porte, fel, gloton, soduiant ;
« Mar la closistes, par mon deu Tervagan;
« Conperrez lo ainz lo soleil cochant.
— Vos i mentez », dist Joifroiz li vaillanz,
« Querez ostel, que ci n'avez neant.
3575 « Ceste cité gardons par tel covant
« Que la rendrons Aymeri lo poissant. »
Quant cil l'entendent molt ont grant marement ;
Lors s'arresterent desor lo pont devant.
Quant veü ont que il n'ont nul garant,
3580 Les ars entoisent par un fier maltalent;
Ez lor François a esperon brochant

3559 *C* font contre terre jaïr. — 3564 *D* Mès la p.
CXX. — 3565 *C D* s'en vont gloton fuiant. — 3566 *C D* maintenant. — 3568 *C* Com il voient, si en f. — 3569 *C* Il s'escrient par lor f., *D* molt f. — 3570 *C* felon et soduiant. — 3571 *C* Mar i fu close. — 3572 *omis dans A B*. — 3574 *A* car ci. — 3576 *C* vaillant, *D* ferrant. — 3577 *A B* Quand il l'oïrent molt en furent dolant. — 3578. *C* Lors s'arrestent. — 3579 *D* Quant ont v. — 3580 *omis dans A B*. — 3581 *A B* les F.

Et Aymeris el premier chief devant;
Desor lo pont choisi les soduianz,
Des esperons a brochié l'auferrant,
3585 Entr'ax se fiert, entesé lo nu branc.
Dex! porquoi va li jentils quens vaillanz!
Lo jor fu morz, et par son hardement!
Veritez est, bien le sevent auquant,
Que n'est nus hom en ce siecle vivant
3590 Qui de sa mort, ce trove l'en lisant,
Poisse trespasser l'ore!

CXXI

En la grant presse des glotons maleïz
S'est enbatuz li frans quens Aymeris.
L'espée tret dont li branz fu forbiz,
3595 Lo destrier point, en la presse s'est mis;
.VII. en a morz li jentils quens hardiz:
Qui il consuit ne puet eschaper vis,
Tant que li uns l'esgarda et choisi,
Mestre fu d'ax et li plus seignori:
3600 C'est Bugladans, li cuverz maleïz;
Onques a trere une foiz ne failli.
Cil entesa au preu conte Aymeri,
Une sajete descocha, sel feri
Soz la mamele, que lo auberc ronpi;
3605 Tote la fleche el flanc li enbati

3582 *A B* Quens A. — 3586 *C D* Biau sire Dex qui feistes Adant, | Porquoi ala li j., *A B* le preu conte vaillant, *C* poissanz.— 3587 *D* par son grant h., *A B* intervertissent ce vers avec le suivant. — 3588 *D* Mès vertez est.
CXXI. — 3592 *A B* Enz en la p.— 3593 *A B* Fu emb., *C* li contes Ay. — 3595 *D* broche. — 3596 *A B* li preus conte h. — 3597 *A B* Cui il ataint. — 3600 *C* Bugladas, *D* li mestres segnoris. — 3601 *A B* Qui a son trere nule f. — 3603 *C* descoche, *D* anchocha. — 3604 *A B* le haubert li ronpi. — 3605 *A B* Et la sajete el cors,

A tot lo fer entoschié de venin;
Deci au cuer la dolor en senti;
Li autre lancent les bons espiez forbiz,
Son bon escu li ont fret et peri
3610 Et son auberc derrot et desarti;
Par mi lo cors l'en ont il .IIII. mis;
Mès ainz li quens por ax toz ne chaï,
Point lo destrier, de la presse sailli,
Poignant s'en vet desoz un pin foilli.
3615 Quant il vint la, jus du cheval chaï;
.III. foiz se pasme li frans quens Aymeris.
Lieve la noise, si enforce li criz :
Entor lui vienent si fil et si ami;
Tele dolor nus hom mener n'oï.
3620 De pasmoison revint quens Aymeris,
Confession demanda et requist,
Son chapelain amoinent devant li
A cui li quens ses pechiez rejeï,
Et cil l'asolt qui bien en fu apris.
3625 Et li frans quens a terre s'estendi,
Envers lo ciel andox ses mains tendi,
Seigna son chief et sa cope bati;
Onc puis li quens un sol mot ne tenti
Fors qu'en la fin cria a Deu merci,
3630 Et puis, ançois que toz fu definiz,

C Que la fleche. — 3608 C lor b. — 3611 A B l'en i ont .IIII., D l'en ont les .IIII. — 3612 A B Mès Ay. — 3613-5 omis dans C. — 3614 D dejoste un p. — 3617-26 omis dans B. — 3617 C et li hu et li cri. — 3618 A Iluec vindrent, C Entor lui sont. — 3619 C D Mès puis cele ore que Jhesus Criz nasqui, | Tele dolor nus hom mener n'oï, | Com demoinent si baron entor li. — 3620 A vint li q., D li q. jentis, C D ajoutent : Si com Deu plot qui onques ne menti. — 3622 A B amenerent iqui, D li mainnent. — 3624 C D ajoutent : Et comugnia de pain qu'ert beneïs. — 3625 C Li jentils q. — 3626 C Et vers. — 3627 A B son vis, C Son chief seigna. — 3628 C Que puis, D Ainz p. — 3629 C D q'a la fin. — 3630 omis dans A B.

Manda saluz Hermenjart au cler vis.
Li cors s'estent et l'ame s'en parti,
L'ame enporterent li anje beneï
O les martirs en gloire.

CXXII

3635 Quant li bons quens ot la vie finée,
Lieve li criz, la noise et la huée;
Ne vit nus hom tel dolor demenée.
Quant vint Guillaumes a la chiere menbrée,
Li jentils quens s'a la presse sevrée,
3640 Molt hautement a sa voiz escriée :
« Que fetes ci, franche jent enorée?
« Ne veez vos cele jent desfaée
« Qui vos ont hui fet si pesme jornée?
« Lessiez mon pere, n'i a mès recovrée;
3645 « Venchons sa mort a la trenchant espée.
« Se nos eschapent la pute jent desvée
« Dont ert la perte et la honte doblée. »
A icest mot poignent de randonée.
Rois Looys en oï la criée
3650 Et li baron de France la loée.
Qui encor sont en la selve ramée.
Tuit se derenjent a grant esperonée
Vers Sajetaires, chascuns lance levée,

3631 *A B* Salus manda, *C* la jentils. — 3633 *C* Si l'enportent. — 3634 *D* Lasus o ciel en gloire.
CXXII. — 3635 *A B* sa v. — 3636 *C D* et la noise est levée. — 3637 *D* Nus vit onques t. — 3638 *D* Com vint li quens a. — 3639 *C D* a la p., *D* Li bers Guill. — 3644 *A B* L. le duel quar n'i a recouvrée. — 3645 *C* au trenchant de l'espée, *D* a noz trenchanz espéez. — 3647 *D* Lors ert. — 3648 *C* A ce mot p. a une r., *D* A ces mot p. tuit d'une r.; *et ajoutent* : Li haut baron de plus grant renomée.— 3652 *A B* Tuit desrengierent a une e., *D* Et se desrenent.

Si que d'ax ont fete grant lapidée.
3655 Ez vos Garin d'Anseüne la lée,
Lo franc conte nobile.

CXXIII

Rois Looys de France l'asolue
Et li baron cui Jhesu face ajue
Ont la bataille fierement maintenue.
3660 Ez voz Garin qui tient l'espée nue ;
Quant de son pere sot la desconvenue,
Qui soz le pin gist morz en l'erbe drue,
Del duel qu'il ot, toz li sans li remue ;
Point lo destrier, des esperons l'argüe,
3665 Fiert s'en la presse ou plus grant l'a veüe.
As Sajetaires a chier s'ire vendue ;
Cui il consuit tost a vie perdue.
Tant en ocist a l'espée molue
Que devant lui est la place vestue ;
3670 Mès tant le fierent cele jent mescreüe,
Li uns de hache, l'autre de lance agüe,
Tote sa tarje li ont frete et ronpue,
Et sa fort broine desmailliée et ronpue,
De totes parz est la maille cheüe.
3675 Ez vos lo mestre de la jent mescreüe,
C'est Bugladans qui d'une fleche agüe

3654 *C D* Si com li fauz qui vole a recelée | Fierent entr'ax par molt grant airée, | Des Sarrazins ont fait grant lapidée. | Q'il consivent tote a la vie finée. | Mil en trebuchent a une randonée | En la grant eve qui fu parfonde et lée. — 3655 *C D* a grant esperonée. — 3656 *C D* Li franc dus d'Anseüne.
CXXIII. — 3660 *C D ajoutent* : Fil Aym. a la barbe chanue. — 3661 *C D* Quant d'Aymeri sot. — 3662 *D* sor l'e. — 3665 *A B* ou grignor l'a. — 3666 *D* Cui il consuit a tost s'ire esmeüe. — 3667 *A B* la vie a tost p., *omis dans D*. — 3668 *A B* Molt. — 3669 *omis dans A B*. — 3671 *omis dans B*. — 3672 *A B C* Que sa targe. — 3673-4 *omis dans A B*. — 3673 *C* Et la b. — 3676 *A B* hache a.

Feri lo duc par tel descovenue,
Tote li a enz el cors enbatue;
Deci au cuer a la dolor sentue.
3680 De la presse ist et d'aler s'esvertue,
Deci au pin n'i a resne tenue,
Delez son pere a la barbe chanue
Chaï pasmez par desor l'erbe drue;
De la dolor toz li cors li tressue :
3685 La mort l'angoisse et destraint et argüe.
Entor lui est la soe jent venue;
Crient et braient come jent irascue,
Et li frans dus a sa cope batue,
S'a vers lo ciel dreciée sa veüe,
3690 D'un provoire a confession eüe,
Puis s'estendi ; l'ame s'en est oissue,
Et li saint anje l'ont prise et receüe;
Si l'enportent en gloire.

CXXIV

Morz fu Garins au coraje vaillant :
3695 Grant duel en font si baron et sa jent;
De lor dolor mar ira nus parlant,
Car trop la moinent et orible et pesant,
Quant lez lo pere virent morir l'enfant.
Et la bataille fu merveillose et grant :
3700 Li Sajetaire que li cors Deu cravent
A une part sont tret, li soduiant;
Darz et sajetes tréent si durement,

3680 *A B* Ist de la p. — 3682 *A B* Jouste Aymeri. — 3685 *A B* La m. le tient qui fierement l'argüe. — 3686 *A B* sont l. — 3687-9 *omis dans B.* — 3689 *A* Vers le ciel a drecie sa v. — 3692 *A B* retenue, *C* Et li ange. — 3693 *A B* Qui l'aportent, *C* Et l'e.

CXXIV. — 3695 *A B* en ont. — 3797 *A B* Car il la m.; *C* Que trop la font et o. — 3698 *A B* Delez le p. — 3702 *D* D'arz de s.

N'i a baron ne prince si vaillant,
S'entr'ax se met, qui ait de mort garant.
3705 Atant ez voz dant Bernart de Brubant;
Quant li remenbre de son pere vaillant
Que ocis ont li cuvert mescreant,
Lo destrier point par un fier maltalent,
Les Sajetaires requiert el chief devant.
3710 Après li vet a esperon brochant
Li quens Guillaumes a l'aduré talent,
De Conmarchis Bueves li conbatanz,
Guiberz li preuz au coraje vaillant,
Hernauz li rox de Gironde la jent,
3715 Li quens Auquaires qui en Deu fu creant,
Et d'autre part Looys li poissanz,
O lui .xx. mile de la françoise jent.
Les Sajetaires requierent fierement :
Fierent des lances et d'espées trenchanz.
3720 A cele enpointe en ont morz plus de .c.,
Et cil lor tréent molt aïriement.
Darz et sajetes et menu et sovent,
Ausi espès com grelle qui descent.
Molt grant domaje i orent notre jent,
3725 Qu'a lor sajetes n'a nule arme garant.
En la grant presse fu Bernarz de Brubant
Ou il feroit par molt fier hardement.
Dex ! quel domaje del franc conte vaillant !
Li Sajetaire li sont venu devant ; -

3703 *C D* poissant. — 3704 *A B* qui ja i ait g. — 3706 *B* Quant il li m., *A C* Quant li menbre, *A B* Aym. lo vaillant. — 3707 *A B* li Sarrazin Persant. — 3708 *C* son f., *D* molt f., *C D ajoutent* : L'espée tret au pont d'or flanboiant. — 3713 *C* Li rois Guiberz a l'aduré talent, *D* Guibert lor frere a l'aduré talent. — 3714 *C* au coraje vaillant. — 3715 *A B* Le bon Aq., *C* Et A. — 3717 *A B* A tout. — 3722 *A B* lor envoient sovent. — 3723 *D* pluie. — 3724 *A* Que grant d., *B A* grant d. — 3725 *A B* n'avoit a. — 3726 *A D* Enz en. — 3727 *A B* feri par son fier maltalent. — 3728 *A B* de Bernart lo vaillant. — 3729 *A B* Li Sajetaires li est venu d.

3730 D'une grant hache esmolue et trenchant
Li a ocis li uns son auferrant,
L'autre le fiert d'un grant dart en lançant,
Qu'il li transperce son auberc jazerant;
Dedenz lo cors li entre maintenant;
3735 Molt près del cuer lo froit acier en sent.
Si com il pot ist de la presse grant,
Lo pas s'en vet, s'espée traïnant,
Confession va a Deu demandant,
Car la mort sent qui le vet angoissant.
3740 Si con Deu plot, est a pié alez tant
Qu'il est venuz soz lo pin verdoiant;
Quant il i fu pasmez est maintenant
Delez son pere et son frere vaillant.
Quant se redrece, sa cope va batant
3745 Et de bon cuer Damedeu reclamant.
Entor li vienent si baron et sa jent,
Un tel duel font, nus hom ne vi si grant.
Et li quens torne son chief vers Orient,
A Deu cria merci, si parla tant
3750 Que confès fu d'un chapelain sachant;
Puis s'estendi contre terre en croisant
L'ame s'en vet par lo Jhesu comant,
Et li saint anje la pristrent maintenant
Qui l'enporterent devant Deu en chantant,

3730 *A B C* D'une hache, *D* et molue et t.— 3731 *A B* un destrier a.— 3732 *A B* Et uns autre fiert d'un dart en lançant.— 3733 *A B* Si qu'il li perce le hauberc j.— 3734 *A B* Par mi le c... entra m.— 3735 *A B* Emprès du c. — 3736 *A B* Au miex qu'il pot. — 3737 *A B* Si s'en ala, *D* Les pas s'en v. — 3739 *A B* molt angoisseusement, *C* Que la m. — 3740 *A B* Si com il pot a pié est alez t. — 3741 *A B* Que venuz est.— 3742 *A B* i vint... aïtant, *D* p. s'est m., *C* Com il. — 7343 *A B* Lez Aymeri. — 3744 *A B* Quant il se lieve. — 3745 *A B* De verai cuer. — 3746 *A B* sont et si home et sa jent. — 3747 *A B* Qu'il firent duel, *D* Si grant d. — 3748 *C* Li quens torna. — 3751 *A B* Si s'est. — 3753 *A B C* Et li ange. — 3754 omis dans *C*, *D* Si l'e.

3755   En perdurable vie.

CXXV

    Or furent mort li .iii. baron de pris,
    Li quens Bernarz et ses pere Aymeris
    Et d'Anseüne li jentils dus Garins.
    Et quant li frere virent mort lor amis,
3760 Tel duel en moinent a po n'enrajent vis.
    Mès tel entente ont a lor enemis
    Qu'aler ne pueent a cels qui sont ocis;
    Car tel poor avoit li plus hardiz
    Que ja n'en quide un sol eschaper vis.
3765 Molt fu dolenz li fors rois Looys;
    A haute voiz a escrier se prist :
    « Que fetes vos, mi chevalier de pris?
    « Par cele foi que je doi saint Denis,
    « Se eschaper lessiez nos enemis,
3770 « Ja ne tendrez terres en mon païs.
    « Or i perra qui sera mes amis:
    « Toz mes tresors li ert a bandon mis. »
    Quant il l'oïrent, ez les vos esbaudiz;
    La oïssiez de cors tel soneïz,
3775 Tuit en tentissent li pui et li larriz;
    Ez vos François de bataille ademis :
    Qui donc veïst Guillaume lo marchis,
    Guibert son frere, lo jentil roi de pris,
    Hernaut lo rox, Buevon de Conmarchis,

3755 *A* joie.
CXXV.— 3758 *C D* Garins li dus jentils. — 3759 *C D* Quant li frere autre. — 3760 *A B* Tel duel demainent, *C* en ont. — 3762 *A B* Aler ne porent.— 3763 *C* Que t.— 3764 *D* pour rien e.— 3765 *A B* Or fu d. — 3766 *C D* s'est pris.— 3770 *A* tendra, *C D* Ne tendrez mès. — 3773 *C* cil l'o., *D* entendent. — 3774 *C* Lor o. — 3775 *A B* Qu'en retentissent, *C* li mont et li l. — 3777 *A B* Qui la v. — 3778 *A B* Lui et G.

3780 Lo conte Auquaire qui fu preuz et hardiz,
　　　Cui la cité ot promise Aymeris,
　　　Et se Deu plest encore l'avra il ;
　　　Avuec Francois s'en va tot ademis ;
　　　El premier chief li forz rois Looys.
3785 Les Sajetaires ont fierement requiz :
　　　Lor recommence molt granz li fereïz
　　　Et des espées ruistes li chapleïz ;
　　　Des glotons ont plus d'un millier ocis
　　　Et cil des Frans ont les plusors malmis.
3790 La damoisele fu el palès votiz
　　　Qui amé ot dant Joifroi de Paris :
　　　A lui en vient li chevaliers de pris
　　　Et si plora des biax euz de son vis :
　　　« Ma damoisele, molt somes entrepris :
3795 « Je oi la fors et grant noise et grant cri ;
　　　« S'or eüssions bons destriers arrabis,
　　　« Ja oississions la fors tot ademis
　　　« Por nos vengier de nos max enemis
　　　« Qui nos avoient ceenz en chartre mis.
3800 — Sire », fet ele, « ja n'en soiez pensis ;
　　　« Ceenz a bien .c. destriers arrabis
　　　« Que Sajetaire ont gardez et norriz
　　　« Et amenez des estranjes païs :
　　　« Prendre en poez tot a vostre devis. »
3805 Lors en done un a Joifroi de Paris,
　　　Et tuit li autre ont chascuns lo suen pris.

3780 *A B* et gentis, *C D* Li quens A. — 3782 *C D* encor en ert sesis, *D* Mès se Deu p. — 3783 *A B* en va. — 3786 *A B* Lors conmença. — 3787 *A B* li ruistes, *D* molt ruiste li c. — 3789 *A B* et des Franc. — 3790 *B* Et la pucele, *C A* La pucele. — 3792 *A B* vint. — 3793 *D* Tendrement plore. — 3794 *A B* nos somes, *B* Gentil pucele. — 3795 *C* granz noises et granz criz. — 3796 *C D* Sc e, *A B* des d. — 3797 *A B* Nous alissions. — 3798 *A B* des mortex e. — 3799 *A B* ici en ch. — 3800 *A B* dist ele. — 3803 omis dans *A B* — 3805 *A B* dona a J. — 3806 *A B* Et des a.

Puis sont monté li bon vassal de pris
Qui tuit estoient armé et fervesti.
Par mi la porte s'en issent ademis :
3810 El fort estor se sont a itant mis
Ou se conbat li forz rois Looys
Et si baron, si conte et si marchis.
Tant ont feru li bon baron de pris,
Des Sajetaires n'i a mès que .c. vis.
3815 Li Sajetaires qui navra Aymeri,
C'est Bugladans, li cuverz maleïs,
.II. cox a trez au fort roi Looys,
Desoz lui a son bon destrier ocis;
Il s'aprocha del bon roi seignori
3820 Et d'une hache dont l'acier fu bruniz
Feri sor l'elme lo roi poesteïs;
Lo mestre cercle li copa sor lo vis,
Mès il ne l'a ne navré ne malmis,
De son estant a jenoillons l'a mis.
3825 A icel cop vint Joifroiz de Paris,
Il et si home vienent au chapleïz;
Les Sajetaires ont fierement requiz,
Devers la porte les ont si envaïz,
Voillent ou non, les ont fors del pont mis
3830 A la premiere pointe.

chascun le sien a pris, *C* Et li a., *D* ra c. — 3807 *A B* Or s. — 3808 *A* Qui estoient, *D* Car tuit e. — 3809 *A B* se sont a force mis. — 3810 *A B* Et en l'e. si fierent ademis *D* maintenant m. — 3812 *A B* li b. li c. et li m., *C* si duc et si m. — 3813 *A B* li chevalier de p. — 3817 *A B* au bon roi L.— 3819 *A B* poestis, *C* Puis s'aprocha, *D* Li gloz s'aproche. — 3820 *A B* est b., *C* forbiz. — 3821 *A B* A si feru le roi de Saint Denis. — 3822 *A B* Qu'il li cope le cercle sor le v., *C* Que lo cercle li c.— 3823 *C* Mès ne l'avoit, *D* Mès ne l'a pas. — 3824 *A B* Mès maintenant.— 3826 *C* ses jenz, *A D* vindrent. — 3829 *C* a f.

CXXVI

Li Sajetaires a Joifroi coneü
Qui en sa chartre ot longuement jeü.
Quant il lo voit grant duel en a eü;
D'une grant hache a entor lui feru,
3835 Qui il ataint, morz est et confonduz.
Voit lo Joifroiz, cele part est venuz
Par grant aïr, entoisé lo branc nu :
Par mi son elme a lo gloton feru,
Deci es denz l'a trestot porfendu,
3840 Estort son cop si l'a mort abatu.
François lo voient, grant joie en ont eü,
Et li gloton en furent irascu
Quant lor seignor virent mort et vaincu;
Tel poor ont li cuvert mescreü,
3845 En fuie tornent, n'i ont plus atendu :
Franc les enchaucent, si ont levé lo hu,
Après destendent li jone et li chanu,
Cil qui ainz pot a force et a vertu :
Qui il ataignent, mort l'ont et confondu;
3850 N'en eschapa que .x. des mescreüz,
Que puis qu'il orent lo mestre d'ax perdu,
Furent il pris com oisiax a la glu.
Tant ont l'enchaut li baron maintenu
Que tuit sont mort li cuvert mescreü.

CXXVI. — 3832 *D* Que... tenu, *C* la ch. — 3833 *C* Com... vit. — 3834 *A B* De sa grant h. a itant cop f. — 3835 *C D* Morz est a fin qui il a conseü. — 3836 *C* coru. — 3838 *A B* le hiaume. — 3841 omis dans *A B*. — 3842 *D* furent molt. — 3843 *A B* ainsi vaincu. — 3844 *A B* felon m. — 3845 *C* qui n'i ont atendu. — 3846 *A B* a force et a vertu. — 3847 *A B* Apres ax vont. — 3848 *C* Cil qui ainz ainz. — 3848-9 omis dans *B*. — 3849 *C* consivent, *A* est.— 3850 *A* ne jones ne chenuz.— 3851 *A B* virent... vaincu. — 3852 *A* l'oisel, *C* li oisiax a glu. — 3854 *D* malostru.

3855 François retornent qui ont lo chanp vaincu,
A la cité sont arriere venu,
Maudient la del verai roi Jhesu
Quant por li prendre ont tel domaje eü.
Ainz por cité en cest monde ne fu
3860   Tel dolor ne tel perte.

CXXVII

Quant ocis furent la pute jent baïe,
Devant la porte de la cité antie
Est asenblée la riche conpaignie,
Rois Looys et sa grant baronie.
3865 Onques li conte ne la chevalerie
Entrer ne vodrent en la cité antie,
Tel duel demoinent et baron et mesnie
Por Aymeri a la barbe florie,
Et por ses filz dont chascuns se gramie.
3870 Mès de ce fist li rois grant cortoisie
Qui a Auquaires dona Esclabarie,
Au bon convers qui bien l'ot deservie :
S'a Clarissant esposée et plevie,
La jentil dame qui vint de Femenie,
3875 Si com li ot donée et otroïe
Quens Aymeris ainçois que perdist vie ;
Lo païs tint Auquaires en baillie ;
S'ont Clarissant levée et bautisie
Et ses puceles o li par conpaignie,
3880 Qu'el amena de terre Femenie ;

3855 *omis dans A B*. — 3856 *omis dans D*. — 3857 *A B* M. l'eure. — 3859 *A B* Car... siecle n. — 3860 *D* Tel duel et si grant p.

CXXVII. — 3862 *A B* garnie. — 3863 *C* ajostée, *D* S'ont ajosté. — 3867 *A B* Tel dolor moinent. — 3869 *D* s'esgramie. — 3872 *C* qui l'avoit.— 3873 *A B* Cl. a e.— 3876 *A B* ainz que p. la v., *C* qu'il p. — 3878 *A B* Ont C. — 3879 *D* Et ses conpangnes.

Totes remestrent en la terre garnie.
S'ont estoré et fete une abeïe
El chanp o fu la bataille fornie;
Moines i ot de molt grant seignorie
3885 Qui la prierent Jhesum, lo fil Marie,
Por les barons qui orent perdu vie.
Bernart lo conte a la chiere hardie
Ont enterré la riche baronie
  Et Garin d'Anseüne.

CXXVIII

3890 Iluec ou fu la bataille pesant
Font beneïr un cimetere grant,
Et un charnier molt bel et avenant
Ou metre firent la crestiene jent
Que ocis orent li felon soduiant.
3895 En un sarqu de fin marbre luisant
Ont mis par soi dant Bernart de Brubant
Et en un autre Garin lo conbatant,
Lo jentil duc d'Anseüne la grant.
A l'enterrer veïssiez duel pesant :
3900 La se pasmoient maint chevalier vaillant.
Que vos iroie celui duel acontant?
Ne m'en creroit nus hom qui soit vivant,
Mès por lo conte Aymeri lo ferrant
Font greignor duel li petit et li grant.
3905 Celui ne vodrent pas lessier si enfant

3881 *B* Et puis r., *A C* Si remestrent. — 3882 *C* Estoré ont et f. — 3883 *A B* fenie. — 3884 *A B* grant ancisserie, *C* de grande s., *D* Moines i mistrent. — 3885 *C* Qui prierent. — 3886 *A B* ont p. la vie. — 3888 *A B* enfouy.

CXXVIII. — 3892 *A B* chancel. — 3893 *A B* font. — 3894 *A B* li cuivert s. — 3899 *A B* si grant, *C* dolor grant.— 3900 *A B* pasmerent li ch., *C* pasma. — 3902 *A B* Ne le c., *D* me c. — 3904 *C* graindre d.

Ne si ami ne si apartenant,
Ainz lo conroient et bien et richement
Et enbasmerent de basme et d'oignement,
En cuir de cerf cosu estroitement ;
3910 Covrent lo conte d'un paile d'Orient
Et a Nerbone l'enporterent sa jent
A Hermenjart la contesse vaillant.
Biax sire Dex, voirs pere tot poissant,
Quant el savra ce domaje pesant
3915 Del jentil conte qu'ele avoit amé tant,
Molt avra bien Jhesu Crist a garant
Se de duel ne chiet morte.

CXXIX

Quant enterré sont li baron de pris
Et enbasmez fu li quens Aymeris,
3920 Li franc baron l'ont en litiere mis,
Sor .II. chevax l'enportent li marchis.
Auquaire lessent por garder lo païs ;
Mès en sa terre vet Joifroiz de Paris,
Si enmena la pucele jentil,
3925 Cele qui l'ot fors de la chartre mis
Et lo messaje porta roi Looys :
O lui l'enmoine Joifroiz en son païs,
Si l'esposa si com li ot promis.
Et li baron n'i ont plus terme quis,
3930 D'Esclabarie partent, s'ont congié pris ;

3908 *A B* d'un molt bon o., *C* enoistrent. — 3909 *A B* couvert molt richement, *B* noblement. — 3911 *D* Car a. — 3913 *C* rois celestre poissant, *A B* pere omnipotent. — 3915 *A B* Du vaillant conte, *C* Del franc c. — 3916 *A B* El avra bien. — 3917 *A B* Se ele ne c. morte, *C* ne s'acore.
CXXIX. — 3922 *C* a garder. — 3923 *C* En sa terre. — 3924 *D* au cler vis. — 3927 *A B C* Si l'enmoine, *B* enmena. — 3929 *A B* Ionc l. — 3930 *C* De Tabarie.

168 LA MORT AYMERI DE NARBONNE

Mès au partir n'i ot ne jeu ne ris,
Que morz i lessent de lor meillors amis;
Les hernois trossent, a la voie sont mis,
Aymeri portent lo franc conte de pris,
3935 Plorant le vont et baron et marchis.
Detriers les guie li forz rois Looys,
Hernauz li rox, Bueves de Conmarchis,
Li quens Guillaumes d'Orange li marchis;
Mès ainz lo soir, que jors soit definiz,
3940 Avra poor trestoz li plus hardiz;
Se Dex n'en pense, li rois de paradis,
Li plus poissanz sera griés et marriz
Ainz que voie Nerbone.

CXXX

Vont s'en François ou n'ot que corrocier
3945 Droit a Nerbone lo chemin droiturier.
Si com il vindrent dejoste lo rochier
Dont vos oïstes en la chançon arrier
Ou ja soloit la guivre reperier
Qui el païs ot fet tant enconbrier,
3950 La pute beste lor vint a l'encontrier.
En son venir demoine tel tenpier,
Tuit en fremissent baron et chevalier;
Onques n'i ot si hardi ne si fier
Qui n'ait poor quant virent l'aversier.
3955 As armes corent serjent et escuier
Et duc et conte et baron et princier;

3932 *omis dans C, D* Car m.— 3933 *C* Lo h.— 3934 *A B* li franc
c. — 3938 *omis dans C.*— 3941 *C* nel fet.— 3942 *C* hardis... grainz
et m. — 3943 *A B* voient.
CXXX. — 3945 *omis dans A B, C* A Nerbone. *Tout le reste du
poème manque dans D par suite de la perte du dernier feuillet.* —
3948 *C* Qui la soloit de g. — 3949 *A B* seult fere l'e. — 3950 *A B*
male b. — 3952 *C* Tuit fremissent. — 3955 *C* chevalier.

Lor jent aünent a un cor menuier.
Li quens Guillaumes qui tant fet a prisier,
Il et si frere qui sont hardi et fier,
3960 Contre la guivre en sont alé premier
Et après ax maint vaillant chevalier;
Devant ax metent les escuz de quartier
Et en lor poinz les roiz espiez d'acier;
Et quant de li les vit si aprochier
3965 La pute beste, cui Dex doinst enconbrier!
Se conmenca contr'ax a hericier
Et de sa gole feu et flanbe lancier;
Et cil lo voient, n'i ot que esmaier :
Lancent li lances et javelos d'acier,
3970 Mès ne lor vaut la moitié d'un denier;
La pel ot dure plus que fer ne acier,
Lo feu ardent lor jete a l'aversier
Qui lor brula lor escuz de quartier.
Voit lo Guillaumes o lo coraje fier
3975 Et jure Deu lo verai justisier,
Melz volt morir ne se voist esmaier.
Lo fort espié conmence a paumoier,
Seigna son vis et brocha lo destrier;
Par maltalent corut a l'aversier,
3980 Enz en la gole li mist l'espié d'acier,
Plus de .ii. piez l'en fist el cors fichier :
La guivre bret qui se sent angoissier;
Del cri qu'el fet retentist li rochiers;
Lors i acorent li baron chevalier
3985   Qui li copent la teste.

3958 *C* fist.— 3960 *C* en alerent.— 3961 *C* tant cortois c.— 3965 *C* Cele beste.— 3966 *A B* Si se commence.— 3967 *A B* ardent a l. — 3968 *C* Cil lo voient. — 3969-71 *omis dans C.* — 3973 *A B* les e. — 3975 *A B* Il jure D. — 3978 *A B* si brocha. — 3979 *A B* ala vers l'a. — 3980 *C* En la g. — 3982 *C* se fet a. — 3984 *A B* i corurent.

CXXXI

    Quant a la guivre ont la teste copée,
    A grant merveilles l'ont entr'ax esgardée,
    Mès n'i font plus li baron demorée.
    A l'ainz que puent issent de la contrée,
3990 Devers Nerbone ont lor voie tornée;
    Aymeri portent qui la vie ot finée
    Dont grant dolor ont entr'ax demenée.
    Tant ont erré li baron a jornée,
    Nerbone voient la fort cité loée.
3995 Dame Hermenjarz la contesse senée,
    Fu totes jors as fenestres montée :
    Molt fu la dame iriée et trespensée,
    Que, puis qu'issirent de la cité loée
    Quens Aymeris et sa jent enorée,
4000 Ne l'en fu dite novele ne contée.
    Devers la mer a la chiere tornée,
    Vit des barons qui venoient l'estrée,
    Et vit la biere que devant ont portée,
    Li sans li fuit, s'a la color muée
4005 Et tel dolor li est el cuer entrée,
    A po ne chiet des fenestres pasmée.
    Dit Hermenjarz : « Sainte Virje enorée,
    « Li uns des nos i a la vie otrée.
    « Se il ne fust de fiere renomée,
4010 « Ja de si loig n'en feïssent portée.
    « Aymeri sire, frans quens, chiere menbrée,

CXXXI. — 3987 *A B C* A merveille, *A B* regardée. — 3988 *A B* pas li b. — 3989 *B* porent, *A* Ainz que il porent. — 3990 *C* A N. — 3993 *C* alé. — 3995 *A B* honorée. — 3997 *C* tenpestée. — 3998 *A B* issi. — 4001 *B* sa c. — 4002 *B* d'estrée. — 4002-3 *omis dans C.* — 4004 *A B* la colour a m. — 4005 *A B* Si grant d... cors e. — 4006 *A B* de la dolor p. — 4007 *A B* Hé Dex! dist ele. — 4009 *A B* grande r. — 4010 *C* ne f.

« Je sui por vos durement esfreée,
« Ne soit de vos cele chose averée
« Que li bons clers vos avoit devisée
4015 « De l'avison qui si fu redotée. »
Quanque la dame est issi dementée,
Par la cité est la novele alée,
Morz est li quens, n'i a mestier celée.
Et quant il ont la novele escotée,
4020 Ne vit nus hom jent si fort adolée :
De toz sens est la cité esfreée,
Petit et grant ont grant dolor menée.
Et Hermanjarz a la noise escotée
Bien sot de voir, com ele ot la criée,
4025 Que c'est li quens qui la vie ot finée :
Ne pot mot dire, issi fu adolée,
Dedenz la sale chiet a terre pasmée ;
.IIII. puceles l'en ont sus relevée
Et en sa chanbre entre les braz portée ;
4030 Or quident bien sa vie soit finée.
Et li criz fu par la cité loée,
N'i remest cloche que l'en n'i ait sonée,
Borjois et dame et la jent ordenée
I ont ensenble procession menée
4035 Encontre cels qui la biere ont portée ;
A l'encontrer fu la dolor doblée,
Mainte robe ont ronpue et descirée,
Maint poing detort, mainte cinple tirée ;
A grant duel entrent en la cité loée,

4015 *A B* tant fu. — 4019 *A B* Et quant el ot la n. — 4020 *A B* issi a. — 4022 *A B* i ont dolor m. — 4023 *A B* Dame H. quant oï la criée. — 4024-5 *omis dans A B*. — 4026 *A B* parler tant par fu a. — 4027 *A B* est cheüe p., *C* En la s. — 4029 *A B* En la c., *C* En sa c. — 4030 *B* soit outrée, *C* que l'ame en soit alée. — 4032 *A* N'i ot c., *B* Il n'i ot c. — 4033 *A B* honorée. — 4034 *A B* ont ensemble p. — 4035 *C* gardée. — 4037 *A B* Tante r. — 4038 *A B* Et tant p. tort. et tante cimple t. — 4039 *A B* A dolor.

4040 Ainz ne tornerent en la sale pavée,
Mès por veillier ont la biere portée
A la plus mestre yglise.

CXXXII

Dedenz Nerbone a grant procession
Portent la biere a Saint Pol lo baron;
4045 Iluec ajostent d'entor et d'environ
Li chevalier et tuit li haut baron,
Clerc et provoire, jent de religion,
Homes et femes et petit enfançon;
Plorent et crient et font tel marrison
4050 Qu'en n'i oïst nule rien se plor non;
Et li borjois s'escrient a haut ton.
« Aymeri sire, jentil fil de baron,
« Bon chevalier, home de grant renon,
« Quant estes morz, que devenir porrons?
4055 « Qui vos a mort, de verté le savons,
« Tot a cest regne mis a perdicion;
« Or i vendront Paien et Esclavon;
« Si aorrons Tervagan et Mahom,
« N'i crera l'en Jhesu Crist ne son non;
4060 « Et nos dolant, en quel païs fuirons?
« Se ci nos trovent li encriesme felon,
« Ne nos garra avoir ne raençon
« Que ne perdons les vies. »

4040 *A B* Onc ne t. — 4041 *C* Mès par Nerbone ont. — 4042 *C* haute glise.
CXXXII. — 4044 *omis dans C*. — 4045 *C* La ajostent — 4046 *omis dans C*. — 4050 *A B* cri non. — 4051 *A B* Et cil b. escrient. — 4053-4 *omis dans C*. — 4053 *A B* et hons de g. — 4056 *A B* Mis a c. r. en grant destrucion. — 4061 *A B* Se nos i truevent li Sarrazin f.

CXXXIII

  Por Aymeri le franc conte poissant,
4065 Firent un duel li petit et li grant
  Qu'en n'i oïst nes Damedeu tonant.
  Tote la nuit jusqu'a l'aube aparant
  Gaitent lo conte chevalier et serjent.
  Et Hermenjarz la contesse vaillant
4070 Enz en sa chanbre va tel dolor fesant
  Que nel diroit nus hom qui soit vivant :
  La la tenoient si home et si enfant
  Que ne la lessent remuer tant ne quant,
  Ne a la biere aprocher plus avant.
4075 Por conforter la contesse avenant
  I vint li rois Looys li poissanz ;
  Com el le vit si ala escriant,
  El li a dit por un fier maltalent :
  « Rois, qu'avez fet d'Aymeri lo ferrant ?
4080 « Et vos Guillaumes et vos Guiberz l'enfant,
  « Hernauz et Bueves, felon et soduiant,
  « Rendez moi tost Aymeri lo poissant,
  « Mon fil Bernart, lo seignor de Brubant,
  « Et dant Garin d'Anseüne la grant
4085 « Qui avec vos en alerent joant ;
  « Rendez les moi ci et sains et vivanz ;

CXXXIII. — 4065 *A B* tel duel. — 4066 *A B* Qu'en n'i oïst pas D. — 4068 *C* Gartent lo c. Aym. lo ferrant; *B ajoute* : Borjois et dame dont il y avoit tant | Entor le cors mainent .i. duel si grant | Nel vos diroit nus jougleres qui chant. — 4070 *A* En sa c., *B* menant, *C* fet un duel si pesant. — 4071 *omis dans B*. — 4072 *B ajoute* : Pleure et soupire et se va dementant; | Lasse chetiye se vait souvent clamant; | Ses poinz destort, ses cheveux va tirant. | Que vous diroie? Ytel duel vait faisant | Que nel diroit nus homs tant soit sachant. — 4073 *A B* Ne la lessoient. — 4074 *A B* en avant. — 4075 *A B* vaillant. — 4077 *A B* Quand el le voit. — 4078 *omis dans C*. — 4082 *A B* Or me rendez. — 4083-5 *omis dans C*.

« Ou ce se non, par Deu lo roiamant,
« Que je dirai trestot a mon esciant,
« Que les avez venduz as mescreanz. »
4090 Quant il l'oïrent de dolor vont plorant.
Rois Looys les ala confortant
Et si conforte la contesse vaillant
Puis s'en alerent a Saint Pol a itant
Et font chanter la messe hautement.
4095 Clerc et provoire i chantent en plorant
Et li chanoine et li moine ensement,
Le jor valut l'ofrande tant besant !
En un sarqu de fin marbre luisant
  Firent la sepoture.

CXXXIV

4100 Après la messe ont lo conte enterré
En un sarqu de vert marbre listé
Qui bien fu fez et noblement ovrez ;
Dedenz fu mis lo cors a grant chierté ;
Ilueques furent et evesque et abé
4105 Et moine et clerc et provoire ordené
Et li chanoine de la bone cité ;
Tuit revestu ont lo conte enterré ;
Mès puis que Dex ot lo siecle estoré
Ausi grant duel ne fu por home né,
4110 Com le fesoient por Aymeri lo ber :

4088 *A B* Je dirai ja voirs a mon e. — 4089 *C* Que vendu sont a la paiene jent. — 4090 *C* Com il l'oent, *A B* de pitié ; *B ajoute* : Et de dolor se pament li auquant. — 4092 *C* Et conforta ; *A B ajoutent* : Et chevalier, escuier et serjant. — 4093 *C* P. alerent. — 4094 *C* Et la messe font c. h. — 4095 *B* ensement. — 4096 *omis dans B C*. — 4097 *A* Ce j.

CXXXIV. — 4102-3 *omis dans C*. — 4106 *omis dans C*. — 4109 *A B* Ne fu tel duel por un home mené. — 4110-12 *omis dans C*.

Se g'i metoie un des jors de l'esté,
N'en averoie la moitié aconté.
Ça et la gisent li chevalier pasmé,
Et li baron sont en haut escrié :
4115 « Aimeri sire, de la vostre bonté,
« Ne fu mès prince en la crestienté.
« Vostre proece, vostre nobilité,
« Vostre grant sens et vostre larjeté,
« Ne porroit estre par nul home conté.
4120 « Tot aviez par valor sormonté,
« Les chevaliers de la crestienté,
« Princes et contes et demaines et pers,
« Barons et dus et les rois coronez.
« Chevalerie est chaüe en vilté.
4125 « Or seront mès Sarrazin resposé :
« Par tote France feront lor volenté,
« Que n'en seront par home destorné,
« Puis que il sont de vos sol delivré. »
Ainsi ont tuit lo conte regreté ;
4130 Et li clerc ont lo servise finé,
Plorant departent et estranje et privé
Et li baron sont el palès entré ;
Mès Hermenjarz au jent cors enoré
Tele par a si grant duel demené,
4135 Que por li ont tuit li baron ploré,
Que puis n'ot joie en trestot son aé :
Nonain devint et servi Damedé
Por Aymeri que tant avoit amé,
Dont onques puis n'ot lo duel oblié,
4140 Qu'ele en fu morteançois un an passé.

4113 *A B* menbré. — 4116 *A B* onc p. — 4118 *A B* Et v. s. et
v. — 4119 *A B* par home raconté. — 4120-23 *omis dans C.* —
4126 *A B* Parmi F. — 4127 *A B* ja n'en... trestorné. — 4133 *A B*
corage aduré. — 4134 *A B* dolour mené. — 4136 *A B* Ainc puis.
— 4137 *A B* si s. — 4139 *B* tel d.

Grant duel en firent tuit cil de la cité,
A saint Pol ont lo suen cors enterré
Lez Aymeri lo conte.

CXXXV

De grant duel fu la terre replenie
4145 Quant Aymeris ot finée la vie
Mes ainz que fust la semaine conplie
Se departi la riche baronie :
Rois Looys a la chiere hardie
Si s'en ala en France la garnie ;
4150 O lui mena sa grant chevalerie ;
Molt en lessa qui ont perdu la vie
Dont granz dels fu en la terre nobile.
Li quens Guillaumes a la chiere hardie
Vet a Orange sa fort cité garnie
4155 Ou lessiée ot dame Guibourc s'amie ;
Onques pès n'ot a la jent paienie.
Hernauz li ros ne s'i atarja mie,
Droit a Gironde a sa voie adrecie,
Et li dus Bueves a tot sa conpaignie
4160 S'en retorna a Commarchis sa vile,
Et Guibelins qui ot grant seignorie
O lui mena sa bele conpaignie
Tout droitement a Andrenas la riche ;
Et de Nerbone tint la terre en baillie

4141 *A B* icil, *C* Grant duel firent t.
CXXXV. — 4144 *A B* la contrée remplie. — 4145 *A B* perdue;
A B ajoutent: Et Hermanjarz la dame seignorie.— 4146 *A B* acomplie. — 4151 *C* Mès il en lesse une grande partie. — 4152 *C* Que ocis ont la pute jent haïe; *et ajoute* : Guiberz li rois qui tant ot seignorie | A Andrenas a sa voie acueillie | O lui mena la soe compaignie | Molt en i a qui ont perdu la vie. — 4153 *C* Et G.— 4154 *C* la f., *A B* antie. — 4155 *omis dans C.*— 4157 *C* Hernaut et Bueves ne s'atargierent mie | Chascun rala en sa terre garnie.

4165 Aymeriez qui ot la seignorie
Que li dona ses parrains en sa vie
Quant de ses filz ot fet la departie.
Onques de princes dont chançons soit oïe
N'issi tex oirs ne tel chevalerie;
4170 Tant les ama Jhesus li filz Marie
Qu'en paradis sont en sa conpaignie.
Et l'estoire est ci en droit aconplie.
Damedex gart toz cels qui l'ont oïe
Et moi avuec qui la vos ai fenie;
4175 Ne troverez qui avant vos en die,
S'il ne fausse l'estoire.

4165 *A B* a la chiere hardie; *et ajoutent* Icil en ot tote la seignorie. — 4166 *C* Aym. en. — 4168 *A B* Onc de nul p... fu o. — 4171 *B* Qu'o lui en sont les ames en c., *B refait ensuite un couplet de transition pour relier la* Mort Aymeri *avec la 2ᵉ partie du* Moniage Renouart. — 4173 *A* iceus q.

VOCABULAIRE

VOCABULAIRE

Aaisiées 1670, 2508; *spacieuses.*
abatre 969; *ind. prés.* abas 2796; abat 907, 938, 1224, 2700; abatent 2478; *imp.* abatoit 318; *prét.* abati 350, 840, 897, 1227, 3372; abatierent (*rime*) 1889, 3547; *fut.* abatra 1022; *part. p.* abatu 795, 807, 820, 926, 1146; abatuz 441, 787; *part. p. pris subst.* abatuz 1888, 3545.
abé 2103, 4104; abez 2101.
abeïe 3531, 3882.
[abessier]; *ind. prés.* abessent 706; *prét.* abessa 2697; *part. p.* abessiées 1884.
abrivez 497; abrivé 1949, 2199; *rapide, épith de cheval.*
aceissier 231 *(var.); cesser.*
[acener]; *prét.* acena 167; *faire signe de venir.*
aceré 1972, 2317.
acesmeement 2703; *brillamment, magnifiquement.*

achater 128; *part.* achetez 1996; *acheter.*
aclinez 903, 2810; *incliné.*
[acoillir]; *prét.* acoilli 1000; *part. p.* acoillie 710, 2548, 2913, 3107, 3271; *accueillir.*
acointier 2626; *aborder, rencontrer.*
acoler 2337; *part. prés.* acolant 1585; *serrer dans ses bras.*
[aconduire]; *ind. prés.* aconduit 668; *part. p.* aconduit 1967; *conduire.*
aconpli 2871, 3219; aconplie 4172.
[aconter]; *part. prés.* acontant 3901; *part. p.* aconté 4112; *raconter.*
acorder 2458; *ind. prés.* acordent 2468; *conclure un accord.*
ademis 1351, 2031, 2829, 3776, 3783, 3797; *penché sur le cou*

du cheval, en parlant d'un ca-
valier.
adenz 2189; *renversé la face
contre terre.*
adeser 2004; *impér.* adesez 742
(var.) ; *toucher.*
adez 21, 2934; *toujours.*
adober 102, 1542, 3286, 3411,
3431; *ind. prés.* adobe 1050;
abobent 749, 1885, 3500;
prét. adoba 1769; *impér.* ado-
bes 1113; adobez 1746; *part.
p.* adobez 125, 494, 980; *ar-
mer; part. p. pris subst.* adobez
2359; *chevalier en armes.*
adolée 4020, 4025; *affligée.*
adont 2713, 2741, 2990, 3556;
alors.
adox 1591; *équipements.*
[adrecier (s')]; *ind. prés.* s'adrece
3688; *se diriger.*
adurez 2111, 3004, 3711; *vail-
lant, éprouvé.*
advenu 1259.
aé 2011, 3026, 3399, 4136; *vie.*
aesmer 2003; *part. p.* aesmé
1801; *estimer, apprécier.*
afamer 2382; *part. p.* afamé
2987.
[afebloier]; *ind. prés.* afebloie
1165; *perdre ses forces.*
afermer 3400; *ind. prés.* afer-
ment 2109; *confirmer, don-
ner l'assurance.*
afeutrez 2392; afeutrée 3106;
couvert de feutre.
[afichier]; *ind. prés.* afichent
2923; *frapper de pointe, per-
cer. — Réfl.; ind. prés.* s'afi-
che 764, 1173; *s'affermir.*

[afier]; *ind. prés.* afie 3495;
promettre en engageant sa foi.
[afiler]; *ind. prés.* afilent 624,
2420, 2472; *couler.*
afilez 1932, 2768; *afilé, tran-
chant.*
afiner; afiner toz ses chans 2721;
*décider le gain d'un combat;
part. p.* afiné 1956, 2192,
2859, 2878; *se terminer, pren-
dre fin.*
afoler, 913, 2162; *part. p.* afolé
2838; afolez 1386, 3520; *bles-
ser grièvement.*
afonder 2060 *(var.); plonger.*
[afubler]; *ind. prés.* afublent
305; *prét.* afublerent 1279;
sens act. 1546; *part. p.* afublé
2373.
agait 2032, 3450; agaiz 3436;
embuscade.
agu 797; aguz 641, 853; *aigu.*
ahan 450, 2671; *peine, fatigue.*
ahanez 1962; *fatigué.*
aïde 2685; *aide.*
aïder 190, 910, 2096; *ind. prés.*
aïdent 760; *prét.* aida 2114;
subj. prés. aït 2241, 3350; aïst
2804; *aider.*
aidis 3182 ; *secourable.*
aïe 445, 720, 1609, 2564, 3153,
3156; *aide, secours.*
aigle 631.
ail ; — pelé 1073; *terme de com-
paraison pour un objet de peu
de valeur.*
ainz 656, 1117, 1135, 1956,
2738, 2858, 3848; *avant;* 646,
830, 946, 1115, 3218; *pour
ainc , jamais;* 1143, 3208,

VOCABULAIRE

4040; *mais;* a l'ainz que 3987; *aussitôt que.*
ainzné 11, 539; *aîné.*
aïr 3357, 3553, 3837; *colère.*
aïrieement 3721; *avec colère.*
aitretant 1584; *autant.*
[ajenoiller (s')]; *ind. prés.* s'ajenoille 171.
ajorner 3410; *poindre, en parlant du jour.*
[ajoster]; *ind. prés.* s'ajostent 2498; ajostent 4045, *prét.* ajosta 657; *réunir, se réunir.*
ajue 3658; *aide.*
ajuer 1428; *aider.*
[alaschier]; *subj. prét.* alaschast 265; *se relâcher.*
alemanderies 1658 (*var.*); *amandiers (?).*
alenti 2053; *ralenti.*
aler 100, 103, 127; *ind. prés.* vas 1113, 2056; va 556; vet 109; vont 874; *imp.* aloit 330; aloient 440; *prét.* alas 1468; ala 746; alerent 1999; *fut.* irai 525; ira 202; irons 3185; irez 75; *cond.* iroie 3901; *impér.* va 610; alons 871; *subj. prés.* aille 981; aliez 519; *imp.* alast 278.
aloe 326; *alouette.*
aloete 2763.
alumer 320, 408, 2185; *sens neutre, brûler;* 1381, 1920; *act., brûler.*
amassé 414.
ame 278, 416, 424, 1404, 3087; ames 2561, 2899, 3752.
amener 2948; *ind. prés.* amoine 673; amoinent 757, 3622;

prét. amenai 2081; *part. p.* amené 93, 1080, 2084, 2360, 2365.
amer 1375, 3396, 3485; *ind. prés.* aim 3218; aime 2002; aiment 661, 667; *imp.* amoient 3101; *subj. imp.* amast 3013; *part. p.* amé 3462.
amiable 984 (*var.*); *aimable.*
amirable 1518, 2087, 2348.
amiral 635, 783, 789; amirant 404; amiré 562; *émir.*
amistié 2261; amistez 485, 517.
amont 630, 1394, 1456.
[amonter]; *ind. prés.* amonte 2942; *augmenter d'importance, de valeur.*
amorabe 984; *More.*
amors 3465; amor 1282, 1305, 1406, 2342, 3536.
amuïz 601; *devenu muet.*
anbe 174; anbedui 806; anbedos 766; andox 496, 1481, 2704; *tous les deux.*
anbleors 1583; *qui va l'amble, épith. de mulet.*
[anbler]; *ind. prés.* anble 111; *part. prés.* anblanz 2604; anblant 2621; *aller l'amble.*
anbleüre 3108; *amble.*
ancesor 1534, 1593; *ancêtre.*
ancienor 970, 1573, 2732, 3345; *ancien.*
ancisserie 3448 (*var.*), *ancienneté.*
ançoine (?) 3322; *sorte de poisson.*
ançois 1145; *avant;* 1409; *mais.*
ancre 696, 706.
andox; *voy.* anbe.
ane 337, 428; *cane sauvage.*

anel 1430; *anneau.*
angoissier 3982; *ressentir de l'angoisse; ind. prés.* angoisse 3685; *part. prés.* angoissant 3739; *donner de l'angoisse.*
angoissos 1244, 1568; *qui ressent de l'angoisse;* 1441, 1476; *qui donne de l'angoisse.*
anje 1465, 3633, 3753.
anoncion 1445, *annonciation, employé sans propriété.*
antif 573, 3176 ; *fém.* antive 2557, 3148; antives 2463 ; antie 3274, 3862, 3866; *antique.*
anuel 23, 2963.
anui 3162; *tourment,*
anuit 70, 1952, 2365; *aujourd'hui.*
anuitant 3380; *tombée de la nuit.*
aorer 1363, 1502, 2090; *fut.* aorrons 4058; *part. p.* aorez 2358; *subj. prés.* aourailles 1308 (*var.*); *adorer.*
aparant 4067; *paraissant.*
apareillier 2247; *part. prés.* apareillant 2692; *part. p.* apareilliées; *préparer.*
apartenant 3906; *vassal, parent.*
aperceüz 801; *aperçu.*
[apoier]; *ind. prés.* apoient 303; *part. p.* apoiée 3536; *appuyer.*
apoignant 376; *éperonnant.*
apostres 1469.
apressé 250; *pressé.*
aprimiée 3536 (*var.*); *dominée.*
apris 3453, 3624.
aprochier 3964, 4074.
aquiter 3052; *délivrer.*

araine 3427 (*var.*); *airain.*
aramie 1391; *bûcher.*
arasée 3248; *pleine jusqu'au bord.*
arbalestriers; 2276.
arbre; 933.
arche 3234; arches 3254.
arçon 96, 904, 1082, 1177, 2697; arçons 830, 1047.
ardanz 1442, 2618; ardant 308, 312, 374, 2528, 2633.
ardoir 198, 1488, 2060, 2089, 2185; ardre 983, 1409, 2086; *ind. prés.* art. 2529; ardent 711, 2731 ; *imp.* ardoit 324; *prét.* arst 2414; *fut.* ardrai 1532; *subj. prés.* arde 1419, 1477; *part. p.* ars 199, 261, 1514; arse 39, 60, 194, 528, 1841 ; arses 3242; *brûler.*
[aresner]; *ind. prés.* aresne 3112; *prét.* aresna 135, 2199; *attacher un cheval par les rênes.*
[argüer]; *ind. prés.* argüe 3664, 3685; *stimuler, exciter.*
arjent 413, 1068, 1581, 1587, 1626, 2702, 2966.
armonie; harpes d' — 3103.
arrabi 546, 605, 1873, 2813, 2819, 2832 ; arrabis 3786, 3801; *arabe.*
arragon 132 (*var.*); *épith. de cheval.*
arrester 1491, 2179, 3413, 3469 ; *prét. sing.* s'arrestut 2799; *plur.* s'arresterent 3578 ; *part. prés.* arrestant 2607 ; *part. p.* arresté 3456.
arrestoison 1272 (*var.*); *arrêt.*
arriere 3856 ; arrier, 3947.

[arriver]; *ind. prés.* arrive 704;
act., faire aborder; part. p.
arrivez 566.
ars 2437, 3251, 3357, 3580; *arc.*
arz 386, 491; art 383; *science.*
arz; — votis 1558; *arcade.*
[asenbler]; *prét.* asenblerent;
part. p. asenblé 2978; asen-
blée 3863.
[aseoir]; *ind. prés.* asiet 1047;
imp. asscoit 317; 402, *prét.
sing.* asseïs 1463; asist 390,
510, 577, 2048; asistrent 472;
part. p. assis 727; assise 714;
2411, 2888.
asez 25, 87, 166, 691, 1523,
1965; *beaucoup.*
[asoldre]; *ind. prés.* asolt 3624;
absoudre.
asolue 3657; *épith. de* France.
asolution; juesdi de l'— 1472;
jeudi saint.
assaillir 3185, 3200, 3352; *ind.
prés.* assaillent 774; *fut.* as-
saudront 397.
assaut 3280, 3519.
assener 1952; assenez 2027,
2085; *venir.*
assoagié 2288; *soulagé.*
[atachier]; *imp.* atachiez 742;
retenir.
[ataindre]; *ind. prés.* ataint 3835;
ataignent.
[atalenter]; *ind. p.* atalente 3292;
convenir.
atant 2299, 2312, 2678, 2901;
alors.
[atarder] *réfl.; impér.* atardez
942.
[atargier]; *ind. prés.* atarjent

2469, 2553; *impér.* atargiez
1482; *prét.* atarja 3120, 4157;
tarder.
atendre 81; *ind. prés.* atendez
881; atendent 3184; *subj.
prét.* atendist; *part. p.* atendu
3845.
aterminez 2875; *terminé.*
atorner 3459; *part. p.* atornez
94; atorné 1082; *façonner,
disposer.*
[atraire]; *subj. prés.* atraie 3301;
extraire, tirer.
aube 2534, 3165, 3185, 4067.
auberc 84, 750, 839, 1054; *hau-
bert.*
aubespine 3123.
aubor 3251; *aubour.*
aufaje 88; *chef sarrasin.*
aufarin 1553; *arabe.*
auferrant 1166, 1226, 1882,
2611, 2700, 3584; *cheval.*
aumaçor 1239, 1303, 1506,
1595, 2755, 2789, 2792, 2799,
3417; *chef sarrazin.*
aumatiz 1068; *améthyste.*
aupatris 2823; *chef sarrazin.*
aune 1161; *aune, mesure.*
aüner 1379; *ind. prés.* aünent
3957; *rassembler, convoquer.*
auquant 3588; *plusieurs.*
autez 52; *autel.*
auvanz 321, 409, 2729, 3372;
*échafaudages formant galerie
placés sur les remparts.*
auves 97, 1083; *partie de la
selle; voy.* Godefroi: ALVE.
aval 647, 2184, 2224, 2730.
avenant 301, 305, 368, 447,
761, 1116, 3892, 4075.

avenir 1134; *part. p.* avenu 845.
aventure 3.
averée 4013; [*chose*] *vérifiée.*
averse 1671; *ennemie, diabolique.*
aversier 3954, 3979; *diable.*
aversier; à l' — 3972; *à l'encontre; passage corrompu?*
avesprant 3380; *tombée de la nuit.*
[aviler]; *ind. prés.* avile 2943; *s'amoindrir.*
avision 311, 335, 426, 4015; *vision, songe.*
avoez 2327; *patron, protecteur.*
avoine 128.
avoir 608; *ind. prés. 1ʳᵉ p. plur.* avomes 188, 2236; *fut.* avras 406; avra 282; *prét.* oi 298, 352, 357; ot 95, 293; orent 478, 690; *fut.* avras 406; avra 282; avrez 3047; *cond.* avroie 3219, averoie 4112; *imp. subj.* eüsse 3477; eüssions 3796.
avoir *subst.* 199, 1592, 1625, 2354, 2971.
avolant 322; *volant.*
aymant 3363; *pierre dure comme le diamant.*
azur 637.

Bacheler 165, 1420; *jeune noble.*
baée 356; *béante.*
baillie 3146, 3878, 4164; *puissance, possession féodale;*
baillies 2540; *sorte, espèce.*
baillier 962, 2249; *part.* bailliée 3224; *prendre, posséder en fief;* bailli 59, 721, baillié 2263 *traiter; ind. p.* baille 2155; *impér.* bailliez 2146; *fut.* baillerai 2396; *donner.*
bandon; a — 344, 346; *sans delai;* 1300, 3772; *sans reserve.*
barbacanes 728.
barbe 995, 1299, 2406, 2413, 3065, 3268, 3682, 3868.
barbez 3509 3524; *barbu;* barbée 3323, barbées 3251; *garni de plumes, épith. de flèche.*
barjes 683, 687; *sorte de bateau..*
barnaje 123, 153, 214, 220, 411, 2942, 3395; *vaillance, qualité de baron;* 210, 256, 967, 1000, 2241; *ensemble des vassaux d'un même seigneur.*
barné 503, 553; *ensemble des barons.*
baronie 2916, 3864, 3888; *même sens que le précédent.*
baston 936, 1034, 1289, 1341, 1480.
bataille 972, 996, 1010, 1114, 1212, 1928, 2679, 2722, 2827, 2836, 3541, 3659, 3776, 3883, 3890.
bataillée 2506, bataillées 3236; *fortifiée, garnie de bastilles.*
batel 565; *bateau.*
[batre]; *ind. prés.* batent 1396; *part. prés.* batant 3744; *part. p.* batu 943, 1264, 1998; batue 3688.
baudré 2333, 3482; *ceinture.*
bautisie 3878; *baptisée.*
bel; molt lor est — 662.

belement 255, 2224.
bender 2389; *entourer d'un bandage; part.* bendez 2134, 3503; *garni de bandes de fer, épith. d'écu.*
bèneïr 3891; *subj. prés.* beneïe 2407, *part.* beneï 2878, 3053, 3269, 3633; *bénir.*
ber *au cas regime* 6, 157, 189, 230; *baron.*
berfroiz 2591; *sorte de machine de siège;* voy. Du Cange, BELFREDUS.
bericle 1639; *béryl, sorte d'émeraude.*
[berser]; *ind. prés.* bersent 2447, 2475; *chasser à l'arc.*
besant 4097.
besier 2337, 2625; *ind. prés,* bese 292, 2257; *imp.* besoit 363; *prét.* besierent 2842; *baiser.*
besoing 2095.
bessier 1958; *ind. prés.* bessent 1139, 1929, 2765; *part. p.* bessiées 1241; *baisser.*
beste 145, 1280, 3950, 3965.
betée 3322 *(var.); gelée, épith. de mer.*
blauté 1066.
biches 2549.
biere 2852, 4003, 4035, 4041, 4074.
blanchoiant 2624; *blanc.*
blans 1210, 1215; blanc 1054, 1069, 1230, 1973, 1992; blanche 1299.
blasmer 3392.
blé 2099, 2442.
blef 174; *bleu, livide.*

bliauz 2386; bliaut 1550, 1974; *vêtement qui se portait sous le haubert.*
boche 244, 292, 325, 422; *bouche.*
bocle 893, 1156; bocles 828, 884, 1141; *boucle, partie centrale du bouclier.*
boidie 1388; *ruse.*
bois, 18, 112, 711, 2910.
boiserie 1635; *trahison.*
boisier 253 *(var.); trahir, tromper.*
boiste 2000.
boivre *pris subs.* 3464; boivent 2449; *boire.*
bolir 3559; *bouillonner.*
bondir 1111, 2147, 2645; *ind. prés.* bondissent; *prét.* bondirent 779; *retentir.*
borc 1571, 1612; *bourg.*
borjois 1097, 1501, 1574, 1589, 4033, 4051.
[boter]; *ind. prés.* bote *part.;* botez 37; *pousser, heurter.*
bouguerant 304 *(var.); étoffe fine p.-é. de coton, dont le nom s'est conservé sous la forme bougran.*
bovier 126; *bouvier.*
box 2953, 2991; *crapaud.*
brace 844.
brachet 2501; *chien braque.*
braier 1024; *caleçon.*
braies 1975.
[braire]; *ind.* bret 3982; braient 3687.
branc 1169, 1239, 1253, 2356, 3585, 3837; *épée.*
[brandir]; *ind. prés.* brandissent

2435; *prét.* brandi 1154 ; 2567 ; brandirent 3291.

branche 133.

braons 2905; *muscles, parties charnues.*

brasmes 1065 *(var.)*; *sorte de pierre précieuse; voy.* Lapidaires français du moyen âge, publiés par L. Pannier et G. Paris, p. 61 : de praxo, prasme.

braz 370, 1040, 1349, 1383, 1988, 2704.

brisié 199; brisiées 3241.

[brochier]; *ind. prés.* broche 496, 756, 800, 803, 914, 1807, 2022, 2566; *prét.* brocha 3918; *part. prés.* brochant 1124, 1272, 2743, 2752, 2856, 3712, 3581 ; *part. p.* brochié 3584; *piquer de l'éperon.*

broille 2018; *petit bois, buisson.*

broine 2439, 3360; broines 2925; *sorte d'armure ; voy. Du Cange :* brunia.

broon 347, 440, 698; *ours.*

brueil 3413 ; *petit bois.*

bruellet 1106; *dim. de* brueil.

bruianz 1442; bruiant 1217, 3387.

bruiée 3230; *bruit.*

bruiere 1879.

bruis 538 *(var.)* ? Cf. *Aye d'Avignon, p. 30 et ss.*

bruit 154, 2919; *éclat.*

[bruler] ; brula 3973.

brun 98, 1084, 3527.

bruniz 3820.

bu 841, 925, 2682; *tronc, buste.*

bues 315; buef 399; *bœuf.*

buies 2950; *entraves, ceps.*

Ça; par ça 1130; ça et la 3113.

calandres 1680, 2571 ; *alouettes huppées.*

camoisiez 164; *froissé.*

canel 19; chanax 2955; *canal.*

car 212, 277; *particule invocative.*

carrez 1296 *carrés.*

ceenz 210, 3801; *céans.*

ceindre 515; *ind. prés.* ceint 88, 753, 1063, 3303, ceignent 1545.

[celer] ; *ind. prés.* celez 186 ; *impér.* celez 3128, *fut.* celeront, 1196; *part. p.* celée 4018.

cenbel 3412; cenbiax 3400; *bataille.*

[cerchier]; *part.* cerchiée 2491 · *prét.* cercha 655.

cercle 3310, 3822.

cers 2446, 2475, 2905; cerf 2986, 3909.

cervele 1906, 1937, 2771, 3559;

cesse 570, 2023; *arrêt, délai.*

[cesser]; *impér.* cessez 3015.

[chacier] ; *ind. prés.* chace 2807.

chadeler 1916; *prét.* chadela 782; *conduire, commander.*

chaenes 3255; *chaînes.*

chainses 2386; *chemises.*

chaïr, chaï, chaïrent; *voy.* chooir.

chalant 1460.

chamelin 2679; *chameau.*

chanax 2955; *voy.* canel.

chanberlanc 89, 1053 ; *chambellan.*

chanbre 390, 2902; chanbres 1617, 2083, 2498.

chancel 3892 *(var.)*; *sanctuaire.*

VOCABULAIRE

chancelant 746.
chançon 1, 2941, 3055, 3089, 3391, 3947, 4168.
chandoile 308.
[changier]; *fut.* chanjerons 2393; *imp. subj.* chanjast 1625.
chanoine 1091, 4096, 4106.
chanp 1108, 1211, 1227, 1911, 1913, 2731, 3855; chans 2721; *champ de bataille, bataille.*
chanpel 1928, 3507; *en champ, épith. de bataille.*
chant 2919.
chanter 561, 2169, 4094; *ind. prés.* chant 3377; chante 2570, 3102; *plur.* chantent 4095; *part. prés.* chantant 330, 3754;
chanuz 136, 3509, 3524; chanue 3682; chanu 3847; *blanchi.*
chapelain 3622, 3750.
[chapler]; *ind. prés.* chaplent 1931, 2767, 2774; *combattre avec acharnement.*
chapleïz 3787, 3826; *combat.*
chaples; *combat.*
char 174, 324, 333. 420, 692, 1392, 1398, 1544, 2448, 2905, 2983, 2986, 3070; *chair.*
charchans 2949; *carcan.*
chargiez 264.
charité 486, 1518, 1435.
charnel 178.
chartre 982, 1519, 2266, 2972, 3092, 3099.
charue 127.
chases 1094, 1580; *châsses.*
chasez 2840; *vassal qui a reçu la concession viagère d'un fief.*
chastaignes 2906.

chastiax 40, 61, 195, 711, 2401, 3401.
chauces 2842.
chauciée 3326.
chauciez 3332.
chaut 2748.
chemin 1264, 1270, 1868, 1945, 3945.
[cheminer]; *ind. p.* chemine 569.
chemise 3069.
chenelius 1481, 1492, cheneliu 1396, 1412; *peuplade barbare, proprement Chananéen, voy.* Romania, *VII, p. 441.*
chestivage 1836 (*var.*); *captivité.*
chetis 712, 3213; chetive 3094; chetives 712; *captif*; chetif 7, 547, 592, 1384 (*même sens, épith. d'Aïmer, l'un des fils d'Aimeri*); chetis 182, 1982, 2497, chetive 217; *malheureux.*
cheüz, *voy.* chooir.
chevalchiée 3416; *chevauchée.*
chevalerie 154, 221, 2115; *vaillance*; 2408, 3865; *réunion de chevaliers.*
[chevauchier]; *ind. prés.* chevauchent 2469; *prét.* chevaucha 114, 1100; chevauchierent 682, 3366.
[cherir]; cherissent 2429.
chevex 216, 270, 1893, 2930, chevel 1979, 2496, 2998; *cheveu.*
chevir 2864; *se tirer d'affaire*
chiés 1270, 2284, 2389; chief 187, 516, 752, 858, 937, 1035, 1039, 1343, 1872, 2080, 2272, 2839, 2846, 3033,

3441, 3459, 3543, 3582 ; *chef, tête.*
chien 364.
chiere 666, 1297, 1883, 2054, 2405, 3267, 3638, *visage, contenance.*
chiers 1052· chier 461, chiere 460; chieres 1588, 2388, 2428, 2825 ; *cher, précieux.*
chierté 35, 121, 1426, 2370; *considération, estime.*
choes 371; *chouettes.*
choisir 2582; *prét.* choisi 1569, 1957, 2225, 2574, 3583, 3598; choisirent 2920; *part.* choisi 1869, choisie 1400, 2882, 3115; *regarder, apercevoir, découvrir du regard.*
chooir 319, 407, 795; chaïr 1907, 3445, 3557; *ind. prés.* chiet 223, 747, 1143, 1433, 1833, 3917, 4006; chient 129, 796, 1204, 2421; *prét.* chaï 836, 2255, 2710, 2795, 2811, 3615, 3683; chaïrent 806; *part. p.* cheüz 180, 1195; cheüe 3674; cheoit 1203, 1258; *cheoir, tomber.*
chose 45, 335, 348, 354, 367, 598, 1015, 1968, 4013; quant ce fut chose que 478, 695; *après que.*
cibuire 1717; *édicule placé au-dessus de l'autel; cf. Du Cange* : CIBORIUM
ciel 329, 423, 1018, 1465, 2285, 2996.
cierjes 2185, 2225.
cimple 4038; *gimple (?).*
cines 2478; *cygne.*

cit 584, 1954; *cité.*
[clamer]; claiment 2497; *prét.* clama 182, 217; clamerent 1982; *part. p.* clamez 126, 1312, 2869; *proclamer.*
clarté 632, 1065, 2225.
clers 4014; clerc 1091, 4046, 4095, 4105; *subs., clerc.*
clers 1298, 2727; cler 48, 87, 864, 2381; clere 878; *adj., clair.*
cloche 4032; cloches 1095.
clochier 319, 407.
[clore]; *prét.* clost 1464; *prét.* closistes 3571; *fut.* clorrai 3212; *part. p.* close 2463, 3564.
clox 92, 756, 1079, 3069; clou 48; *clou.*
coars 3436 *(var.)* ?
cochier 362; *imp.* cochoient 1092; *prét.* cocha 385; *part. p.* cochiée 2522; *coucher.*
coez 2990 *(var.); muni d'une queue.*
coillir 1379; *ind. prés.* coillent 2429; *cueillir.*
coing 834, 1189, 2504; coig 2816, 3227, 3245, 3312, 3457; *sommet d'un heaume, d'une montagne.*
cointe 316; *mot corrompu, cf. v. 40.*
col 509, 576, 754, 822, 1064, 1074, 2005.
colée 3305; colees 3255; *coup violent.*
coler 2332, 2629; *couler.*
colers 713, 2932; *collier.*
colonbe 947, 1641; *colonne.*

colons 328; *colombe.*
color 173, 684, 4004, colors 3320; *couleur.*
colovres 2953, 2991; *couleuvres.*
comin 2982; *cumin.*
comise 2547; *confiée.*
[commander]; *ind. prés.* commant 2159; *prét.* comanda 1087; *recommander.; impér.* commandez 873.
commant 332, 2199; *commandement.*
communel 1242, 1933; communiax 775; *commun, général.*
communement 806, 1199; *ensemble, en commun.*
[conbatre]; *ind.prés.*, se combat 3811; *prét.* conbati 2068; conbatismes 2232, 2279.
conbe 1879, 2783; *vallée.*
conduire 1283; *ind. prés.* conduit 3128, conduisent 2409; *prét.* conduist 659; *fut.* conduiront 1592.
conduit 2853; *sauf-conduit.*
confanon 92, 756, 1079, 1958; confanons 193, 826, 891, 1139, 1154; *gonfanon.*
confès 3750; *qui s'est confessé.*
confession 3621, 3738.
[confondre]; *subj. prés.* confonde 258, 964, 1321; *part. p.* confonduz 924, 928; confondu 3849.
conforter 210, 233, 4075; *ind. prés.* conforte 4092; *part. prés.* confortant 4091; *consoler, reconforter.*
congié 109, 489, 521, 554, 3050, 3168, 3266, 3930.

conjoint 306; *réuni.*
conjoïr 2295; *congratuler.*
connoissances 2925; *emblèmes peints sur un bouclier.*
[connoistre]; *ind. prés.* connois 2077; conois 3125; *prét.* conut 1411; connut 2334; *part. p.* conneü 3831.
[conperer]; *fut.* conperra 1847; conperrez 3572; *expier.*
conpaigne 79, 533, 2223, 3383; *compagnie.*
conpaignie 2891, 2926, 3270, 3863, 3879.
conpaignon 1448, 2069, 2656.
conpainz 2363; *compagnon.*
conpasser 3421; conpassée 3246; *mesurer.*
[conplaindre]; *part. p.* conplaint 1621; *plaindre.*
conplie 4146; *accomplie.*
conqueranz 2673.
[conquerir]; *prét.* conquis 432; conquist 1281, 3034, 3075; conquesistes 3133; *fut.* conquerras 431; *part. p.* conquiz 1347, 2236; conquises 1964, 2482.
conquester 2114, 3401; *part.* conquesté 2015; *conquérir.*
conreer 1135, 1543, 2845, 3458; *imp.* conroient 1667, 1677, 2480, 3907; *part.* conreé 758, 1081; conreez 2744, 2753, 2854; *préparer, mettre en état.*
conroi 1122, 1125; *équipement.*
conseil 69, 245, 1330, 1367, 1377, 1390, 1505, 2400, 2575.
conseillier 955.
[consentir]; *ind.* consentez 43.

consirrer, *réfl.* 1361 ; *s'empêcher*.
[consevir] ; *ind. prés.* consuit (consiut?) 3597, 3667 ; consivent 1802 ; *prét.* consui 2832 ; *poursuivre.*
[contenir] ; *ind. prés.* se contient 513, 581, 2213.
conter 2, 107, 3261, 3489 ; *part. p.* conté 482, 2346, 4119 ; contée 4000.
contes, *nom. sing.* 898.
contor 53, 137, 1537 ; *vassal qui dans la hiérarchie féodale était inférieur au comte et au vicomte ; voy. Du Cange :* COMITORES.
contralioison ; par— 1029 ; *pour contrarier.*
contredit 608.
contrée 3989, contrées 620.
contremont 343, 423, 776, 2729, 3247, 3559 ; *en montant.*
contreval 781, 998, 1358 ; *en descendant.*
[contrevaloir] ; *ind. prés.* contrevaut 1073, 1994, 2424 ; *valoir autant.*
[convenir] ; *ind. prés.* convient 99, 106, 2385, 2956, 3017, 3404 ; *fut.* covendra 127 ; *impers., être obligé.*
convers 3872.
converser 2960, 3023 ; *ind. prés.* conversent 3161 ; *prét.* coversas 1469 ; *part.* conversé 248 ; *demeurer.*
[convertir] ; *prét.* convertis 1448 ; *part.* convertiz 2118.
[convoitier] ; *ind. prés.* convoite 889.

cope 3627, 3688, 3744 ; *faute.*
coper 1936, 2088, 3033 ; *part.* copé 925, 958 ; copée, *ind. prés.* cope 3627 ; *prét.* copa 841, 3316, 3822 ; *subj.* copast 1039.
coquilles 2439 ; .II. coquilles, *terme de comparaison pour désigner un objet de peu de valeur.*
corailles 2780 ; *entrailles.*
coraje 770, 971, 2131, 3974.
corajos 3116.
cordes 141, 784, 788.
coreor 135 ; coreors 1582 ; *épith. de cheval.*
corner 2649, 2740, 2979 ; *ind. prés.* corne 1103 ; *sonner du cor.*
corone 33, 47, 50.
coroner 51, 3123 ; *part. p.* coronez 1995, 4123 ; coroné 9 ; coronée 3088 ; coronées 2900 ; *couroner ;* 3532, *tonsuré.*
corre 100, 617, 1138, 3338 ; *part. p.* coru 800, 2918, 3435 ; *part. prés.* corant 345, 634, 932, 998, 1214, 2687 ; coranz 497 ; *ind. prés.* cort 380 ; corent 102, 113, 1053, 1096, 1286, 1420, 1434, 2420, 2500, 2954, 2472, 2987, 3431, 3955 ; *imp.* coroit 2727 ; *prét.* corut 3979 ; corurent 1344, 1591, 2303, 2337 ; *courir.*
corrocier 3116 ; *part.* coreciez 1037 ; corrocié 2259 ; corociée 2516 ; *courroucer.*
corroços 2218 ; *courroucé.*
corroie 2691.

cors 24; *cour.*
cors; venir lo cors 1478; *course.*
cors 3285, 3774; *cor.*
cors 158, 275, 323, 406, 782, 852, 1010, 1159, 1318, 2079, 2460, 3684, 3700; *corps.*
cort 8; cortes 3408; *court.*
cortine 3478.
cortois 2048; cortoise 3018.
cortoisement 511, 578, 2409, 3005.
cortoisie 3870; *action courtoise.*
cosins 579, 604, 1213.
costes 2704; *côtes.*
costez 303, 496, 1413, 2662, 2712, 2780, 3502; costé 918, 1063, 1358, 1976, 3477.
costiere 3386; *côte, penchant d'une colline.*
costume 2732.
cosu 3909; *cousu.*
coute 142, 304; *couverture.*
couverz 2418; *remparts (?).*
covanz 1329; covant 3575; *convention.*
coverture 98, 1084; covertor (*var.*) 144, 1587.
covrir 3561; *ind. prés.* covrent 702, 3910.
cox 804, 883, 937, 1140, 1170, 1190, 1889, 2363, 2438, 3359, 3817, cop 820, 843, 881, 901, 1181, 3327, 3825, 3840; *coup.*
[craindre]; *ind. prés.* craint 3300; crient 3327; *fut.* crienbront 744.
[craventer]; *subj. prés.* cravant 1685, 3700; *part. prés.* craventant 2684; *part. p.* craventé 1922, 2093; *abattre, renverser.*
creant 3715; *croyant.*
creante 3288; *digne de foi.*
[creanter] creanté 1501; *promettre.*
crepon 138.
cresme 1465, 2104; *chrême.*
crestiener 3039; *part. p.* crestiéné 2367; *faire chrétien, baptiser.*
crestiens 1062. crestiene 3893.
crestienté 183, 1467, 1990, 2109, 2113, 3083, 3394, 3491, 4116, 4121.
criée 3649, 4024; *cris prolongés.*
crienbront; *fut. de* craindre.
crier 878, 1495, 2342, 2841, 3522, *ind. prés.* crie 493, 2883, 3145; crient 3687; *prét.* cria 104, 2035, 3749.
criminal 658; criminel 1991; *funeste.*
crins 2819.
cristal 96, 904, 1004, 1069, 1082, 1431.
criz 3617, 3636, 4031; cri 2569, 3795, 3983.
[croire]; *ind. prés.* croit 462; croient 2459; *fut.* crerai 1330, 2097; crera 4059; crerez 3118; *cond.* creroit 3902.
croisant; en — 3751; *les bras en croix.*
croissir 1903; croissi 2052, 2228; *briser, neutre.*
[croistre]; *ind. prés.* croist 2425, 2427; *prét.* cressis 1471.
croiz 258, 1094, 1417, 1950, 1990, 1997, 2058.

[croller] ; *ind. prés.* crole 1104;
  part. p. crolé 1075, 2846;
  ébranler, s'ébranler.
cropes 2529; *croupe.*
cros 1580; *croix.*
crose 2507; *creuse.*
crue 2983, 2986, 2988.
cruel 2873.
cruos 1484, 1320; *cruel.*
cuers 179, 266, 276, 310, 607,
  1164, 1360, 3194; cuer 168,
  956, 1318, 3179, 3488, 3607,
  3679, 3735, 4005; *cœur.*
[cuire]; *ind. prés.* cuisent 2448.
cuirs 765, 2809; cuir 3319,
  3909.
cure 2680; *soin, souci.*
curez 2959; *nettoyé.*
cuverz 2233, 3600, 3816; cuvert
  3707, 3844, 3854; *terme inju-*
  rieux.

Dains 2476; dain 2500.
damaje 2267.
dame 184, 187; dames 1149,
  1870.
damoisele 2479, 3790 3794.
danzel 786; *seigneur.*
danzele 3100; *jeune fille.*
darz 777, 3702, 3722; dart 3732.
deable 1185; *diable.*
[debrisier]; *prét.* debriserent
  1580; *briser, saccager.*
[dechacier]; *prét.* dechaça 351;
  part. dechaciez 442; *chasser,*
  poursuivre.
deci 906, 1218, 1909, 2887,
  3607; *jusque.*

decliner 4; *ind. prés.* decline
  214, 2942; *part.* declinant
  410; *diminuer, s'amoindrir.*
[decoper]; *ind. prés.* decopent
  2674 2860; *part.* decopez
  2128, *tailler en pièces.*
dedenz 138, 248, 276, 535, 1000,
  1162, 2004.
deduire, *réfl.* 1659; *se réjouir.*
[defendre]; *ind. prés.* se defent
  1210; defendent, 1210, 2640;
  subj. defende 913.
[defier]; *ind. prés.* defi 1137.
[definer]; *ind. prés.* define 3056,
  prendre fin; part. p. definiz
  3630, *mort.*
defors, 754, 1011, 2004, 3283;
  dehors, à l'extérieur.
defublez 162; *depouillé.*
degré 501.
[deguerpir]; *prét.* deguerpi
  1814; *quitter, abandonner.*
dehait 1704; *malédiction.*
[deignier]; *prét.* deignas 1446;
  deigna 2320; deignierent
  3050.
dejoste 3946; *a côté.*
[delacier]; *ind. prés.* delacent
  1292; *prét.* delaça 2330.
delaiant 2616, 2723; *tardant.*
delez 1868, 2710, 2821, 3682,
  3743; *à côté.*
delivre 3071; *délivrée.*
delivrer 3001, 3051, 3487; deli-
  vré 4128; delivrez 2992.
dels *voy.* duel.
demander 99, 1416, 3012; *ind.*
  prés. demande 579, 748; de-
  mandez 1, 3016; demandent
  2974; *prét.* demanda 2073,

3621; *part.* demandé 1052, 3045.

demanois 1138; *aussitôt.*

[demener]; *ind. prés.* demoine 3951; demoinent 3867; *imp.* demenoient 365; *part.* demené 2008; demenée 3637, 3992.

[dementer]; *ind. prés.* dementez 1436; dementée 4016; *lamenter.*

dementiers 2242; *cependant.*

demorée 3988; *séjour.*

demorer 46, 254, 1492, 3426; *ind. prés.* demorez 1604; demorent 652; *part. p.* demoré 506.

denier 3970.

denz 819.

departie 4167; *séparation, départ.*

departir 413, 2153, 2658; *ind. prés.* departent 1581, *partager;* departent 4131; *part. p.* departi 831, 2786, 4147, *partir.*

[depecier]; *imp.* depeçoient 342.

deporter, *réfl.* 1659; *s'amuser.*

[derengier]; *ind. prés.* derenjent 869, 3652; *s'avancer en sortant du rang.*

derriere 875, 2515.

derronpre 1935; *part. p.* derrot 1773, 3610; *rompre.*

derube 2521; *ravin.*

dès que 213; *puis que.*

desarmer 917, 3003; *ind. prés.* desarment 934, 1278.

desarti 1773, 3610; *défait.*

desbaretez 2757; *mis en déroute.*

[desceindre]; *ind. prés.* desceint 918; desceignent 1972.

[descendre]; *ind. prés.* descent 1002, 2316, 2623, 3723; descendent 627; *prét.* descendi 131, 501, 933, 1277; descendirent 2638; descendismes 2065; *subj. imp.* descendist 916; *part. p.* descenduz 920, descendu 628.

descirer 1935; *ind. prés.* descire 216; descirent 2924; *prét.* descira 270; *part. p.* descirée 4037; *déchirer.*

[desclore]; *ind. prés.* desclot 1182; *ouvrir.*

[deschochier]; *prét.* descocha 3603.

desconreer 2384; *dépouiller.*

descovenue 3661, 3677; *malheur, mésaventure.*

descrit 383; *dépeint.*

desdire 3102; *part.* desdiz 2651; *contredire.*

desenor 1597; *déshonneur.*

deseritez 3418.

desert 345; *subst.*

[deserter]; *part. p.* deserté 198; *rendre désert.*

desertines 3104; *désert.*

deservie 3872; *méritée.*

desesperez 888, 3471.

desestrivé 895; *qui a perdu l'étrier.*

desevré 914, 1914, 2183; *séparé.*

desfaé 3435; desfaée 3642; *maudit.*

desguisée 3320.

[desirer]; *ind. prés.* desire 3338;

desirent 670, 2449; *part. prés.*
desirant 2615; *part.* désiré 3500.
[deslier]; *impér.* desliez 1537.
desmailler 1904, *part. p.* 1202; *briser les mailles.*
desmembrer 257; *couper les membres.*
desore 1960; *maintenant.*
despaner 2771; *briser les pans.*
despers, 340; *difforme.*
despit 1578.
[desploier]; *ind. prés.* desplie 1127; *part. p.* desploiée 1101.
desrainier 462; *dire, raconter.*
desroi 111, 1124; *désarroi.*
desrubanz 2730; derubant 2710; *précipice.*
[destendre]; *ind. prés.* destendent 3847; *se précipiter.*
destenpré 2982; *mélangé.*
destorbez 2201; *empêché.*
destorner 124; *part. passé* destorné 4127.
destort 1126, 1177, 3143; destorse 1101; *déroulé.*
[destraindre]; *ind. prés.* destraint 3685; *étreindre, presser.*
destre 175, 509, 576; *droite.*
destruit 1314; *massacre.*
destruites 1387; *adj.*
destroiz 1568; destruit 1244; destroit 2969; *saisi, pressé par la douleur.*
desvé 1926; desvée 3646; *insensé.*
desveroilliée 3537.
[detirer]; *ind. prés.* detirent 1396, 2930; *tirer, par ext. tourmenter.*

detrenchier 529, 2235; *ind. prés.* detrenche 819; detrenchent 2662; *part. p.* detrenchiez 2281, 2642; detrenchié 2229, 3188; *tailler en pièces.*
detrès 1123; *derrière.*
[devaler]; *ind. prés.* devale 2895.
devenir 4054; *prét.* devint 3086, 4137.
devers 1608, 3023, 3828, 4001.
devier 3403, *imp. subj.* deviast 275; *mourir; subst.* devier, 203.
deviner 3402; *part. p.* deviné 490, 522; *prédire.*
devis 3804; *convenance.*
devise 3260, *convention;* a — 1628, 2431; *à souhait.*
[deviser]; *ind. prés.* devise 3058; *part. p.* devisée 4014; *faire savoir, annoncer;* devisé 2868; *partagé, divisé.*
[devoir], *ind. prés.* doi 1531, 3768; doit 16, 388, 1134, 3392; devons 561, 2370; *imp.* devoient 3416; *prét.* dut 2000; durent 1412, 2352; *imp. subj.* deüssiez 208, 2585.
diemenche 26; *dimanche.*
digne 3123.
dionicles 1070, 1076; *sorte de pierre précieuse.*
dire 1405; *ind. prés.* dit 65; dites 652; dient 873; *prét.* dist 17, 73; *fut.* dirai 1378; dira 259; direz 484; diront 1274; *impér.* di 1322, 2057; *subj. prés.* die 3063; *imp.* deïst 2575.

disner 3464, *part.* disné 478.
doblentin; haubert — 1547;
doublé.
doblée 4036; *doublée.*
doce 3482; 330, 190, 2215,
3017, 3214; *épith. de France.*
docement 111, 3145.
doinst 985; *subj. de* doner.
dois 132, 471; *banc à dossier;*
voy. L. Gautier, La Chevalerie, *p. 619.*
dolée 2507, 3318; *polie.*
dolenz 923, 931, 1151, 3765;
dolent 4060.
doleros 1243, 1442, 1483; *fém.*
dolerose 155, 217, 3142.
dolor 149, 152, 219, 1240,
1313, 1567, 3607, 3860, 4005.
doloser 169; *se lamenter sur*
quelqu'un,
domaje 152, 273, 591, 811,
1251, 2074, 2785, 3858, 3914.
doner 468, 2363, 3397; *ind.*
prés. done 415, 2099, 2354;
donent 883, 1140, *imp.*
donoit 378; donoient 372;
prét. dona 10, 67, 245, 588,
3871; donerent 1282; *fut.*
donrai 2401, donra 1020;
impér. donez 3530; *subj. prés.*
doinst 985, 1310, 1952, 2404,
3001, 3965; *subj. imp.* donast 291; *part. p.* donez
1367, 3013, 3036, 3038, 3045;
doné 555, 2099, 2354; donée
3875.
donerre 2718; *qui donne, généreux.*
dones 1097; *dames.*
donjon 1533.

dormir *pris subst.* 3463; *ind.*
prés. se dort 3389.
dos 95, 750, 1054, 1175, 1266,
1973.
dote 3299; *crainte, souci.*
[doter]; *ind. prés.* dote 536,
2486, 2914; *réfl.* se dote
1089; dotez 1986; dotent
477, 3390; *redouter.*
dorez 883, 1359; doré 510.
dras 646, 2540, *vêtements en*
général.
drecier 2006, 2590, 3057; *ind.*
prés. drece 2520; *ind. prés.*
drecent 688; *prét. réfl.* se dreça 1150; *part. p.* dreciée 2505,
3235, dreciées 2412, 2890.
droit 355, 374, 617, 682 1947,
2025, 2253, 2292, 4158; *adv.*
droitement 703, 4163; *directement.*
droiturier 1016, 2260; *légitime,*
selon le droit; 3946; *direct.*
droiz 1346, 2261, 3351, *légitime;* en droit midi 1006; droite
verité 2741; *plur.* droites 2958.
droiz 3063; droit 942 4172;
subst.
dromonz 683, 687, dromont
2352; *navire rapide; voy.*
Du Cange: dromones.
drue; erbe — 3662.
druerie 2936; *amitié, amour.*
druz 850; dru 934, 1278, 1312;
ami, favori.
duel, 256, 960, 1477, 1895,
1926, 2495, 3663, 3760, 3899,
3901, 3904; dels 122, 207,
226, 229, 4152; *deuil.*

durement 460, 661, 716, 1896, 2020, 2315, 2779, 2903, 3390, 4012; *fortement, avec vigueur.*
durer 212, 3465; *prét.* dura 2234.
dus 3758; *duc.*

El 2432, 2760, 2984; *autre chose.*
elme 752, 833, 102; elmes 641, 693, 707; *heaume.*
enarmes 835, 1075; *courroies par lesquelles se tenait l'écu.*
enbarré 2052; *bosselé.*
[enbasmer]; *prét.* enbasmerent 3908; *part. p.* enbasmez, 3919.
[enbatre]; *prét.* enbati 3605; *part. p.* embatuz 3593; enbatue 3678; *planter, enfoncer.*
enblez 2083; *volé.*
enbracier 1036; *ind. prés.* enbrace 814; *part. p.* enbracié 740; *entourer de ses bras.*
[enbuschier]; *prét.* s'enbuschierent 3414; *part. p.* enbuschiez 1123, 2030; *s'embusquer.*
encens 2489, 2619.
encensiers 2588, 2618; *encensoir.*
enchaainées 2949.
enchaciez 353; *mis en fuite.*
[enchaucier]; *ind. prés.* enchauce 877, 2822; enchaucent 1267, 1777, 1801, 3449, 3846; *prét.* enchauça 2790; *part. p.* enchauciée 2518; *poursuivre.*
enchaut 3853; *poursuite.*
enconbrer 889; *causer la perte de quelqu'un.*

enconbrier 3949, 3965; *malheur, catastrophe.*
encontre 716, 2585 4035; *contre.*
encontremont 327, 1937, 2771, 3226; *en montant.*
encontrer 1438, 2353, 2762; *ind. prés.* encontrent 675; *part. p.* encontré 905, 1939; *rencontrer.*
encontrier 3950; *rencontre.*
encriesme 1291, 4061; *scélérat.*
encui 1114, 1316; *maintenant.*
endemain 656; *lendemain.*
endocer 2657; *endosser.*
endurer 179, 870; *part. p.* endurez 2976.
enemis 3798, 3761, 3769.
enfançon 4048; *petit enfant.*
enfes 603, 1829; enfant 1604, 2688, 3698, 3905; enfanz 458.
enfoï 602; *enterré.*
[enfondrer]; *ind. prés.* enfondrent 2780; *enfoncer.*
[enforcier]; *ind. prés.* enforce 3617, *devenir plus fort*; *part. p.* enforciée 3240; *fortifiée.*
engigniez 1747, 2129, 2797; engigniée 2517; *trompé.*
engin 2599, 3210, *stratagème*; enginz 2590, *machine de guerre.*
enhermies 2933; *désertes.*
enluminez 49; *éclairé.*
[enmener]; *ind. p.* enmainent 712; *imp.* enmenoient 329, 1236, 2042.
enorer 32, 2849; *part. p.* enorez 3041; enoré 4133; enorée 3641; *honorer.*

VOCABULAIRE

[enpaindre]; *ind. prés.* s'enpaignent 697; *se lancer.*
enpensé 2325; *médité.*
[enplir]; *ind. p.* enple 2954; *part. p.* enplie 3248; *emplir.*
[enpoindre]; *ind. p.* enpoint 829, 1157, 1813; *frapper.*
[enporter]; *prét.* enporterent 3633, 3754.
enprès 1544, 3070; *auprès.*
enprunter 2385.
[enquerir]; *prét.* enquist 386.
[enragier]; *ind. prés.* enraje 1339; enrajent 3760; *prét.* enragierent 2495.
enseigne 908, 1101, 1126, 2335; enseignes 684.
enseignier 475; enseignie 3265.
ensement 4096; *pareillement.*
enserré 168, 2339; *serré.*
entailles 979; *fenêtres.*
entailliez 1280; entaillié 1003, 2257; entailliée 2507; entailliées 3133, 3544.
entalenté 860; *désireux, impatient.*
entencion 1454; *pensée.*
[entendre]; *ind. p.* entendent 3577; *impér.* entendez 29, 483, 504, 512, 867, 1366, 1376, 3196, 3506; *être attentif.*
entente 3761; *occupation, soin.*
enterrer 3899; *part. p.* enterré 3888, 3918, 4100, 4107, 4142.
[enteser]; *ind. prés.* entoisent 3580; *prét.* entesa 3602; *part. p.* entesé 3585; entoisé 3837; *ajuster.*

entiers 465; entier 2273; entiere 1894.
entor 110, 148, 285, 364, 1126, 1892, 3314, 3686, 3834; d'entor 139, 266; entor et environ 1455, 4045.
[entorner], *ind. pr.* s'entorne 998; *s'en retourner.*
entoschiez 3358, 3606: *empoisonné.*
[entrencontrer]; *ind. prés.* s'entrencontrent 2501, 2778; *part. p.* entrencontré 2758.
entrepris 3794; *mis dans une situation difficile.*
entrer 2378, 3022, 3866; *ind. prés.* entre 2608, 2955; *prét.* entra 117, 276, 384, 915, 2338, 2862; entrerent 2607; *fut.* enterra 2454; *part. p.* entrez 156, 2254.
envaïr 3193, 3555; *ind. prés.* envaïssent 715; *part. p.* envaï 72; envaïz 2668, 3828; *attaquer.*
envenimez 3406.
enversé 2189; *renversé sur le dos.*
environ 473, 1005, 1288, 1464; *voy.* entor.
envoier 2265; *ind. prés.* envoie 619; *prét.* envoia 544; *fut.* envoieront 1600; *part. p.* envoié 1009, 1027.
enz 375, 419, 438, 507, 1468, 3980; *dans, à l'intérieur.*
erbe 625, 975, 1881, 1960, 2493, 3662, 3683; erbes 2428.
[erragier]; *prét.* erragierent 1895; *part. p.* erragiez 358; *enrager.*

errer 1378 ; *part. p.* 498, 564, 572 ; erré 1955 ; *faire route, marcher.*

[esbahir] ; *réfl.* ; *prét.* s'esbahirent 2921 ; *part. p.* esbahi 2302, 3452.

esbaudir 3444 ; *ind. prés.* esbaudissent 2479 ; *part. p.* esbaudiz 3773, 3556, esbaudi 1728, 1902 ; *s'animer, se réjouir.*

escarbocle 85, 1021.

eschale 3322 ; *écaille.*

eschaper 2761, 2970, 3597, 3764, 3769 ; *ind. prés.* eschape 854, 1918 ; eschapent 3646 ; *prét.* eschapai 2070 ; eschapa 3447, 3850 ; *part. p.* eschapez 1940.

escharie 1622 ; *dénuée.*

escharnir 2124 ; *railler*

eschaufez 1057.

eschaugaitier 952 ; eschaugaitierent 2489 ; *faire le guet.*

eschequier 2208.

eschès 2202 ; *jeu d'échec.*

eschec 431, 2236, 2282, 2866 ; *butin.*

eschevi 158 ; *mince, svelte.*

eschieles 1885, 2492, 2498, 3460, 3543 ; *bataillons.*

eschiz 1540, 1771, 1901, 2802 ; eschive 2462 ; *hostile, qui évite.*

escient 602, 4088.

esclarcir 590 ; *prét.* esclarci 2243 ; *part. p.* esclarcie 2534.

esconser 2142 ; *cacher.*

escost 2041 ; *butin.*

[escoter] ; *impér.* escotez 1489, 1494 ; *part. p.* escortée 4019, 4023.

[escremir] ; *ind. p.* escremissent 716 ; *s'escrimer.*

escrier 3437, 3766 ; *ind. pr.* escrie 215, 1112, 1401, 2835 ; escrient 700, 1345 ; *prét.* escria 809, 842 ; *part. p.* escriez 181, escrié 850, 861.

escrin 1993.

escrit 595 ; escrites 3062, 3393.

escu 89, 133, 583, 754.

escuier 3955.

esfondré 262.

esfors 1180.

esfreer 1961 ; *part. p.* esfreé 3430, 3438 ; esfreée 4012, 4021 ; *réfl., se troubler.*

esgarder 171, 249, 487, 519 ; *ind. prés.* esgardent 978 ; *prét.* esgarda 267 ; *impér.* esgardez 3027 ; *part. p.* esgardé 3044 ; esgardée 3987.

esgarez 239, 1948 ; esgaré 2190.

esglentiers 1397, 1413 ; esglentier 2934.

eslais 3294 ; *élan.*

[eslessier] ; *réfl.* ; *prét.* eslessa 359 ; 1129 ; *part. p.* eslessiez 355, eslessiée 1884, 3546 ; *s'élancer.*

esligiez 1996 ; *acheté.*

esliz 3186 ; *choisis.*

[esmaier] *réfl.* ; 463, 3968, 3976 ; *prét.* esmaierent 705, 2525, 3546 ; *impér.* esmaiez 2271, 2884, 3154 ; *part. p.* esmaiées 1891 ; *s'effrayer.*

esmarie 718 ; *désolée.*

esmeré 1070 ; *purifié.*

[esmerveillier] *réfl.* ; *ind. prés.* esmerveil 505 ; *s'étonner.*

esmoluz 1268, 3730; *aiguisé.*
espaules 159, 2332.
espée 88, 377, 515.
esperduz 813, 851.
esperonée; a grant — 3652.
[esperoner]; *ind. prés.* esperonent 2779; *part. prés.* esperonant 802, 1168, 2605, 2609.
esperons 3330, 3581; esperon 434, 1272, 2257.
esperviers 700, 1585, 3335.
espice 1566; espices 2428, 2494.
espiez 515, 596, 755, 814; *lance.*
espie(z) 247, 562; *espion.*
espine 2934; espines 1397, 3068.
[esploitier]; *prét.* esploitierent 2487; *agir.*
espoantez 911; espoanté 2996.
espoir 1333.
esponde 390; *bord du lit.*
espoorie 2562; *effrayée.*
[esposer]; *prét.* esposa 3928; *part. p.* esposée 3873; *épouser.*
[esprendre]; *prét.* esprist 420; *part. prés.* esprenant 313, 395; *part. p.* espris 2588; esprise 1392; esprises 702; *alumer.*
essaier 1012; *part. p.* essaié 2092.
[essaucier]; *ind. prés.* essauce 2943; *prét.* essaucierent 3083; *part. p.* essaucie 222; *élever, donner plus d'éclat.*
essillie 2444; *ruinée;* essilliées 2509; *exilées.*
essoine 2677; *souci.*
estable 3276.

establetez 1499; *manoirs*, voy. Du Cange : STABILITAS.
establi 2667.
establie 1616; *charpente.*
estaje 935, 938, 1640; *piédestal.*
estajes 1615; *étages.*
estal 660, 785, 899, 3442; estax 790; *place, position, particulièrement pour combattre.*
[estanchier]; *prét.* estanchierent 1991; *se fermer, en parlant de plaies.*
estandart 1873, 1890, 1923, 2394.
estant 2006, 3824; *position de l'homme debout.*
esté 17, 1056.
[estendre]; *ind. prés.* estent 765; s'estent 3632; *prét.* estendi 3625, 3752; *part. pr.* estandant 2691 *part. p.* estendu 922, 938, 944.
ester 14, 2168, 2956, 3021, 3403; *prét.* s'estut 1108, 1356; *fut.* estra 222; estera 2523; *impér.* estez 2304, 2800; *part. prés.* estant 127, 315, 743, 745; *demeurer, être debout.*
estoire 328, 360, 396, 640, 657, 673, 675, 680, 1096, 1248, 1569, 1869, 2562, 2582, 2946; *armée.*
estoire 4172, 4176; *histoire.*
estoné 857.
estor 793, 1200, 1209, 1156, 1898, 1933, 1956, 2055, 2670, 3453; *combat, assaut.*
[estordre]; *ind. prés.* estort 820, 1227, 2630, 3840; *fut.* estordra 1633; *échapper.*

estorer 3531 ; *part. p. estoré
3882, 4108 ; élever, construire.*
estranjes 2244, 3134, 3803 ;
estranje 4131 ; *subst., étranger.*
estre 2276 ; *excepté.*
estre 56 ; *ind. prés.* sui 36,
924, 1403 ; es 2792 ; est 12,
13, 27 ; somes 3525, 3794 ;
estes 31, 928, 2085 ; sont 96,
139 ; *imp.* estoie 2224 ; estoit
94, 115, 264 ; estiez 241 ;
estoient ; ere 337, 2071 ; ert
95, 170, 251, 369, 581 ; erent
1260, 1431, 2559 ; *prét.* fui
2011, 2350, fu 17, 24, 381 ;
fustes 427, 1402, 2212 ; furent
140, 306 ; *fut.* serai 52, 960 ;
sera 126, 261, 416 ; serez
2150 ; seront 450 ; ert 421,
430, 443 ; erent 437, 2305 ;
esserez 2152 ; *impér.* soiez 2,
55, 2613 ; *subj. prés.* soit
1382 ; soient 558 ; *imp.* fuisse
2165 ; fusse 3475 ; fust 290,
356, 1948 ; fuissiez 1364 ;
fuissent 2722 ; *part. p.* esté
3197.
estrée 4002 ; *chemin.*
estriers 764, 856, 1086, 2251.
estris 1908, 2234 ; *combat.*
estroitement 2256, 2389, 2544,
3909.
estuet 531, 1416 ; *il faut, il convient.*
estut ; s' — *voy.* ester.
[esvertuer] *réfl. ; ind. prés.* s'esvertue 3680.
[esviguorer] *réfl. ; ind. prés.* s'esviguore 2020 ; *faire son effort.*
euz 161, 172, 209, 267, 286,
293, 389 ; *yeux.*
eve 19, 112, 468, 622, 1464,
1528, 1967, 2018, 2420, 2472,
2728, 2979, 3228, 3388 ; *eau.*
evesque 4104.
ez 507, 1212, 2007, 3440, 3581,
3655, 3660, 3775, 3777 ; *voici.*

Faillir 1904, 3262 ; *ind. prés.*
falt 3026 ; fallez 153 ; *fut.* faudra 3423 ; *part. p.* failli 2026,
3601 ; faillie 2898, 2560.
farine 691, 1626.
faucon 161, 336, 427, 1585,
3468.
faudestué 510, 577 ; *fauteuil.*
fausser 885, 894 ; *part. p.* faussez 1920, *rompre, briser ;*
2397 ; *tromper, trahir ; subj.
prés.* fausse 4176, *falsifier.*
fax 2477, 3324, 3763 ; *faucon.*
fax 1540 ; *faux, trompeur.*
feelté 1503, 3525 ; *fidélité.*
fées 2509, 3331.
fel 3570 ; felon 645, 4081 ; felons 1871.
felonie 1389.
feme 284, 1421, 2935, 3013,
3474, 3485.
[fendre] ; *fut.* fendra 1023 ; *part. p.* fenduz 805 ; fendu 828,
1156.
fenestres 3996.
[fenir] ; *prét.* fenirent 379 ; *part. p.* feniz 614 ; fenie 4174 ; fenies 2559, 2897.

fere 21, 985, 1380; *ind. prés.*
fes 810, 940; fet 29, 50; fetes
43, 51, 942; font 1414, 1963;
imp. fesoit; *prét.* fis 354, 2082;
fist 47, 349, 952, 2230; feïsmes 2231; feïstes 1418, 1444,
3473; firent 1960, 2509; *fut.*
ferai 46, 155, 594; feras 430;
ferons 974, 983; feront 451,
1290; *impér.* fai 413; *subj.
prés.* faz 2328; face 720, 968;
subj. imp. feïst 274; feïsse
1371, 3479; feïssent 257;
part. p. fez 326; fet 399; si
fet 2666, 3260.

fereïz 3786; *mellée, lutte corps
à corps.*

ferir 860, 874, 1035; *ind. prés.*
fiert 827, 839; se fiert 3585;
fierent 729, 804; *imp.* feroit
323, 3727; *prét.* feri 419,
2628; ferirent 2781; *fut.* terrai 1332; ferra 405; ferront
438, 1315; *impér.* ferez 852,
2631; *subj. imp.* ferisse 2194;
part. p. feruz 837, 945, 2287,
3405; feru 792, 816, 837, 846;
ferue 2526; *frapper.*

[fermer]; *prét.* ferma 3330;
part. p. fermé 95, 192, 1079;
fermée 3244; fermées 3254;
attacher, fixer.

ferrant 748, 1229, 3903, 4079;
gris de fer.

ferré 2165; *épith. de chemin.*

ferrez 2949.

fers 765, 848, 1141; fer 1161,
2432, 3606; *fer.*

fervesti 3808; *armé, en parlant
d'un chevalier.*

feste 23, 32, 188.

festu 818; *terme de comparaison d'un objet sans valeur.*

fetement 3321; *pareillement.*

fetes 784, 788.

feu 312, 322.

fiance 2119; *protection.*

fichier 3981; *ind. prés.* fiche
2198, 2317; *prét.* ficha 1102;
part. p. fichiée 3234.

[fier]; *ind. prés.* se fie 2543,
2903.

fierement 477, 861, 2486, 2578,
3659, 3785, 3827.

fiers 763, 1017; fier 3569, 3580;
fiere 1297, 2503, 2514, 3079,
3387.

fiertés 410; *vaillance.*

figuré 1067.

filz 7, 9, 120; fil 227, 240.

fillex 74, 512, 2397, 2566, 3015,
3047; filluel 2319.

fin 570, 881, 2023, 2060, 3629;
subst.

fin 577; *adj.*

[finer]; *ind. prés.* fine 3166;
finent 3563; *prét.* fina 3273,
3399; finerent 2470, 2915,
2937; *fut.* fineront 1273,
finée *part. p.* 3635, 3991,
4025, 4030; *finir, terminer.*

flajelé 1998.

flanbe 1394, 3967; *flamme.*

flans 303, 766, 2674, 2712;
flanc 753, 2627, 3605.

fleche 3605, 3676.

fleror 1056, 1883; *odeur.*

florie 1881, 2425; *couverte de
fleurs;* 2406, 2413, 3065,
3268, 3868; *blanche, épith. de*

barbe; flori 2047; *pris sub-
stantivement, vieillard à la
barbe blanche;* florie 416,
3088; flories 2900, *en parlant
des âmes admises au Paradis.*
flors 145, 1022, 1280; flor 154,
221, 637, 2624.
flote 1745; *troupeau.*
floter 2957.
floz 2954, 2958.
flueve 1462.
fochiere 1880; *fougère.*
foi 105, 1328, 2278, 2794,
2850, 3259, 3264, 3768; a foi
879, *exclamation.*
foibles 1192.
foillu 635, 933, 1197; foilli
3614.
foïr 872, 2694, 3563; *ind. prés.*
fuit 4004; fuient 776; *fut.*
fuirons 4060; fuiront 1928;
part. prés. fuiant 1264, 1944,
3448, 3565.
foire 1286, 2963.
[foisonner]; *ind. prés.* foison-
nent 2044.
foiz 946, 1129, 2300, 3616.
folement 2085.
foler 37; *part. p.* folées 2494;
fouler.
folie 3466.
fondez 1068; fondées 3310;
soudé.
[fondre] *imp.* fondoient 321,
409, *sens neutre, s'écrouler;
prét.* fondi 2414; *part. p.* fon-
dues 3241, *sens actif, détruire.*
fontaine 2102.
fonz 1462; *source, fontaine.*
forbiz 1316, 1352, 1545, 3594;

forbi 693; forbies 2434, 2485.
force 1100, 2931, 3166, 3176,
3848.
forez 2445, 3170; forest 2141.
forfet 3380.
forment 354, 466, 857, 1622,
1874, 2339, 2525, 2773, 2921,
3292; *fortement.*
fornir 75; *part. p.* fornie 3883.
forrier 776; *fourrageurs.*
fors 780, 3795, 3829, *hors, de-
hors;* 1614, 2070, 2268, *ex-
cepté.*
forteresces 1559, 1572, 1613,
2402.
forz 581, 751, 2013; fort 9,
1078; forte 3171.
fossé 2954.
fraindre 794, 1201, 1934; *part.
p.* frez 884, 1920; fret 262,
893, 1156, 1887; frete 1257,
2888; fretes 1243; *briser, dé-
truire.*
frans 64, 296, 309; franc 218;
franche 1436, 1530.
fremillon 1293; *de mailles.*
[fremir]; *ind. prés.* fremissent
3952.
fremor 679, 2186, 2226; *ru-
meur.*
frere 1041, 2050.
fresée 3249; *galonnée.*
[froissier]; *prét.* froissierent
2712; *briser.*
froiz 1131, 1139, 1141 1317;
froit 3735; froide 2728.
front 1465.
[fueillir]; *ind. prés.* fueillissent
18.
fuie 3845; *fuite.*

fuirons 1584; *furets*,
fuz 1289; fust 1161, 1176, 2809, 3067; *bois, bâton.*

Gaaignié 2282; *gagné.*
[gaaignier]; *ind. prés.* gaaignent 2441; *labourer, cultiver la terre.*
gaber 2357; *ind. prés.* 2298; *prét.* gaba 2311; *plaisanter, se moquer.*
[gaitier] *ind. prés.* gaite 2484; gaitent 4068; *prét.* gaitierent 2497; *part. p.* gaitieés 3238; *garder, faire le guet.*
gaje 945.
galies 708, 1061.
galopant 769.
galos 1179.
gant 943, 1225.
garant 406, 2696, 2707, 3579, 3916.
garantie 2438.
garçon 1598.
garde; destriers de — 694; prendre — 973.
garder 1412, 2000, 2082, 2182, 2749, 3017, 3434, 3513, 3517, 3922; *ind. prés.* gardons 3575; gardent 1288; *subj. prés.* gart 3127, 4173; *part. p.* gardez 3782, *garder. Ind. prés.* gardent 1868; *prét.* garda 2184, 3526, *regarder. Imp.* se gardoient 3277; *impér.* garde 2057; gardez 186, 981, 2290, *se garder, prendre garde.*
garingal 2426; *sorte de racine aromatique.*

garir 3359; *ind. p.* garissent 1185; *prét.* garesis 1450; *fut.* garra 4062; garira 3169; garront 3187; *impér.* garis 1419; garissez 1476, *préserver;* garir 2344, 3407, 3476; *fut.* garra 235; *part. p.* gariz 2045, *guérir; fut.* garront 2760, *éviter; part.* garie 3087; garies 2561, 2899, *en parlant des âmes admises au Paradis.*
garnemenz 110, 514, 582, 1052, 2385 3329, ; garnement 3499; *équipement.*
[garnir]; *ind. prés.* garnissent 2433; *part.* garniz 2591; garnies 695, *équiper, mettre en état;* garnie 2422, 2455, 3072, *opulente, épith. de France;* garnies, forez — 2445, *riches en gibier.*
gaste 3029, 3048; *désert, ruiné, dévasté.*
gastez 261, 606; gasté 39, 60, 194, 528, 1842; gastie *(rime)* 2444; *dévaster, ruiner.*
gastiax 2904.
giens 163, 2442; *particule négative.*
giet 1393; *jet.*
gingibre 2426; *gingembre.*
gironez 2386; gironé 1085, 1974; *festonné.*
glaives 421, 1574, 2666; *carnage.*
[glatir]; *ind. prés.* glatissent 698; *imp.* glatissoient 364; *aboyer.*
gloire 1950, 3634, 3693.
glorios 720, 1418, 1444, 2879.

gloz 566, 653, 2695; glot 3565;
gloton 3435, 3570; glotons
3788.
glu 3852.
gole 346, 356, 3967, 3980;
gueule.
goster 2988; *goûter.*
gote 3301; *goutte.*
graciez 2100; *remercié.*
gramaire 3058.
[gramir] *réfl.*; *ind. prés.* gramie 3869; *part. p.* grami 3179; *s'affliger.*
gravier 2278, 2289.
gré 31, 101, 890, 1086, 2847, 2983.
greignor 432, 3904; *plus grand.*
grele 159; *grêle, adj.*
grelle 3723; *grêle, subst.*
grelle 678, 864, 1247, 1560, 2498; *instrument de musique dans le genre de la trompette.*
grellier 468; *voy. le précédent.*
[grever]; *ind. prés.* grieve 2519, 2528; *part.* grevé 38; *nuire, causer un dommage.*
grezois; feu — 983, 1381, 1520.
griés 3942; *affligé.*
grifaignes 666; *sauvages.*
grises 709; gris 1586; *fourrure.*
gros 159, 1095, 1296, 2682.
gruiers; fax — 3324; *faucon dressé à la chasse de la grue.*
[guenchir]; *prét.* guenchi 1900, 1909; *se détourner.*
guerpir 3449; *ind. prés.* guerpissent 2531; *part.* guerpi 3180; guerpie 697, 3151; *abandonner, quitter.*

guerre 71, 670, 1908, 3037, 3400, 3422, 3425.
guerredon 1457, 3012; *récompense.*
guerrier 473, 1026.
[guier]; *ind. prés.* guie 703, 3936; guiez 3516; *guider.*
guinples 2388, 2544, 2625, 2637.
guises 2436, 2905.
guivre 2510, 2914, 3948, 3960, 3982, 3986; guivres 2512; *animal merveilleux.*
guivrel 2512 (*var.*); *diminutif du précédent.*
guivres 777; *sorte de javelot.*

Hache 1289, 2434, 3671, 3730, 3820, 3834.
haï 153, 272; *interjection exprimant la douleur.*
[haïr]; *ind. prés.* heent 3024; *part. p.* haïe 3861.
hanstes 192, 1078, 1102, 1154.
hardement 3587, 3727; *vaillance.*
hardiz 297, 540; hardie 2405.
harpes 3103.
hastez 201, 879; hasté 2773.
[hauçier]; *part. prés.* hauçant 2689.
haut 181; hautes 970; haute 1401.
hautement 3640, 4094.
henas 480; *hanap.*
[henir]; *ind. prés.* henissent 699; *prét.* heni 2300.
herbergier 1028; *ind. prés.* her-

berjent 2473; *prét.* herberjas 1452; herberja 3382; herberjas 1452; herbergierent 2488, 3385; *part. p.* herbergiez 2222; herbergiée 2510; *loger.*

herberjement 1686, 3374; *résidence, logement.*

herberjerie 2415, 2533, 2893; *voy. le précédent.*

herberjes 932; *voy.* herberjement.

herbu 1205.

hericier 3966; *se hérisser.*

herité 1953; *mis en possession.*

heritez 10; 1953; *héritage.*

hermin 1294, 1586, 2637; *d'hermine.*

hernois 3933.

hidos 340; *hideux.*

hom 65; homes 44, 612, 619.

honir 253, 529; honiz 2827.

honte 43, 808, 854, 1134, 1148, 1427, 3617.

hors 1176.

hu 3846; hui 908; *cri prolongé.*

huée 3636; *voy. le précédent.*

hui 34, 122, 153, 183, 220, 561, 2062, 2093; hui mès 15, 561, 1860, 3089; *aujourd'hui.*

[hurter]; *ind. prés.* hurtent 3230; *résonner.*

Ier 2068, 2232, 2279, 2362.

iglises 1094.

iluec 146, 387, 848, 977; *ici.*

indes 1642; *bleu.*

irascuz 931, 1151; irascu 3842; irascue 3687; *irrité.*

ire 219, 3666; *colère.*

iriez 340, 356, 1032, 2175; irez *(rime)* 55; irié 956; iriée 3997; *irrité.*

isnel 1781; *prompt.*

isnelement 570, 2023; *promptement.*

issir 1462, 2585; *ind. prés.* ist 1124, 1595, 3680; s'en ist 1090; issent 557, 2912, 3347, 3809; *imp.* issoit 325; *prét.* issi 255, 422, 495, 780, issirent 3997; *fut.* istras 412; *part. p.* issuz 802, 835; oissuz 802; issu 633, 708, 1160, 1197, 1261; issi 3211 *sortir.*

itant 458; *tant, autant;* par itant 1916; a itant 775, 3566, 3810, 4093; *aussitôt.*

Ja 391, 406, 456, 881; ja mes 202, 222, 282, 1144.

jais 2571; *geai.*

jalir 1906; *jaillir.*

jambes 150.

jardin 384.

javelot 3300; javelos 3969.

jehir 567, 2074; jeïr 2576; *dire.*

jemé 1971, 2133, 2330, 3501; *orné de pierreries.*

jeneste 1880; *genêt.*

jenoillons; a — 1194, 1453, 3824; *à genoux.*

jent 574, 761; *adj. beau, agréable*

jent 28, 118, 623; jenz 915; *subs.*
jentils 120, 272, 1051; jentil 16, 1602, 2296; *noble.*
jesir 2188, 2238; *ind. prés.* gist 947, 3662; gisent 4113; *prét.* jut 636, 2783, 2916; jurent 2018, 2776; *part. p.* jeü 3832; *part. prés.* jesant 1233.
jestes 4, 16, 3062, 3073, 3081, *chronique, histoire;* chançon de — 3055; jeste 1387, 1821, 2210, 2565, 2597, *famille.*
jeteix 725.
jeter 375, 1415, 1519; *ind. prés.* giete 901; gietent 632, 1065, 1911; jetent 706, 2637; *prét.* jetas 1449; *fut.* jeterai 3213; *part. p.* jetez 200, 1383.
jeu 2206.
[jeüner]: *prét.* jeünas 1470.
[joer]; *ind. prés.* joe 2202, 2298; joent 2479; *part. prés.* joant 4085.
joianz 763; *géant.*
joie 276, 352, 365, 508, 1106, 2008, 2880, 3194.
joindre 1901.
joios 338, 429.
[joïr]; *prét.* joï 575; *v. act.*
joïse 1403, 3534; *jugement dernier.*
jonchié 472; jonchiée 1888, 3545.
jonciere 1881; *lieu où le jonc croît.*
jone 3847; *jeune.*
jornées 499.
jors 123, 465; a toz jors mès 211, 220; tot jor 2068, 2232;
joste 2802, *joûte.*
joster 1071, 1929, 2765, 2801; *prét.* josterent 848.
jostice 530; *justice;* 1290, 1371, 1395, *exécution, supplice.*
josticier 2270; *ind. prés.* jostissent 2467; *faire souffrir.*
jouglere 3377; *jongleur.*
jugler 1072; *comme le précédent.*
juesdi 1472.
juïs 523; juï 380, 461; *juif.*
[jurer]; *ind. prés.* jure 3975; jurent 1299, 1927; *fut.* jurerai 1513; jureront 1503.
jus 630, 796, 1204, 2593, 3613; *a bas.*
justisier 3915; *adj., juste.*

[Lacier]; *ind. prés.* lacent 752; *prét.* laça 3309; *part. p.* laciez 2275; laciées 3255.
lais 3103.
laiz 340; *laid.*
lance 1139, 1255, 1929, 2765.
lancier 3967; *ind. prés.* lancent 717, 777, 2435, 3608, 3969; *part. p.* lançant 323.
lande 2029, 2066, 2933, 3107.
lanternes 702.
lapidée 3654; *destruction.*
larjement 2691, 3397.
larjes 767, 2718; large 975, 994.
larjeté 4118; *générosité.*
larriz 2821, 3448, 3775; *lande.*
las 784; *corde, lien.*
lasse 283; *malheureuse, exclamation.*

latins 382; latin 580, 2571.
laver 1992; *ind. prés.* lavent 469, 2728; *prét.* lava 1455.
lé 1931, 2767; *côté.*
lecherie 1646; *action criminelle.*
leenz 2940, 3433; *là dedans.*
legiers 2011; legier, 751.
lessier 3905; *ind. prés.* lesse 212, 3465; lessomes 2306; lessiez 37; lessent 1138, 2545, 3922; *prét.* lessa 2747, 2999; laist 1123; *fut.* lerai 2592; laira 239; lerons 2168; lesserons 2391; leront 434; *impér.* lesse 1348; lessiez 1409, 3021, 3023, 3644; *subj. prés.* lest 1310; *imp.* lessast 1039; *part. p.* lessiez 14, 2277; lessié 470, 2603; lessiée 2332.
leu, *voy.* lex.
lever 21, 2006, 2106; *ind. prés.* lieve 2244, 3617, 3636; lievent 225, 302; *prét.* levastes 1456; leverent 1598; *part. p.* levez 502, 908, 1006; levé 3415, 3440, 3846; levée 3247, 3653, 3878.
levriers 359, 360; levriere 2501.
lex 1398, 1399, 1414; leu 1952, 2422; *lieu.*
lez 132, 510, 577, 636, 1183, 1812, 3698, 4143; *à côté de.*
[lier]; *ind. prés.* lient 2544; *prét.* lierent 1590, 1599.
lievre 2500.
liez 338, 429; liée 290, 3535; lié 354; *content.*

lignaje 15, 646, 1319, 1386, 2046.
limon 140; *les montants d'un lit.*
linciex 143; *draps.*
lions 132, 345, 353, 439, 1297, 2550, 3376.
lisant 3590.
listé 892, 1433, 4102; *bordé.*
listes 306, 2374; *bordures.*
lit 138, 170, 302.
litiere 3920.
liue 630, 679, 3272; liuées 2855; *lieue.*
livre 382, 384, 3060.
[livrer]; *prét.* livras 1473; *fut.* livrerai 2803; *part.* livré 2319, 3519.
loer; fet (fist) a — 47, 1985, 2313, 2380; *ind. prés.* loez 968, 1515, *être d'avis, approuver;* loée 3252, 3994, 3998 *épith. de cité;* 3650 *épith. de* France.
[logier]; *ind. prés.* se lojent 669; *part. p.* logies (*rime*) 2910; *camper.*
loi 1120, 1502, 2366, 2845, 3025; *croyance religieuse, religion.*
loials 268; loial 3488.
loiaument 2794.
loiauté 3494.
loig 4010; *loin.*
lojes 859, 2858, 3287, 3348; *sorte de tente.*
lonc 455, 3304; longue 625, 2333; longues 160.
longuement 3832.
lor (*rime*) 3297; *laurier.*
loriers 2029, 2066, 2238.

lors 379, 1138, 1330, 2373; *alors.*
los 154, 221, 2796, *réputation, éclat;* 530, *approbation.*
losangerie 1636 (*var.*); *tromperie.*
lues 1127; *aussitôt que.*
[luire]; *ind. prés.* luist 631.
luisant 752, 1118, 1223, 3895, 4098.
lunes 3312; *pierres de lune.*
luor 686, 1588; *lueur.*

Mace 2690; *mace d'arme.*
mai 17.
maille 751, 885, 894, 3302, 3674; mailles 840.
main 114, 2093; *matin.*
main 175, 292, 363, 1034, 1175, 1341, 3264.
maintenant 375, 419, 762, 1327, 2606, 3734, 3742.
maintenir 71; *part. p.* maintenu 793, 1200, 1256, 3659, 3853.
maire 401; *cas rég.* maior; 136; Inde — 147; *plus grand.*
majesté 3472.
mal 236, 264, 273, 288, 298, 388, 466; *subs.*
mal 721, 1939; *adv,*
mal; — an 772; male 1120, 2060; *adj.*
malades 536.
males 2539; *subs.*
maleïz 3592, 3600, 3816; *maudis.*
malement 38, 59, 182, 193, 527, 2263.

maleüré 1983; *malheureux.*
mallon 337, 428; *canard sauvage mâle.*
malmené 1968.
malmis 3789, 3823; maumis 61, 2051; *endomagé, maltraité.*
maltalent 1033, 1340, 2708, 3569, 3580, 3708, 3979, 4078; *mouvement de colère.*
malvès 499; *mauvais.*
mameles 1575, 2957, 3604.
mananderie 1658; *demeure.*
manantie 692, 1620; *approvisionnement, richesse.*
[mander]; *ind. prés.* mande 517; mandent 3132; *imp.* mandoit 189; *prét.* manda 541, 547, 665, 3631; *fut.* manderai 70, 972; mandera 537; *subj. prés.* mant 485, 996; *part. p.* mandez 30, 552·
mangier 344, 357, 453, 464, 471, 1963, 2269, 2985, 3464; *pris subst.* 502, 1006, 1624, 2980; *ind. prés.;* manjuent 2448, 2984; *imp.* manjoit 372; *prét.* manjai 465.
[manoier]· *prét.* manoia 175; *manier.*
mansion 1458; *demeure.*
mantel 162, 305, 378, 1279; mantiax 1546, 2637.
mar 773, 1362, 3036, 3118, 3168, 3571, 3696; *pour le malheur de celui de qui on parle.*
marbre 180, 472, 636, 745, 970, 1433, 2728, 3369, 3895, 4098, 4101.

marche 3052; *frontière.*
marcheant 1283, 2962.
marchié 1286.
[marchier]; *prét.* marchierent 1882; *part. p.* marchiées 2494; *fouler aux pieds.*
marchis 8, 2049, 2659, 3777, 3921.
marement 3577; *tristesse.*
mariez 3019.
marmotes 2550.
marois 112, 1228; *marais.*
marrisson 4049; *tristesse.*
marriz 3942.
martire 3067; martirs 3634.
martrin 144; *de peaux de martre.*
matez 928, 2206.
matin 70, 498, 564, 1348, 2062, 3199, 3415.
matinet 3410; *l'aube du jour.*
[maudire]; *ind. prés.* maudient 3857; *subj. prés.* maudie 3918.
mauvès 940, 2952.
mauviz 2570; *mauviette.*
mauz 728; *maillet.*
meïsmes 1320, 2542, 2798; *même.*
mellée 1042; *subs.*
mellez 252, 607; mellé 3510; mellée 3313 : *engagé dans une lutte.*
melz 880, 1353, 1983, 2597; meillor 941, 1018, 1566, 1589, 2285.
menacier 1031; *ind. prés.* menace 1338.
menbrée; chicre — 3638, 4011.
[menbrer]; *prét.* menbra 2643, 2872, 2909; *impér.* membre 609; *se rappeler.*
menbres, 2088, 2328.
menbruz 1172; *qui a de gros membres.*
mener 1411, 1427, 1597, 2310, 3395; *ind. prés.* moine 668, 1127; moinent 1395, 3697, 3760; menent 1107, 3161; *impar.* menoie 2063; menoient 374, 2237, 2283; *prét.* mena 1029; menerent 2047, 2351; *fut.* menrai 2291; merrai 2594; *part. p.* menez 604, 1382, 1506, 2855; mené 615 2852.
menor 443, 545, 2644; *le plus jeune.*
mente 2425.
mentir, 2057, 3551; *ind. prés.* ment 179, 310, 1360; mentez 3573; *prét.* menti 2650; *subj. prés.* mente 3056; *part. p.* menti 598, 3201.
menton 1299, 1456.
menuier; cor — 3958; *cor au timbre aigu.*
menuz 819; menues 2907; menu; 3722, *adv.*
mer 565, 682, 697, 1060, 1385, 1459, 1967, 2351, 3323, 3428.
merciz 2841, 3006; merci 287, 1345, 1495, 1911, 2010, 2035, 2342, 3191, 3629.
mere 2112.
merveille 94, 361, 758, 1081; merveilles 3489, 3987; *adv.* 2812.
[merveiller]; *impér.* merveillez 280; *s'émerveiller, s'étonner.*

merveillos 431, 591, 992, 1096, 1125, 1209, 1314, 2670, 3558; merveilloses 2514; mervillose 3699.

meschine 1421, 1623, 2409, 2453, 2539, 2551, 2558, 2909, 2919; *jeune fille.*

mescreanz 396, 451, 4089; mescreant 2601, 3707.

mescreüz 3850; mescreü 3844, 3854; mescreüe 3670, 3675; *(rime); voy. le précédent.*

mesnie 3542, 3867; *compagnie.*

mesniée 3384 (*rime*); *voy. le précédent.*

messagier 554, 1002, 1030, 2307; messagiere 3223.

messaje 75, 107, 482, 507, 556, 567, 617, 999, 993, 3926.

messe 4094, 4100.

mestier 4018; *besoin.*

mestre 471, 817, 834, 1105, 1616, 1985, 2283, 3599, 3675, 4042; mestres 122, 1558.

metre 531, 3100, 3893; *ind. prés.* met 768, 3704; metent 691, 2104, 3418; *imp.* metoie 4111; *prét.* meis 1447; mist 576, 1175, 3060; *fut.* metrai 982, 2119, 3532; metra 260; *part. p.* mis 2032, 2046, 2058; mise 3110, 3311; mises 134, 2938.

mi; *milieu;* en — 356, 2523; par — 1090, 1337.

midis 656; midi 1006, 2979.

mieudre 99, 183, 2112, 2718; *meilleur.*

miracles 812.

mirienesse 2285; *médecin,* fém.

misodor 341, 436; *qui vaut mille sous d'or; épith. de* destrier.

moie 278, 2794; *mienne.*

moillié 1359; *mouillé.*

moillier 3016, 3492; *femme, épouse.*

moines 1091, 1579, 3086, 3532, 3884, 4098.

mois 248, 563, 2273, 2876, 2964, 3002.

moitié 1038, 2775, 2787, 4112.

molé 158; *moulé, fait au moule.*

moles 304.

moltoieric 2441; *métairie.*

molu 1169, 2982; molue 3668.

monde 1951, 3859.

montaigne 339, 624, 665, 2180, 3242, 3441.

monter 515; *ind. prés.* monte 494, 759, 822, 931, 1086, 2405, 2954; montent 709; *prét.* monta 101, 1151, 2251; *fut.* monteroiz (*rime*) 1144; *part. p.* montez 507, 997, 1248; monté 680, 865, 3807; montée 3996.

monz 351, 442; mont 907, 1444, 3428, 3457.

morir 3560; *ind. prés.* muert 22, 183, 203, 238, 522, 1983; *imp.* moroit 600; *fut.* morras 412, 1313; morrai 1403; *subj. prés.* muir 490; muire 1355; *prét.* morust 1385; *part. p.* morz 924, 1178, 1211, 1941; mort 820; morte 3917, 4140; *subst.* morz 3596, *sens actif, tué;* morz 1959; mort 796, 1908, 1938, 3445.

mort 212, 250, 277, 1355.
mortex 1976, 2003; *mortel.*
mostiers 1577.
mostrer 977; mostrent 2805; *fut.* mostrerai 2274; *part. p.* mostré 2205.
mot 653, 1432, 2032, 2329; mos 3057.
[movoir]; *prét.* se mut 830, 946, 1142; *impér.* movez 104.
mue 1333, 1585, 2477; *muet.*
muer 173, 2893; *prét.* muerent 2602; *part.* mué 161, 902, 2763, 3468; muée 4004; *changer.*
muis 1626.
mule 3106.
mulete 3112, 3276; *diminutif du précédent.*
mulez 2392, 2546, 2638; mulet 997, 1047, 2621.
murs 642, 775, 979, 1096, 1420, 2463, 3372; mur 970, 842, 1149, 3187.
murs 694; murs 699, 1583; *mulet.*

Napes 479; *nappes.*
nasiers 1216; *nez, narines.*
naturels; (*rimes*) 120, 235, 898, 901, 1425; naturel (*rimes*) 213, 2872; naturals; (*rime*) 272; natural; (*rime*) 281; *légitime.*
navées 2430; *navires.*
[navrer]; *prét.* navra 1830, 3815; *part. p* navrez 796, 1174, 1970, 2343, 3405; navré 796, 858, 1919, 3823; *blesser.*
neant 237, 2126.
nes 1930; *pour* ne les.
nes 1324, 4066; *pas même.*
nés 8. 292, 1521; *nez.*
nés 690. 695, 708, 1670; *nef, navire;* 1587; *vase.*
nestre 1446; *part. p.* nez 990, 1362, 2002, 2112, 2974, 3121; né, 1418, 3473.
niés 483, 1942, 2613; neveu 157, 2573; neveuz 550, 553.
nobile 218. 919, 987, 2473, 2941, 4152.
nobilité 886, 4117; *noblesse, force.*
noble 1098.
noblement 4102.
noches 1429; *fermail.*
[noer]; *ind. prés.* noe 3323; *nager.*
noiant; pour — 3204; *pour rien, vainement.*
noirs 314, 1215; noir 398; noire 370, 449.
nomeni dame 2239; *interjection, voy.* Rom. vii, 8.
nomer 3031; *part. p.* nomez 2367.
nonain 4137.
nonbré 1915; *compté.*
nonbre 621.
noncier 1049; *annoncer.*
nons 1443; non 1466, 2078, 2793, 3060; *nom.*
[norir]; *prét.* nori 66, 610; *part. p.* norriz 3802.
[noter], *ind. prés.* note 3102; *jouer d'un instrument de musique.*

noton 1460; *marin*.
novel; de — 2416, 2889; *depuis peu de temps*.
novele 4000, 4017; noveles 391, 580, 2308; *subst*.
nuiz 3408; nuit 86, 685, 1957, 2018, 2071, 2083, 2182, 2243, 2484, 3313, 3477.
nuz 1382; nu 3585, 3837; nue . 369, 3660, nues 1912.

O 278, 336, 368, 427, 447, 666, 848; *avec*.
oan 1700; *dans l'année*.
obli 3172.
oblié 3463, 4139.
ocire 257, 1630, 3122; *ind. prés*. ocient 717, 2447, 2475; *imp*. ocioit 377; ocioient 341; *prét*. ocist 586, 1536, 3668; oceïstes 1385; ocistrent 436, 1579; *fut*. ocirrai 596; ocirroiz (*rime*) 1325; ocirons 1352; *part. p*. ocis 421, 548, 1784, 1858; *act., tuer;* ocire 913; *neut., mourir*.
[offrir]; *ind. prés*. offre 945.
ofrande 4097.
oignement 1993, 3908; *onguent*.
oïr 69, 1002, 1955, 2487; *ind. prés*., 1ʳᵉ *pers*. oi, 2649, 3489, 3795; ot 284, 289, 462; oez; oient 953, 3347; *prét*. oï 118, 205, 1030; oïrent 1106, 2302, 2968; *fut*. orrez 15, 393, 516, 2361, 2383, 3093, 3484; orroiz (*rime*) 1329; *impér*. oez 1,

334, 366, 3053; *subj. prét*.
oïst 1372; oïe 2894.
oirs, 4169; *hoirs, héritiers*.
oiselet 3336.
oisels 314, 325, 330, 398; oisel 1066; oisiax 145, 2549, 2569, 3852.
oissors 1575; *femme mariée*.
oissuz; *voy*. issir.
olifanz 3361, 3427; olifant 701, 778, 1103, 1110, 2145, 2645, *cor d'ivoire*; 754, *ivoire*.
olive 3111, 3275; *olivier*.
olives 2906.
oliviers 1011; olivier 626, 976.
omnipotent 415, 2735.
onbraje 976.
onbre 385, 626, 3297.
onc 854, 2011.
oncle 616, 3078, 3085.
onques 3, 298, 454.
or 33, 48, 413, 480, 577, 756, 943.
ordener 3460, *disposer en ordre*; *part. p*. ordené 4106; ordenée 4033; *qui a reçu un ordre ecclésiastique*.
ore 2663, 3591, *heure;* en petit d' — 2288; *en peu de temps*.
orfeline 3308.
orgoil 404, 2720.
[orgoiller]; *ind. prés*. s'orgoillent 2017; *s'enorgueillir*.
orgoillos 948, 963, 1017; orgoillose 622
orible 3697.
oriflanble 2394, 2547, 2567, 3293; *oriflamme*.
oriflor 1311, 1608; *comme le précédent*.

VOCABULAIRE

orilles 1216; *oreilles*.
orilliers 144; *oreillers*.
oroison 1092.
ors 339, 350, 353, 435, 698, 1583, 2446, 2550. 3376; *ours*.
oscur 1164; oscure 1957, 3170, 3313.
[oser]; *ind. prés.* ose 2576.
ost 546, 605, 633, 865, 1104, 2183; *armée*.
ostajes 2831.
ostarin 1552, *pourpre?* Voyez Du Méril, *gloss. de* Flore et Blancheflor.
ostel 82, 2958, 3574; ostés 499, 1028, 1452; ostex 2639; *logis, résidence*.
ostelez 2180; ostelé 3049; *logé*.
oster 1567, 1975, 2208; *prét.* osterent 1293.
ostoirs 1585, 2477; *autour, oiseau de proie*.
otraje 965; *outrequidence*.
otre 1820; *exclam., arrière*; 886, 2014; *outre*.
otrée 4008: *passée*.
otremer 97, 1083, 1507.
[otroier]; *ind. prés.* otroi 1354, 2130, 2403, 2847; otroions 1523; otroîe 3875.
ovrer 1377, *agir; part. p.* ovrez 4102; ovré 2374; *travaillé*.
[ovrir]; *ind. prés.* ovrent 1976; *prét.* ovri 267, 286, 2606; *impér.* ovrez 3514, 3570.

Paienie 4156.
paienor 681, 1304, 1569; *des païens, qui appartient aux païens*.
paiens 396, 437; paiene 623.
paile 98, 163, 304, 684, 1084, 1550, 1644, 1974, 2386, 3910; *étoffe de soie*.
pain 691, 2099, 2443.
païs 39, 60, 68.
palazine 227; *femme d'un comte du palais*.
palefroiz 571.
palès 49, 156, 198, 224, 507, 573, 1149, 1573, 3790, 4132.
paliz 3187; *palissade*.
palme 3304; *paume de la main*.
pan 262, 306, 318, 403, 631, 751.
par 534, 1066, 2034, 2681; *particule renforçant l'expression*; parfurent 2665; *furent complètement*.
paradis 279, 424, 2900, 3941.
parenté 1983, 3018.
parez 491, 523, 1993; *orné*.
parfetement 912.
parfont 1468; *profond*.
parfurent 2665. *Voyez* par.
parigal 274; *également*.
parjures 44.
parler 5, 15, 244, 284, 289, 1030, 1410, 1490, 2968, 3481; *ind. prés.* parole 1327; parlez 237; *imp.* parloient 2242; *prét.* parla 204, 653, 1365, 3749; *fut.* parlerai 1505; *part. p.* parlez 954, 1007; parlant 3696.
[paroir]; *ind. prés.* pert 85; *fut.* parra 3771; *paraître*.
paroles 129; parole 1001, 1511, 2894.

parrains 3009, 3159, 3175, 4166.
part 279, 859, 936, 1222; parz 318, 2033.
partie 1625, 2865.
partir; 3931; *ind. prés.* partent 3930; *prét.* se parti 3632; *part.* partiz 2055, 2820, *neut. partir;* parti 3336, *act. séparer, faire partir;* parti 2868, *partagé, séparé.*
pasmer 1423; *ind. p.* se pasme 149, 215, 1361, 3616; *imp.* pasmoient 3900; *part. p.* pasmez 129, 180, 1977; pasmée 223, 1433, 4006, 4027, pasmé 1166.
pasmes 1065; *voyez* brasmes.
pasmoison 3620.
passer 2005, 2273; *ind. prés.* passe 204; passent 2711; *prét.* passas 1459; passerent 2917, 3379; *subs. prét.* passast 656; *part. p.* passez 2874, 3436.
passion 983, 1479.
paumoier 3977; *prét.* paumoia 2567; *tenir à pleine main.*
pavée 4040.
paveillon 785, 1276, 2675.
pavement 2959.
pechiez 3623.
peçoier 1430; *ind. prés.* peçoie 1182, 1810; peçoient 1141; *fut.* peçoieront 642; *part. p.* peçoiez 40, 195; peçoiée 263; *mettre en pièces.*
pel 2527; *peau.*
pel 939; *pieu.*
pelé; ail — 1073; *terme de comparaison pour un objet de peu de valeur.*
pelerin 2127, 3202.
peliçon 1294.
[pendre]; *ind. prés.* pent 133, 1070, 1074; pendent 754, 1064; *imp.* pendoit 2627; *part. prés.* pendant 756; *part. p.* penduz 1349.
pener 1522, 2999; *prét.* pena 2659; *part. p.* penez 258, 1417, 1950, 2314, 3007, 3011; *torturer, faire souffrir.*
penonieres 3226; *épith. de lance, garnie du penon.*
penser 3466; *ind. prés.* pense 3941; *impér.* pensez 862.
pensé 45, 2377; *pensée.*
pensis 2218, 3800.
pentecoste 23.
per 3, 1957, 3492, *pareil, égal;* les .xii. per 2665; pers 25, 489, 521, 1422, 2369.
perches 700.
[percevoir]; *prét.* perçurent 2917; *apercevoir.*
percier 794, 1201; *prét.* percierent 2527; *part. p.* percié 1257; perciée 1887.
perdicion 4056.
perdre 3160; *ind. prés.* pert 154, 213, 221, 811, 2701; *prét.* perdist 3876; *fut.* perdrez 1145; perdront 3164, 3279; *part. p.* perduz 1270; perdu 1165, 1192, 1262, 3851, 4151; perdue, 5163, 3667.
perdriz 2807, 3325.
perdurable 425, 3755.
peri 3609; *brisé.*

perillos 680, 1248, 1317.
perirtre 2427; *plante aromatique* (?)
perrieres 2591; *machines de guerre.*
perron 131, 1003, 1463, 3275; *rocher.*
perte 1251, 2075, 2785, 2877, 3549, 3647, 3860.
pès 2; *paix.*
pesanz 2670; pesant 3697, 3890; pesante 3305.
pesme 3163, 3643; *cruel.*
[peser]; *prét.* pesa 1221.
petit 3397; un — 897, 926, 1075, 1171, 1366, 1376, 2005, 2817, 3196; *loc. adv., un peu;* en — d'ore 2326.
pieça 2212; *depuis longtemps.*
pierres 307, 1065, 1588, 1874, 2520, 3225, 3310; pierre 1393.
piez 36, 160, 269, 363, 1590; pié 895, 920, 1033, 1109, 2255.
pin 369, 385, 448, 501, 635, 916, 1002, 1277, 3344, 3614, 3681, 3741.
pitez 122; pitié 53.
piz 168, 2662, 2780; *poitrine.*
place 93, 1080, 3669.
plaié 1921; *blessé.*
plaies 1567, 1976, 1991, 2003.
plaigne 1878; *plaine.*
plaindre 232; *ind. prés.* plains 1133.
plains 966, 1388; de — 839, 1159; plaine 1184, 3304.
planée 3318; *polie.*
plantez 3345; planté 3478; plantées 3312.

plenieres 2445.
plenté; a grant — 2990; *en grande quantité.*
[plere]; *ind. prés.* plest 1955, 2487, 2892, 3029, 3782; *prét.* plot 265, 3740.
plesiée 2493; *écrasée.*
plet 1438, 2490; *accord, convention.*
[plevir]; *ind. prés.* plevis 2794, 3259; *prét.* plevist 1328; *impér.* plevissiez 3494; *part. p.* plevie 3873; *promettre par serment.*
[ploier]; *ind. prés.* plie 944; plient 2810.
plomée 2683, 2689; *fléau d'armes garni de plomb.*
plor 4050; *pleur.*
plorer 118, 227, 268, 285; *ind. prés.* plore 1980; plorent 116, 148; *prét.* plora 1454, 3793; *part. prés.* plorant 373, 1565, 3935, 4090, 4095, 4131; *part. p.* ploré 53, 389.
plusors 3436; *plusieurs.*
po 201, 744, 879, 2328; *peu.*
podre 2089; *poudre, cendre.*
poesteïs 2792, 3821; *puissant.*
pogneor 542; *vaillant.*
poiées 3539; *montées.*
poine 450, 759, 1914; *peine.*
[poindre]; *ind. prés.* point 825, 890, 1152, 2020; poignent 3648; *fut.* poindront 1351; *impér.* poigniez 1043; *part. prés.* poignant 618, 788, 809, 823; *piquer, éperonner.*
pointe 1208, 1886, 3544, 3557.
pointure 3319; *peinture.*

poinz 1296, 1590, 1893, 2496, 2978, 3143; poing 755, 1169, 1332, 1905, 1936, 1979.
poise; *voy*. peser.
poissanz 3942; poissant 3576, 3903, 4064, 4082; *puissant*.
poisson 1067, 1449.
poitevin; acier — 2810.
poivre 2427, 2982.
pomel 139.
pomerin; baston — 1341; *baton en bois de pommier*.
pont 3563, 3566; ponz 1559.
ponz 1815, 2702; *garde d'une épée*.
[pooir]; *ind. prés.* puis 44, 288, 299, 743; pues 608, 2580; puet 46, 56, 2270, 3055; poons 1428; poez 1032, 1196, 1240, 2733; puent 2355, 2451; *imp.* pooit 3491; *prét.* pot 167, 179, 885, 1147, 1432, 2357; porent 2864, 2988; *fut.* porrai 962, 969; porrons 977; porrez 1012, 1378; porront 3445; *cond.* porroit 1058, 1071, 3474; porrions 870, 1438; *subj. prés.* poïsse 3028, 3591; poïst 571, 1956, 3486; puist 124; *imp.* peüsse 3476; peüst 2096, 2861.
poor 310, 348, 357, 1416, 1900, 3940, 3954; *peur*.
porpenser]; *réfl., ind. prés.* porpense 537; *prét.* porpensa 1646; *méditer*.
porpre 3289; *pourpre*.
[porprendre]; *ind. prés.* porprenent 660; *part. prés.* por-

prenant 767; *part. p.* porpris 381, 1571, 3249, 3442; *occuper, s'emparer*.
porquant; ne — 1193; *néanmoins*.
porseü 832, 838; *prévenu*.
porte 495, 780, 1000, 1011, 1048, 1090, 3110; portes 41, 62, 196, 2606, 3211, 3274, 3343, 3514, 3564.
portée 4010; *transport*.
porter 33, 1963, 2001, 2681; *ind. prés.* portez 2324; portent 2430, 2476, 2806; *fut.* porteras 1310; *part. p.* porté 199; portée 4041.
portiere 2523.
porz 242, 2497, 2887, 3568; port 544, 604, 616, 704, 1281.
posé 509, 2318.
praée 3095; *ravie, enlevée*.
praerie 625, 975, 2423, 2469.
pré 17, 897, 907, 1102, 2362 prez 2866.
premerains 880, 3115; *premier*.
premierement 1121.
premiers 877, 954, 1007, 1508, 2049, 2254, 3960.
prendre 1028, 3371; *ind. prés.* preig 3260; prent 47, 384, 936, 2704; prenent 2866; prendent 2432; *prét.* preïs 1445; prist 570, 578, 755, 3766; pristrent 1589, 2655, 2678; *fut.* penrai 489; prendrai 3013; penrez 881; prendrez 3020; prendront 2432; *imp.* pren 277; prenez 981, 3513, 3540; *subj. imp.* preïsse 3492;

part. p. pris 336, 1073, 2350;
prise 42, 62, 197; prises 2931.
presse 837, 3639, 3665.
preuz 76, 82.
prier 1405; ind. p. pri 486,
prient 1435; fut. prierons
1309.
prime 2478, *premier.*
prime 2554; *première heure du jour.*
prince 3703; princes 3956.
prisier 2940, 3958; *ind. prés.*
prisent 661; *prét.* priserent
2499; *part. p.* proisiez 957;
prisiées 3538.
prison 200.
prisons 1287, 1487, 1592, 1790,
1799; *prisonnier.*
privé 1505; privez 1583.
proece 4117.
proie 62, 197, 710, 1595; *butin.*
prometre 3397; *part. p.* promise 1119, 3781; promises
3928.
prou 1965, *beaucoup.*
prover 1012; *part. p.* prov.
2092.
provoire 491, 3690, 4047, 4105,
4095; *prêtre.*
puceles 1576, 1891, 1925.
pueple 1461; pople 3000.
pueploier 3040; *peupler.*
puié 2252; *monté.*
puis 779; pui 797, 2411, 2504,
2530, 2888.
puor 2733, 2977; *puanteur.*
pute 1894, 3646, 3861, 3965;
terme injurieux.

Quanque 4015 *pendant que.*
quaresme 1471.
quaroler 2751; *danser en rond.*
quarriax 3358; *flèche au fer quadrangulaire.*
quasser 1430; *part p.* quassé 853.
querniax 776, 1423, 3248; *créneau.*
quernu 1166; *crénu.*
quèrre 545; *ind. prés.* quier
1008, 1015, 3022, 3551; *prét.*
queïs 2056; queïst 1460, *fut.*
querrez 3574; *part. prés.* querant 2660, 2672; *part. p.* quis
3929; *chercher; ind. prés.*
quierent 2127, 3202; *invoquer.*
[quidier]; *ind. prés.* quit 1135,
1845, 2307, 2344, 3160;
quide 177, 1947; quident
2382, 4030; *imp.* quidoie
529, 2045, 2072; *prét.* quida
2024; quidierent 5562; *croire.*
quierres 1224; *coins, angles.*
quisine 2476.
quite; tenir — 68, 2886, 3035;
posséder en franc alleu.
[quiter]; *ind. prés.* quiter; *acquiter.*
quintaine 21, 1315, 1350; *sorte de mannequin contre lequel les chevaliers s'exerçaient,*
voy.: *L. Gautier,* La Chevalerie, *p. 30.*
quoiement 3414; *doucement, sans bruit.*
quoife 2331; *coiffe.*
quoite; a — d'esperon 3342;
en piquant des deux.

Raconter 667, 2074; *ind. prés.* raconte 2945.
rade 2420, 2472, 3387; *rapide.*
raenbre 1446; *racheter.*
raençon 1474, 4062; *rançon.*
[raier]; raie 1301, 1358; *couler, en parlant de sang.*
rais 322, 418; *rayon.*
raje 966.
[raler]; *prét.* revont 3515; *aler de nouveau.*
ramée 3651.
randon 2764; *vitesse.*
randonnée 3648; *comme le précédent.*
ravine 2545; *impétuosité.*
[raviner]; *ind. prés.* ravine 3335, 3337; *se précipiter.*
ravinos 1806· *impétueux.*
[ravir]; *imp.* ravissoit 316; *prét.* ravi 1781; se ravi, 423; *part. prés.* ravissant 327· *part. p.* ravie 3095.
ravoi 1127; *bruit.*
[ravoir]; *ind. prés.* ra 2044; *prét.* rot 2228; *avoir de nouveau.*
ré 1380, 1419, 1514, 2086; *bûcher.*
rebondir 1561; *retentir.*
recelée 8324; *cachette.*
recet 3028; *retraite.*
[rechaner]; *ind. prés.* rechanent 699; *braire.*
rechiner 2995; *siffler, en parlant de serpents.*
reclamer 2096; *ind. prés.* reclame 912; reclament 3745; *imp.* reclamoient 1063; *prét.* reclama 719, 1417, 1443, 2563,

2735, 3472; *part. p.* reclamé 3528; *invoquer.*
recluz 52.
recoillir 1556.
[recommencier]; *ind. prés.* recommence 2941, 3786.
reconfortez, 286.
[reconnoistre]; *prét.* reconut 166; *part. p.* reconeü 824.
recoroné 54.
recovré 856.
recovrée 3644; *espoir de salut.*
[recroire]; *ind. prés.* recroie 3333; *part. prés.* recreant 2686; *étre rendu, s'abattre; ind. prés.* recroit 3495, *promettre solennellement.*
[redoter]; redotent 2269; redotent 2166, 2762; *part. p.* redotée 4015.
[redrecier]; se redrece 181; *prét.* redrecierent 2777, 3548; *part. p.* redrecié 2258; redreciez 2417; redreciée 3239.
[refere]; *prét.* refis 591.
regarder 209.
regart 1297.
regne 253, 400, 710; *royaume.*
regné 2176, 2952, 3048; *royaume.*
regreter 119, 206, 232, 1424; *ind. prés.* regrete 150, 923, 1602, *prét.* regreta 271; *part. prés.* regretant 2716; *proférer des lamentations sur quelqu'un;* voy. G. Paris, S. Alexis, *p. 181.*
[rejeïr]; *part. p.*; rejeï 3623 *dire.*
relever 1434; *prét.* releverent 2782; *part. p.* relevée.

religion 4047.
reliques 2825, 3066.
reluire 3528 ; *ind. prés.* reluisent 308, 1547, 2390; *imp.* reluisoient 48 ; *prét.* reluist 1874.
[remanoir] ; *ind. prés.* remaint 2782, 2959; *prét.* remest 1162, 1294, 1975, 2557, 2960, 4032; remestrent 2787, 3881 ; *fut.* remanrai 283; *part. p.* remez 13, 123, 1945, 2754, 2777, 2857, 3433, 2512; remé 3511 ; remese 2886, 2910 ; remasuz 921; remasu 1260 ; *rester.*
[remenbrer] ; *ind. prés.* remembre 1058, 3706 ; *se rappeler.*
remuer 106, 176, 288, 299, 4173; remué 2136.
[rendre] ; *ind. prés.* rent 1237, 2422; rendez 1408, 4102; *imp.* rendoit 86; *prét.* rendist 1439 ; *fut.* rendrai 1118, 1121, 3219; rendrons 3576; rendrez 2684; *part. p.* rendu 821, 929, 1239.
[rengier]; *prét.* rengierent 3540; *part. p.* rengié 3454, 3432 ; rengiée 1862, 3542.
renon 4053.
renomée 4009.
renoveler 16, 3037; *part. p.* renovele 34.
rens 802, 874, 1261, 1944.
rentes 1499.
reperiez 2250; reperiée 2511; *retourné.*
replaindre 169 ; *plaindre.*
replenie 4144; *pleine.*
repondre 2142 ; *cacher.*
reprendre 3157; *prét.* reprist,
part. p. reprise 2416, 2889.
requerre 1366 ; *ind. prés.* 1011, 1488; requiert 3719; requierent 1856, 2512, 3541, 3718; *prét.* requist 3621: *part. p.* requiz 3785, 3827; *défier en combat.*
rescorre 910; *part. p.* rescos 1245, 1823; *secourir.*
rescosse 847.
resne 769, 2805, 2813, 3601.
reson 1486, 1494.
respasser 2344, 3407, 3476; *impér.* respassez 294, 2045; *part. p.* respassé 1987, 2007; *neut., guérir.*
respit 531.
[respitier] ; *impér.* respitiez 1486; *différer, donner un délai.*
[resplendir]; *prét.* resplendist 1874.
[respondre] ; *ind. prés.* respont 237, 534, 2061, 2350; responent 679 ; 984 ; *prét.* respondi 597; respondirent 864.
resposé 4125.
[restre]; *ind. prés.* resuis 2907; *subj. prés.* resoient 1930; *être de nouveau.*
retaille 1342.
[retenir]; *prét.* retint 890, 1040, 1172, *part. p.* retenuz 1190.
retentir 2301; *prét.* retentist 3983.
[retolir] ; *fut.* retodront 438 ; *enlever ; ravir.*
retorner 2967 ; *ind. prés.* retorne 2791; retornent 2865, 3855 ; *prét.* retorna 4160.

[retraire]; *réfl., ind. prés.* retret 2958; retraient 1267; *part. prés.* retraiant; 2695; *se retirer.*
[revenir]; *ind. prés.* revient 236; reviennent 197; *prét.* revint 355, 3620; *fut.* revendra 663.
[reverser]; *prét.* reversa 386; *parcourir.*
revertir 3562; *prét.* revertist 174; *retourner.*
revescuz 846; *rendu à la vie.*
revestir 3189; *part. p.* revestu 4107.
revont 3515; *voy.* raler.
riche 151, 225, 297.
richement 758, 1081, 2483, 2908.
rien 1336, 4080; *chose.*
rime 3057.
rire 2101; *prét.* rit 648, 3194; *part. prés.* riant 2623.
ris 3931.
rivaje 998.
robe 216.
rober 1062; *prét.* roberent 1578, *part. p.* robez 40, 195; *piller.*
roche 2461.
rochiere 2530; *rocher.*
rochiers 3944, 3983.
roé 98, 1083; roée 3317; *en forme de roue.*
roial 780, 3364.
roiamant 4087; *celui qui rachète, épith. de* Dieu.
rois 9, 54, 74.
roiz 3963; roit 756, 1778; roide 91, 193; *roide.*
roje 139, 3339 *rouge.*

rolle 595, 598, 3393; *écrit.*
[ronpre]; *ind. prés.* ront 216; ronpent 1576; *prét.* ronpi 270, 2816, 3604; *part. p.* ronpu 1157, 1202.
roont 1275, 1292, 3344; roonde 90, 133.
ros 1479, 4157; rox, 3779, 3937; *roux.*
rose 2425.
rosée 2245.
rover 3050; *ind. prés.* rueve 83; *demander.*
ruée 3314; *distance que peut atteindre un objet lancé à la main.*
rues 1612, 2727.
ruistes 2363, 3787; *violents.*
rumor 3347.

[Sachier]; *prét.* sachierent 2496; *tirer.*
safrez 2387; safré 1054, 1973, 2331; *enduits d'un vernis doré; voy.* Girart de Roussillon, *trad.* P. Meyer, *p. 164, note 3.*
saillir 2654; *ind. prés.* salt 1977; saillent 54, 2654; *imp.* sailloient 339, 343; *prét.* sailli 1150; saillirent 224, 1854, 2713, 2922, 2990; *part. p.* sailliz 1033; *part. prés.* saillant; 2715; *se précipiter.*
sains 2010, 2289, 4090; sain 1496, 2377; *sain.*
sainte;—charité 486, 518, 1435.

saintisme 1443.
sainz 1025; *cloches.*
sajes 381, 417; sajc 993, 3466.
sajete 777, 2436, 3251, 3456, 3583; *flèche.*
sale 135, 228, 246, 320, 408.
salée 692, 1392, 3245, 3323.
saluer 2321.
saluz 435, 517, 3631; salu 574, 634, 1340.
sampres 2150; *toujours.*
sanglant 922, 2054.
sans 81, 1301, 1358; sanc 324, 372, 2440; *sang.*
santé 236.
sapin 2809.
sarqu 3895, 4098; 4101; *cercueil.*
sauf 1496.
sauvagines 3375; *bêtes fauves.*
sauvaje 3030, 3048.
sauver 1951, 2162, 3000; *subj. prés.* saut 825, 1399, 1978, 3125; *part. p.* sauvées 2561, 2899.
sauz 767.
savoir 1032, 1196, 1240, 1254, 2148; *ind. prés.* sai 142, 1099, 1323, 3049, 3662; savons 1347; savez 240, 580; sevent 2016; *prét.* sot 101, 550, 1086; sorent 3517; *fut.* savra 1353, 3917; savrons 3402; *subj. prés.* sachoiz *(rime)* 1325; *imp.* seûst 3402; *part. prés.* sachanz 390, 3750.
sebelins 1546; sebelin 1551; *garni de fourrure de zibeline.*
secorre 1428, 2096; *ind. prés.*

secorons 2650; *part. p.* secoru 927.
secors 349, 444, 1607.
[seeler]; *prét.* seela 3061; *part. p.* seelé 595, 1069, 3253; seelées 3311, 3393.
[seigner]; *ind. prés.* seignent 2103; *prét.* seigna 3627, 3978; *faire le signe de la croix sur quelqu'un.*
seignori 3599, 3819; seignorie 3081; *distingué.*
seignorie 3885; *valeur;* 4161, 4165; *possession.*
seïn 1832; *lien.*
sejornez 2081, 2391; sejorné 563; *reposé, en parlant d'un cheval.*
sel 575; *pour se le.*
sel 2104.
sele 95, 902, 3165.
selonc 2109.
selve 3651; *forêt.*
semaine 4146.
senblant 326, 367, 393, 399, 2603, 2606; *subst., apparence.*
[senbler]; *ind. prés.* senble 648.
senefier 361, 435, 335, 452, 457; *ind. prés.* senefie 1562; *être le signe d'une chose.*
senestre 753, 945, 1063, 2251, 3503; *gauche.*
senez 2323; senée 3995; *sensé.*
senglers 2473, 2988, 3375; *sanglier.*
sengles 1295; *dépouillé.*
sens 381, 1042, 4021.
[sentir]; *ind. prés.* sent 762, 1036, 1163, 3982; *prét.* 176,

1146, 3607; *part. p.* sentue (*rime*) 3679.
[seoir]; *ind. prés.* siet 1022, 1004; *imp.* seoit 137, 1143; *prét.* sist 3371; *demeurer, être assis.*
sepoture 4099; *sépulture.*
seraine 1071; *sirène.*
serie; anbleüre serie 3108; *amble.*
serjent 953, 3955; serjenz 2276, 4068.
sermon 1472.
serpent 2990; serpenz 2995, 3376.
serrée 3326.
servir 63; *prét.* servi 52, 2581; servirent 474; *part. p.* serviz 3041; servies 2483, 2908.
servise 4130.
ses 266, 3131; *pour* se les.
sesir 2639; *impér.* sesis 611, 643, 2032; *prét.* sesirent 474; *part. p.* sesies 1612, 2460, 3140.
sevrée 3639; *fendue, en parlant d'une foule.*
sicamor 132; *sycomore.*
siecle 2598, 3589, 4108.
sieje 260, 3402.
sifler 2995.
siglaton 1295; *étoffe de soie.*
[sigler]; *ind. prés.* sigle 696, 706; *cingler.*
sinacogue 1105.
sine 2984, 3627; *cygne.*
sinjes 1584, 2550.
[sivir]; *ind. prés.* sivent 781, 1254, 2512, 3554; *imp.* si voient 347; *part. prés.* sivant 360, 440; *suivre.*

sodée 3319; *soudée.*
sodoiers 1026.
soduiant 3570, 3583, 3701, 3894; *perfide.*
soef 100, 175, 211, 610, 738, 1989; *doucement, délicatement.*
sofrir 582, 870; *prét.* sofri 989, 3067; *part. p.* soferz 2976.
soie 141, 278, 2388.
soig 3022; *soin.*
soir 26, 114, 498, 564, 3939.
soler 163, 2842; *soulier.*
soleus 2244; *soleil* 632, 686, 1117, 2738, 3572.
[soloir]; *ind prés.* seult 21, 63, 1061; suelent 2960; soliez 32; *imp.* soloit 5, 90, 245, 2721, 3948; soloie 33; *avoir coutume.*
sols 1940; sol 106, 972; *seul.*
somiers 2965; somier 1598; *cheval de charge.*
sommet 2505, 3235.
son 2506, 3166, 3236, 3381, *sommet.*
soneïz 3774; *sonnerie de cors.*
soner 677, 1076; *ind. prés.* sone 3346; sonent 468, 701, 1095, 2498; *prét.* sona 778; *part. p.* soné 863, 1110; sonée 4032.
sonje 379, 383, 387, 393, 467, 2873.
soper 26.
sopes 372, 452.
[sordre]; *imp.* sordoit 2102; *fut.* sordra 1608; *surgir.*
sormonté 4120.
sors 709.

VOCABULAIRE

[sospirer]; *ind. prés.* sospire 1621; sospirent 2929.
sostenir 744, 2355; *prét.* sotindrent 225.
sot; *voy.* savoir.
sotis 1541; *subtil;* sotive 3092, 3117, 3142; *retiré, secret.*
soudées 3098; *soldes.*
soullie 2939; *souillée.*
sovent 65, 150, 876, 1601, 3722.
sovine 223; *étendue a terre.*

Tables 2980.
tabors 677, 1561; *tambours.*
taillié 1085, 3057.
talent 453, 1693, 1706, 2694, 2725, 3138, 3711; *désir.*
talentos 1526; *désireux.*
talons 647.
tant 498, 506; par — 1943; — ne quant 299; *en aucune façon;* tanz quanz per a per 2759.
targier 254, 1492, 3535, 3106; *ind. prés.* tarjes 639; *prét.* targierent 2524; *réfl., s'attarder.*
tarje 90, 1887, 3317, 3672; *bouclier.*
tassel 307; *fermail.*
tels 125; tex 663; *tel.*
tençon 1813; *force.*
tendre 1960, 2181; *ind. prés.* tent 3264; tendent 2474; *prét.* tendi 3626; *fut.* tendrez 3770.
tendres 2904; *adj.*
tenebrose 3092.

tenir 35, 66, 588, 2370; *ind. prés.* tient 589, 1340, 2268, 2381; tienent 231, 571; *imp.* tenoient 1852, 4072; *prét.* tint 1034, 1169, 1573; tindrent 3083; *subj. prés.* tiegne 667; *part. p.* tenuz 121, 847; tenue 3681.
tenpier 3951; *tempête, vacarme.*
tens 455, 1056, 1573, 2732.
tenser 231; *empêcher.*
tentes 783, 1196, 2306, 3348.
tentir 1077, 1560, 2568; *ind. prés.* tenti 3626; tentissent 3426, 3775; *prét.* tentist 1077, 1128; *retentir.*
terme 2224, 3404, 3929.
terrier 1014; *terrain.*
tertre 2252, 3169, 3245, 3381.
teste 57, 172, 593.
tierce 3080; *troisième.*
tinbre 1072; *instrument de musique, sorte de tambour.*
tirer 1979, 2998; *prét.* tirierent *(rime)* 1893; *part. p.* tirée 4038.
tochier 2004; *ind. prés.* toche 1186, 2696; *impér.* tochiez 2036.
toise 3304.
tolir 593, 1344, 1905; *part. p.* tolu 979, 1263; *enlever.*
ton 4051.
tonant 4066.
tor; — françois 815; *sorte de manœuvre de cavalier; voy. le vocabulaire de* Raoul de Cambrai, *éd. de la Soc. des anc. textes.*
torbe 620; *troupe.*

tordre 1979, 2998; *ind. prés.* tordent 1853, 2930.
torneïz; pont — 1559, 3212; *pont levis.*
torner 172, 859; *ind. prés.* torne 769, 874; tornent 2805; *prét.* 599; tornerent 4040; *part. p.* torné 1921, 3435; *réfl., s'en retourner.*
tort 234, 2372, 2399.
tortor 1576; *torture.*
tortues 2994.
tors 263, 1262, 2268, 2412, 2593; *tour.*
toz 310; tot 199; tuit 116, 625; totes 118, 140, *tout;* a tot 191, 1118, 3606, *avec;* tot por 230; tot de plain 1159; tot li plus 316; tote jor 2279, 2362.
[traïner]; *part. prés.* traïnant 3690, 2932, 3733; *traîner.*
traïr 3206; *part. p.* traïz 2664, 2826; traïe 1610, 2945.
traïson 966, 986, 1007, 1389, 1541.
traïtor 961; *traitre.*
[trametre]; *subj. prés.* tramete 2564; *envoyer.*
[transpercer]; *ind. prés.* transperce 3733.
traveillier 1522; *part. p.* traveilliez 466, 2314, 3007; *souffrir.*
travers 2522.
traversiers 143 · *traversin.*
traversiers (en) 1175; *en travers.*
trebuchier 1034, 1519, 1906, 2094, 2266, 2772, 3445, 3560; *prét.* trebuchierent 1890; *part.*

p. trebuchié 1924, 2348; *précipiter, renverser.*
[trenbler]; *ind. prés.* trenble 333.
trenchant 377, 407, 755, 1398, 1932, 2434.
trenchiée 2419; *tranchée, subst.*
trenchier 959; *ind. p.* trenche 784; *part. passé* trenchié 789, 817, 834; trenchiée 2521.
trere 3601; *ind. prés.* tret 1038, 1993; traient 1973, 2550; *fut.* trerai 1132; *part. p.* tret 1176, 2205; tretes 2034; *tirer.*
trés 362; *en travers.*
trés 629, 787, 869; tref 1356, 1370; tré 2181, 2292; *tente.*
treschier 2751; *danser.*
tresliz 1543, 1852, 2925; *formé de mailles.*
tresor 414, 1055.
trespasser 685, 2523, 3591; *ind. prés.* trespasse 2021; trespassent 3367; *traverser.*
trespensée 3997; *inquiète.*
tressué 2315, 3684; *couvert de sueur.*
[trestorner]; *ind. prés.* trestorne 876; *retourner.*
trestoz 1215; trestote 2071.
tresva 266; *prét., passa, disparu, en parlant de douleur.*
triboul 1242; *mêlée, combat.*
tricherie 3259; *tromperie.*
Trinité 1989.
tristor 1476.
troblez 293; troblé 1360.
troer 1934; *part. p.* troez 884.
[trosser]; *ind. prés.* trossent

3933; *part. p.* trossez 110, 2966; *charger.*
troveor 14.
trover 902, 2451, 2861; *ind. prés.* trove 1019, 1176; trueve 573; trovent 635, 1582, 2490; *prét.* trovai 2069; trova 2293; *fut.* troverez 4175 *imp. subj.* trovissiez 1880; *part. p.* trové 1055; trovée 3325.
[tuer]; *ind. prés.* tuent 1874; *part. prés.* tuant 2683; *part. p.* tué 2326.
tuit; *voy.* toz.
turquois 3357; *turc.*

Uis 1554; *porte d'entrée.*
[umilier]; *ind. prés.* umilie 3144; *réfl.*

Vaïllanz 3573, 3703, 3900.
vaincuz 2827; vaincue 2836.
vair 1795; *(cheval) de plusieurs couleurs.*
[valoir]; *ind. prés.* vaut 818; *prét.* valut 1225, 4097; *fut.* vaudra 2452.
valor 1285, 1535.
vals 1283; val 779; vax 3169; *vallée.*
[vanter]; *réfl., ind. prés.* vante 3289; ventent 2017.
vassal 1018, 1962.
veiller 4041; *prét.* veillierent 3389.
vendre 128; *ind. prés.* vendent 2431; *part. p.* venduz 4089; vendues 3135.
venerie 2446.
vengier 3728; *impér.* venchons 3645.
venin 3606.
venir 394, 3451; vient 685; venez 185 *ind. prés.* vienent 905; *imp.* venoie 338; venoit 311, 322; veniez 428; venoient 371; ving 3206; *prét.* vint 82, 170; vindrent 4, 2604; *fut.* vendra 1607; vendroiz *(rime)* 1130; *subj. prés.* viegne 82, 482, 1616; *imp.* venist 880, 2858; *part. prés.* venant 2613; *part. p.* venuz 815, 932.
venter 2089; *disperser au vent.*
ventre 1449, 2682.
venz 703.
veoir 487, 519, 532; veïr 2224; *ind. prés.* voi 1330; vois 1306; voit 387, 1305; veons 1427; veez 868, 2238, 3642; voient 2445; *prét.* veïs 407, 418; vit 115, 245; veïsmes 3030; veïstes 399, 418; virent 1922; *fut.* verras 1353; verrez 1003, 2273; verront 1013; *imp. subj.* veïssiez 638, 793; *part. p.* veü 798, 808, 843, 2891.
verai 3457; *vrai.*
verdoiant 369, 448, 3741.
vergier 3336, 3477.
verité 238, 2350.
verje 1397, 2689.
vermeil 141, 1133, 1295; vermeilles 3369.
vermeillon 1279, 2052.

veroilliées 3237.
vers 2596.
verser 1207, 1938, 2772; *ind. prés.* verse 785; *part. p.* versez 887, 896; *renverser.*
verté 2050, 3421; *vérité.*
vertu 803, 812, 825, 829, 1152, 1192, 3448.
verz 625, 1298; vert 637, 641, 1192.
vespre 1909, 2234; *soir.*
vestir 1544, 1550; *ind. prés.* vest 84, 1054; vestent 707, 750; *prét.* vestirent 2541; *fut.* vesterons 2387; *part. p.* vestuz 646; vestue 3660.
veve 882, 3307; *veuve.*
veveté 455; *veuvage.*
viaire 293; *visage.*
vices 1527.
vie 177, 425, 432.
viele 1072, 2568; *instrument de musique analogue au violon.*
viellarz 838, 855; viellart 995, 1302.
vielz 3509; viel 594; vielle 2417; vielles 2890.
vigor 1247.
vile 711, 2944, 2418.
vilté 4116; *état vil.*
vilz 36.
vin 479, 691, 1992, 2449, 2981.
[virer]; *ind. prés.* vire 2813; *tourner.*
vis 550, 2071, 2814; vif 1959; *vivant.*
vis 343, 389, 983, 1521; *visage.*
visiter 1999.

vitaille 1622, 2270, 2382, 2560; *victuaille.*
[vivre]; *ind. prés.* vive 1397, 1398, 1624; vivent 2440, 2984; *part. prés. pris subst.* en son vivant 456.
voide 1206, 2958; *vide.*
voidie 1388, 1634; *trahison.*
voidier 951; *vider.*
voie 1940, 3107, 3314.
voiles 688.
voine 175; *vaine.*
voirement 988, 3160; *vraiment.*
voirs 1476, 3058, 3913, 6024; *vrai.*
voiz 330, 878, 1071, 1112, 1401, 3522.
volatilles 2909.
volentez 1524, 2311.
volentiers 80, 474, 492, 524, 3156.
voler 1414, 1937, 2080, 2764; *ind. prés.* vole 2516; *imp.* voloit 343; *part. prés.* volanz 314, 329, 398, 2675, 3376.
[voloir]; *ind. prés.* vueil 2342, 3012; vels 1114, 1306, 2579; vuelt 521, 1336; volez 1376, 1493; vuelent 253, 1415; *imp.* voloit 2085; voloient 103, 349; *prét.* vuelt 1035; vost 254, 1343, 1567; vodrent 471, 2108, 3100; *fut.* vodra 2397; *cond.* vodroie 69, 277, 2129 *subj. prés.* voille 1136, 1375, 2019; *imp.* vosisse 1379; vossist 357, 3485; vossistes 2677; vosissiez 1363.

voloir 2871; *subst*.
volsés 304; *garnis?*
votes 1620; *voûtes*.
votiz 1558, 2808, 3790;
  voûté.

Yglise 4042.
yver 2098.

TABLE

DES ASSONANCES ET DES RIMES

Assonances masculines.

a 10, 28, 35.
an, en 12, 15, 17, 20, 34, 46, 51, 67, 89, 91, 113, 120, 124, 128, 133.
é 1, 3, 5, 7, 9, 11, 22, 24, 37, 44, 57, 59, 52, 61, 73, 74, 77, 79, 80, 84, 92, 95, 97, 106, 115, 117, 134.
i 2, 16, 18, 23, 25, 33, 56, 63, 68, 70, 72, 76, 78, 81, 83, 88, 90, 94, 102, 112, 116, 121, 125, 129.
ié 14, 21, 39, 43, 82, 110.
ó 6, 13, 19, 31, 41, 52, 54, 60, 62, 64, 69, 111.
ò 49, 108.
oi 4, 47, 55.
u 27, 36, 38, 48, 50, 53, 126.

Assonances féminines.

a-e 40, 42.
ain-e 29, 99.
an-e 107.

é-e 104.
è-e 66, 101.
i-e 8, 32, 58, 65, 85, 87, 96, 98, 100, 105, 135.
ié-e 71, 86, 103, 114, 118.
ó-e 26, 93.
ò-e 30, 45, 75.

Rimes.

ée 109, 122, 131.
ie 127.
ier 130.
ir 119.
on, ons 132.
ue 123.

TABLE DES NOMS

Açopart 1739, 2715; *peuple païen*, voy. Romania, VII, 437.

Aigredure 3303; *épée de Guibert d'Andrenas*.

Aïmer 7, Aïmer lo chetif 547, 592, 1384; *fils d'Aimeri de Narbonne*.

Alemaigne 12, 3075.

Alixandre 619, 930; *Alexandrie*.

Amoraive 1288, 2714; *peuple sarrazin, Almoravide*.

Andrenas 4163; *domaine de Guibert, fils d'Aimeri; voyez Guibert d'Andrenas*.

Anjou 3077.

Anseüne; *domaine de Garin, fils d'Aimeri*; voy. Romania, IV. 191.

Antioche 674, 957.

Apollin 1927; *Apollon pris pour un dieu sarrazin*.

Arabe 997; *Arabie*.

Aude 974; *rivière*.

Aufelis 544, Aufelins 1753, 1766; *chevalier d'Aymeri de Narbonne*.

Auquaire d'Aumarie; messager de l'émir Corsout 1648; rencontré et vaincu par l'armée des Français 1942; prisonnier de Guibert d'Andrenas 2022; son baptême 2091, 2110; il accompagne Aimeri au camp de l'empereur 2299; il aide Aimeri à reprendre Narbonne 2547, il reçoit d'Aimeri la ville d'Esclabarie 3008; combat contre les Sagittaires 3780; il reste à Esclabarie 3871, 3922.

Aymeris de Nerbone; malade 115, 265; ses songes 309, 335, 366; il demande l'empereur Louis et ses fils 481,

535; assiégé par les Sarrazins 723; il s'arme 736; combats 778, 786, 856, 920; défié par l'émir Corsout 1004; duel avec Corsout 1049, 1090, 1108; trahi et blessé 1155, 1229; prisonnier 1287; il est sur le point d'être brûlé vif 1382; envoyé à Babilone 1549, 1596; délivré par Guibert d'Andrenas 1822; parrain d'Auquaire 2106; il arrive au camp de l'empereur Louis 2299; reprend Narbonne 2799; donne Esclabarie à Auquaire 3014; se prépare à combattre les Sagittaires 3281, 3293, 3361; il arrive à Esclabarie 3384, 3408; combats 3550, 3552; blessé mortellement 3616, 3620; on rapporte son corps à Narbonne 3903; ses obsèques 4043, 4064.

Aymeriez 4165; *filleul d'Aimeri, qui joue un rôle important dans la chanson de Guibert d'Andrenas.*

Babiloine 566, 572, 634, 660, 669, 675, 982, 1518, 1600, 1764, 2173, 2217, 2265, 2348; *résidence principale de l'émir sarrazin.*

Barbé 88; *chef sarrazin.*

Barlesguez 289; *Balaguer (Espagne).*

Barrès 569, 597; *espion sarrazin.*

Barzelone 1025; *Barcelone (Espagne).*

Bascle 3076; *pays Basque.*

Bauçant, 93, 111, 135, 496; *cheval de Gautier de Termes.*

Baudas 650, 659; *Bagdad.*

Baviere 3075.

Bedoïn 2715; *Bedouin.*

Bernart de Brubant 538, 1864, 1969, 2121, 2359, 3043, 3350, 3705, 3726, 3757, 3896, 4083; *fils d'Aimeri de Narbonne.*

Blancheflor 3461; *jeune fille française captive des Sagittaires.*

Bretaigne 3076.

Brisegant 825, 890, 922; *cheval d'Aimeri de Narbonne.*

Brugant 949; *chevalier sarrazin de la suite de l'émir Corsout.*

Bueves de Conmarchis, *cas régime* Buevon, 541, 1862, 2121, 2203, 2294, 2335, 3350, 3712, 3778, 4082, 4119; *fils d'Aimeri de Narbonne.*

Bugladans 3600, 3676, 3816; *chef des Sagittaires.*

Charlemagne 9, 66, 587, 3033, 3065, 3074.

Clarabins 1373, 2755, 2789, 2799; *chevalier sarrazin.*

Clarissant 1651, 1676, 1724, 2594, 2615, 3038, 3873, 3878; *princesse sarrazine.*

Cobrant 1212; *roi sarrazin vaincu par Aimeri.*

Codroez 3035 ; *émir sarrazin.*
Conmarchis 2294, 4161 ; *domaine de Beuve de Commarchis, fils d'Aimeri; voyez* Beuves de Commarchis.
Constantin 3309; *l'empereur Constantin.*
Corcenie 1311, 1619; *pays sarrazin.*
Cordres 3417 ; *Cordoue.*
Corsuble 247, 259, 404, 561; Corsolt 612, 644 ; *émir sarrazin dont le nom figure dans plusieurs autres chansons de gestes, notamment dans le* Siège de Barbastre *et* Godefroi de Bouillon.
Crist 14, 60.

Damas 651.
Daniel 1450.
Duresté 2079 ; *ville imaginaire.*

Egite 1805, 2430 ; *Égypte.*
Esclabarie 2410, 2887, 2912, 2937, 3031, 3091, 3137, 3244, 3871, 3930; *ville des Sagittaires.*
Esclavon 4057.
Esclavonie 3098.
Esclers 246, 1964, 3098, 2151, 2166, 2837 ; *païens, ordinairement Slave, voy.* Romania, II, 331.
Espaigne 251, 312, 548, 664, 773, 1517, 1608, 3964, 3923, 3078, 3311.

Faraon 1461.
Femenie 1619, 1650, 1675, 1723, 2001, 2062, 2480, 2582, 3090, 3874, 3880 ; *pays sarrazin ; ce nom a peut-être été choisi par étymologie populaire à cause des femmes que Corsout y envoie chercher pour repeupler Narbonne. (Voy.* Nyrop, Den Oldfranske Heltedigtning, p. 151). *Dans la* Lettre du prestre Jehan, *publiée par* Jubinal *dans le t. III des œuvres de* Rutebœuf, *et dans une continuation* de Guillaume de Tyr (Hist. des Crois, hist. occ , II, p. 503), *c'est aussi le pays des Amazones.*
Finamonde 753, 816, 833, 918, 959, 1063, 1188, 2080 ; *épée d'Aimeri.*
Floevent 3316.
Florant 2078, 2137; *cheval d'Auquaire.*
Flori 929; *cheval de l'émir Corsout.*
Florimont 2141, 2646; *forêt près de Narbonne.*
Foleroche 671 ; *contrée païenne imaginaire.*
Franc 478, 1272 ; François 849, 859, 978, 1194, 1238 *etc.*
France 12, 252, 607, 1265, 1273, 2291, 2967, 3022, 3264, 4126; doce France 190, 2170, 3017, 3214; France la garnie 2422, 2455, 4149; France l'asolue 3657.

Galafre 673; Galafer 798, 956; *roi sarrazin.*

Garin d'Anseüne 542, 1862, 1981, 2121, 2203, 2231, 2335, 3350, 3655, 3660, 3758, 3889, 4084; *fils d'Aimeri de Narbonne.*

Gaudin l'Escler 2078, *sarrazin.*

Gautier de Termes 73, 80, 82, 109, 131, 156, 185, 201, 205, 215, 223, 233, 300, 481, 492, 506, 2183, 2207, 2239, 2250; *chevalier de l'empereur Louis, cousin d'Aimeri de Narbonne, il figure dans* Aliscans, *p. 161.*

Gironde 4158; *Girone (Espagne), domaine d'un des fils d'Aimeri;* voyez Hernaut de Gironde.

Guibert d'Andrenas, Guibelin, fils d'Aimeri; rencontre et délivre son père 1752, 1794; fait Auquaire prisonnier 2040; aide Aimeri a reprendre Narbonne 2644, 2671; s'arme contre les Sagittaires 3299, 3303, 3329, 3339; combats 3756; retourne à Andrenas 4163.

Guibourc 4155; *femme de Guillaume d'Orange.*

Guillaume 543, 2120, 2246, 2254, 3777; Guillaume au cort nés 8, 1980, 2202, 2209, 2334, 3042; Guillaume d'Orange 1863, 3938; *le plus célèbre des fils d'Aimeri de Narbonne.*

Guinemenz 300, 368, 760, 1220; *chevalier d'Aimeri.*

Hermenjarz, femme d'Aimeri; pleure sur la maladie d'Aimeri 149, 205, 218; encourage Aimeri dans son duel avec Corsout 842; désespoir en voyant Aimeri prisonnier 1432; elle offre une rançon 1485; trahie par les Sarrazins, elle se réfugie dans une tour 1564; elle refuse de se rendre 1690; elle est délivrée par Aimeri 2882; son désespoir à la mort d'Aimeri 4007, 4023, 4069; elle finit ses jours dans un couvent 4143.

Hernaut 1862, 2121, 2203, 2205, 2231, 2294, 3269, 3350; Hernaut de Gironde 540; Hernauz li rox 3714; *fils aîné d'Aimeri de Narbonne.*

Hongre 618; *Hongrois.*

Hues 3060; *prétendu auteur du poème.*

Hues Chapez 38, 72, 193, 127; *Hugues Capet, vassal révolté contre l'empereur Louis.*

Inde major 147, 1279, 1796.

Jaiant 3318, 3420; *géants.*

Jersalem 3066.

Jhesus Criz 1997, 2918, 3916, 4059; Jhesus 3270, 4170; Jhesum 3885.

Jociaume 300, 760, 1220; *chevalier d'Aimeri.*

Joifroi de Bonivant 2698; *chevalier français.*

Jofroi 3496, 3536, 3573, 3836;
Joifroi de S. Denis 3097,
3215, 3462; Jofroi de Paris
3791, 3805, 3825, 3923;
*chevalier français prisonnier
des Sagittaires.*

Lambé 84; *roi sarrazin.*
Lohier 11, 12; *Lothaire fils de
Charlemagne.*
Longis 2001; *soldat qui perça le
côté du Christ en croix.*
Loon 24, 187, 500; *résidence impériale.*
Looys, *empereur, fils de Charlemagne.*

Madelaine 1451; *sainte Marie-
Madeleine.*
Mahom, Mahomet 574, 590,
597, 609, etc.
Maine 3077.
Manecier 949.
Marie; les trois Maries 1999;
*saintes Marie Madeleine,
Marie Jacobé, Marie Salomé.*
Maudras 649; *sarrazin de l'émir
Corsout.*
Meque 672; *la Mecque.*
Moïse 1459; *Moïse.*
Monbrin 1867, 2065, 2122,
2184, 2222, 2278; *montagne
imaginaire.*
Montirant 3367; *ville fabuleuse.*
Muciterne 1674; *ville de Femenie.*
Murgalent de Monflor 1284.

Navarre 3877.
Naymeri 987, 2168; pour Aymeri.
Nerbone 108, 115, 228, *etc.*
Nerbonois 67, 76, 588, 3095;
pays de Narbonne.
Nerbonois 1198, 1562; *habitants de Narbonne.*
Nicodeme 200.
Nique 1213, 1643; *Nicée.*
Noiron; pré Noiron 1449; *Saint-
Pierre de Rome; voyez le
gloss. de* Raoul de Cambrai,
éd. de la Société.
Normandie 3077.

Orenge 2346, 4154.
Orient 1218, 2619, 3748, 3910.
Orquenie 2458; *pays sarrazin, proprement les îles Orcades; voy. le Vocabulaire de* Raoul de Cambrai.
Ortobrie 2915; Ortublie 2470,
2488; *pays sarrazin.*
Ossau 242, 544, 604, 616, 1734;
vallée d'Ossau.
Otes d'Yspolite 2084 ?

Paiens 727, 774, 978, 986, *etc.*
Paradis 279, 1058.
Paris, 41, 62, 196, 2212.
Pavie 2537.
Pentecoste 23.
Pepin 2854.
Perillose 623; *nom de rivière
fabriqué par l'auteur.*

Persanz 400, *etc.*
Perse 651, 568, 1525.
Pilate 2581 ; *cru un dieu païen.*
Pincernie 618, 651, 2421. *Voy.* Romania, II, 333.
Pliemont 1794, 3310 ; Ploiemont 2137, 2300 ; *cheval de Guibert d'Andrenas.*
Poitou 3076.
Popeliquant 2714; *peuple sarrazin.*
Porpaillart 593, 1385.

Raguenel de Moncler 1059.
Rains 2212 ; *Reims, résidence impériale.*
Rochebrune 2503.
Rochagniere 1878.
Roje mer 2014; *la mer Rouge.*
Rollanz 2664, 3078.
Rome 1055, 1372.
Roncevax 2684.

Saint Denis 587, 2272, 2327, 2835, 3768; S. Denise 3061.
Saint Jehan 1466.
Saint Martin 2826.
Saint Pere 1447.
Saint Pol 1448.
Saint Pol 4044, 4042, 4093 ; *église de Narbonne ou se font les funérailles d'Aimeri.*
Saint Pol de Valcois 1331 ; *il y a un Vauquois dans le département de la Meuse, arrondissement de Verdun.*

Saint Vincent 319, 407; *église de Narbonne.*
Saint Simeon 3343.
Sajetaire 2429, 2446, *etc.*
Salatré 2078, 3032; *sarrazin vaincu par Guibert d'Andrenas.*
Sanson 3298.
Saolin 380 ; *Juif qui explique les songes d'Aimeri.*
Sarrazins 241, 433, 451, 660, *etc.*
Satenas 648.
Sesnes 763 ; *proprement Saxon, désigne ici un peuple païen.*
Sezile 617, 1618; *Sicile.*
Sirie 2474.
Sorbrin 585, 609, 1535, 1762, 2024, 2072 ; *père de l'émir Corsout.*
Sulie 689, 2546 ; *Syrie.*

Termes 198; *château de Gautier de Termes.*
Tenebrox 1283; *nom d'une vallée probablement inventé par l'auteur.*
Tervagan 1308, 1368, 1704, 2581, 2706, 3571, 4061 ; *dieu païen, invoqué par les Sagittaires.*
Tiebauz l'Escler 3013.
Tranchemor le Bruiant 1217; *cheval du roi sarrazin Cobrant.*
Tubie 1661.
Turcoples 1739; *peuple sarrazin.*

TABLE DES NOMS 239

Turs 845, 1207, 1266, 1739, etc.; *Turcs*.

Ullague 1060.

Virje 990, 1445; *la Vierge*.

Yspolite 3084; *voyez* Otes d'Yspolite.

ERRATA

v. 105 Dieu, *corrigez* Deu.
v. 137 contors, *corrigez* contor.
v. 212 *mettre une virgule après* durer.
v. 262 *(var.)* fait, *corrigez* frait.
v. 300 *ce vers est faux, on peut adopter la leçon de C.*
v. 559, 600, 603 *(var.)* D, *corrigez* DD².
v. 640 estoires, *corrigez* estoire.
v. 646 n'en, *lisez* nen.
v. 646 *(var.)* parentes, *lisez* parentés.
v. 716 encontre els, *lisez* encontr'els.
v. 832 *(var.) ajoutez* AB.
v. 1047 *(var.)* S'est, *lisez* s'est.
v. 1214 amoraive, *corrigez* amoraives.
v. 1360 mant, *corrigez* ment.
v. 1465 anje, *corrigez* anjes.
v. 1597 oit, *lisez* vit.
v. 1602 a, *lisez* Ha.
v. 1945 remes, *lisez* remés.
v. 2175 iriez, *lisez* irez.
v. 2179 arreter, *corrigez* arrester.
v. 2298 e, *corrigez* et.
v. 2461 ile, *corrigez* isle.
v. 2462 est la roche, *lisez* est de la roche.
v. 2653 forbi, *lisez* forbiz.
v. 2678 a tant, *lisez* atant.
v. 2802 sera, *corrigez* serai.
v. 2810 pointevin, *lisez* poitevin.
v. 3059 Uns, *lisez* Mès.
v. 3060 mist un, *lisez* mist en un.
VOCABULAIRE. jeteix, *traduisez :* coulé au moule.

Publications de la Société des anciens textes français.
(En vente à la librairie Firmin Didot et Cie, *56, rue Jacob, à Paris.)*

Bulletin de la Société des anciens textes français (années 1875, 1876, 1877, 1878, 1879, 1880, 1881, 1882, 1883, 1884)..... (Ne se vend pas).

Chansons françaises du xve *siècle*, publiées d'après le manuscrit de la Bibliothèque nationale de Paris, par Gaston Paris, et accompagnées de la musique transcrite en notation moderne par Auguste Gevaert (1875). *Epuisé*.
  Il reste quelques exemplaires sur papier Whatman, au prix de.... 37 fr.

Les plus anciens Monuments de la langue française (ixe, xe siècles), publiés par Gaston Paris. Album de neuf planches exécutées par la photogravure (1875).. 30 fr.

Brun de la Montaigne, roman d'aventure, publié pour la première fois d'après le manuscrit unique de Paris, par Paul Meyer (1875)................ 5 fr.

Miracles de Nostre Dame par personnages, publiés d'après le manuscrit de la Bibliothèque nationale de Paris, par Gaston Paris et Ulysse Robert. t. I à VII (1876, 1877, 1878, 1879, 1880, 1881, 1882), le vol...... 10 fr.

Guillaume de Palerne, publié d'après le manuscrit de la bibliothèque de l'Arsenal à Paris, par Henri Michelant 1876).................... 10 fr.

Deux Rédactions du roman des Sept Sages de Rome, publiées par Gaston Paris (1876).. 8 fr.

Aiol, chanson de geste publiée d'après le manuscrit unique de Paris, par Jacques Normand et Gaston Raynaud (1877).................... 12 fr.
  (Ouvrage couronné par l'Académie des inscriptions et belles-lettres.)

Le Débat des Hérauts de France et d'Angleterre, suivi de *The Debate between the Heralds of England and France, by* John Coke, édition commencée par L. Pannier et achevée par Paul Meyer (1877).......... 10 fr.

Œuvres complètes d'Eustache Deschamps, publiées d'après le manuscrit de la Bibliothèque nationale, par le marquis de Queux de Saint-Hilaire, t. I, II, III et IV (1878, 1880, 1882, 1884), le vol.................... 12 fr.

Le Saint Voyage de Jherusalem du seigneur d'Anglure, publié par François Bonnardot et Auguste Longnon (1878)........................ 10 fr.

Chronique du Mont-Saint-Michel (1343-1468), publiée avec notes et pièces diverses par Siméon Luce, t. I et II (1879, 1883), le vol......... 12 fr.

Élie de Saint-Gille, chanson de geste publiée avec introduction, glossaire et index, par Gaston Raynaud, accompagnée de la rédaction norvégienne traduite par Eugène Koelbing (1879)................................ 8 fr.

Daurel et Beton, chanson de geste provençale, publiée pour la première fois d'après le manuscrit unique appartenant à M. A. F. Didot, par Paul Meyer (1880).. 8 fr.

La Vie de saint Gilles par Guillaume de Berneville, poème du xiie siècle, publié d'après le manuscrit unique de Florence, par Gaston Paris et Alphonse Bos (1881).. 10 fr.

Raoul de Cambrai, chanson de geste, publiée par Paul Meyer et Auguste Longnon (1882).. 15 fr.

Le dit de la Panthère d'Amours, par Nicole DE MARGIVAL, poème du XIIIe siècle, publié par Henry A. TODD (1883).................................. 6 fr.

Les œuvres poétiques de Philippe de Rémi, sire de Beaumanoir, publiées par H. SUCHIER, t. I (1884)... 10 fr.

La Mort Aymeri de Narbonne, poème du XIIIe siècle, publié par J. COURAYE DU PARC (1884)... 10 fr.

Le Mistère du Viel Testament, publié avec introduction, notes et glossaire, par le baron James DE ROTHSCHILD, t. I, II, III et IV (1878, 1879, 1881, 1882) le vol.. 10 fr.
 (Ouvrage imprimé aux frais du baron James de Rothschild et offert aux membres de la Société.)

Tous ces ouvrages sont in-8°, excepté *Les plus anciens Monuments de la langue française*, album grand in-folio.

Il a été fait de chaque ouvrage un tirage sur papier Whatman. Le prix des exemplaires sur ce papier est double de celui des exemplaires en papier ordinaire.

Les membres de la Société ont droit à une remise de 25 p. 100 sur tous les prix indiqués ci-dessus.

La Société des Anciens Textes français a obtenu pour ses publications le prix Archon-Despérouse, à l'Académie française, en 1882, et le prix La Grange, à l'Académie des Inscriptions et Belles-Lettres, en 1883.

Le Puy. — Imprimerie de Marchessou fils, boulevard Saint-Laurent, 23.

Anonyme
La mort d'Aymeri de

www.ingramcontent.com/pod-product-compliance
Lightning Source LLC
Chambersburg PA
CBHW071133160426
43196CB00011B/1878